Comment on devient psychanalyste… et comment on le reste

Daniel Widlöcher

Comment on devient psychanalyste… et comment on le reste

Odile Jacob

15, rue Soufflot, 75005 Paris

www.odilejacob.fr

ISBN : 978-2-7381-1838-7

Avant-propos

En 1976, lors d'un colloque qui se tenait sur l'identité du psychanalyste, je me trouvais accueillir Anna Freud venue nous rejoindre. « De quoi parlez-vous ? » me demanda-t-elle. « De la formation du psychanalyste. » « Une question bien vieille et non résolue..., remarqua-t-elle. Un psychanalyste, c'est celui qui continue de pratiquer la psychanalyse tout au long de sa vie professionnelle. »

Raconter un souvenir, une anecdote du passé est souvent pour moi un geste embarrassant. Je suis plutôt gêné par le plaisir que j'y prends et je redoute surtout que mon radotage ne lasse mon auditoire. Je dois convenir qu'il n'en est presque toujours rien : on m'en redemande et mes auditeurs insistent sur l'intérêt qu'ils accordent à un passé se rapportant à celui des institutions auxquelles ils appartiennent. Pourquoi, alors, ne pas prendre au sérieux leur suggestion d'en tirer un livre ?

Pour contourner ma gêne, j'ai décidé de recourir à deux stratagèmes. Le premier a consisté à demander à de très proches instigateurs du projet de m'interroger et d'enregistrer mes réponses. Je dois ainsi à mon épouse Hélène et à mes amis Manuelle et Sylvain Missionnier d'avoir pu disposer d'un corpus d'entretiens nourris de leurs questions et de leurs commentaires, dont j'ai pu extraire le texte de mes récits.

Toutefois, pour garder la trace de ces échanges si vivants, nous avons conservé certains fragments de dialogue dans chaque chapitre de ce livre.

Autre stratagème, celui de décomposer ces chapitres en deux parties de taille inégale : un court liminaire évoquant une scène marquante d'une étape de mon parcours, suivi des commentaires nécessaires pour en faire vivre le contexte, ce qui l'a précédée ou ce qui lui a fait suite. Dans l'ouverture, je témoigne d'une expérience toute personnelle ; les commentaires, eux, sont le récit plus distancié d'une histoire.

Grâce à ce montage, il sera moins question de l'auteur et de sa personne. Je dois à Alain Braconnier d'avoir su donner, dans l'ouvrage qu'il m'a consacré en 2003 dans la collection « Psychanalystes d'aujourd'hui », éditée par les PUF, une description attentive de ma carrière et de mes travaux. C'est lui qui me permet aujourd'hui de n'être que le témoin de cette histoire. Qu'il en soit profondément remercié.

J'espère que ce parcours d'une cinquantaine d'années à travers le développement prodigieux de nos connaissances des sciences de l'esprit et la manière dont la pratique d'un psychanalyste a su l'accompagner pourra intéresser nos plus jeunes lecteurs. Je le souhaite vivement, et je remercie de tout cœur, ceux qui m'ont permis de le tenter : mes interrogateurs Hélène, Manuelle et Sylvain ; Odile Jacob, qui soutient avec tant de chaleur depuis des années mon œuvre écrite ; Jean-Luc Fidel, son directeur éditorial, qui m'a donné tout son temps et grâce à qui j'ai pu réaliser le montage de ces mémoires.

1

Première rencontre rue de Lille

La rue du Cherche-Midi est une voie calme pour se rendre de Montparnasse à Saint-Germain-des-Prés. Peu de commerces, des immeubles bourgeois merveilleusement sulpiciens et quelques auberges – je me souviens de celle où Pierre Fédida avait coutume de rencontrer ses amis. Il y a soixante ans, c'était un axe autour duquel s'exposaient les plus belles galeries d'art de la Rive gauche. J'avais à l'époque entre 18 et 24 ans. Mes parents habitaient à l'extrémité de la rue, là où le dernier immeuble vient fendre de son éperon la rue de Vaugirard, laquelle arrive tout droit du sud et amorce le lent virage qui la fera s'enrouler autour du jardin du Luxembourg. Je préparais à l'époque les concours des hôpitaux – l'externat, puis l'internat. En fin de journée, après un « bachotage » studieux et lassant, je flânais souvent d'une galerie à l'autre, avide de m'alléger l'esprit à la découverte d'un Zao Wou-ki ou d'un Vieira da Silva.

En ce début d'après-midi du printemps 1951, si je me rendais au 5, rue de Lille par ce même itinéraire, ce n'était pas pour visiter la galerie Jeanne Bucher ou pour déambuler à la librairie La Hune. C'était pour être reçu par le docteur Lacan. Il m'avait aisément accordé un rendez-vous. Sans doute avait-il été averti de ma démarche par Mme Jenny Roudinesco, dont j'étais l'externe ; elle m'avait vivement recommandé de lui demander conseil.

Ce que je savais de lui, je le tenais des psychologues, des éducateurs et des médecins dont j'avais fait la connaissance dans le service où, depuis près d'un an, je travaillais. Il était d'ailleurs l'analyste de beaucoup d'entre eux. C'était « le meilleur », disait-on ; avec lui, on ne risquait pas de « tomber dans une analyse sans fin ». Son nom évoquait aussi pour moi d'autres échos : il avait participé au courant surréaliste, c'était une figure intellectuelle depuis l'avant-guerre. Bref, un psychanalyste fréquentable !

Lacan me reçut sans me faire attendre. Un accueil neutre, sans sourire, mais courtois. Je le sentis aussitôt ouvert à ce que je m'apprêtais à lui dire de moi. Quelques mots sur mon intérêt pour la psychologie et la pathologie mentale, qui m'avait incité à opter pour la médecine plutôt que pour la philosophie et une carrière d'enseignant. Très vite, il m'interrompit pour me demander ce que j'avais lu. Très peu de choses, et qui m'avaient fortement déplu, répliquai-je. Il s'agissait des deux ouvrages que Marie Bonaparte avait publiés aux Presses universitaires de France. Le dogmatisme du ton, la sécheresse et l'abstraction des modèles proposés, l'absence d'ouverture aux questionnements de l'esprit : voilà ce que j'en avais retenu. Je venais aussi de lire, avec peine, La Science des rêves. *J'y avais trouvé bien plus d'intérêt, concédai-je. Je n'ignorais pas que tout ce discours n'était pas fait pour lui déplaire, bien sûr. Sans doute fus-je plus convaincant lorsque je lui fis part de tout ce que m'avait fait découvrir mon stage auprès de Mme Roudinesco : la clinique tout simplement, et plus particulièrement celle des jeunes enfants exposés à des carences affectives précoces. La psychothérapie d'un petit garçon de 8 ans m'avait d'ailleurs été confiée – il en allait ainsi à l'époque ! – sous la supervision de ma « patronne ». Tout cela m'avait confirmé qu'il me fallait devenir psychanalyste si je voulais être psychiatre, et surtout d'enfants.*

Je ne sais comment j'en vins à évoquer mes goûts plus personnels : ma passion pour la chose littéraire, mes rêveries d'écriture, mon inclination pour ce que j'avais pu apprendre de la philosophie (Sartre, Camus, Merleau-Ponty, le communiste Cornu dont je suivais les cours au Collège de France), la peinture bien sûr et mon rêve jadis d'entrer aux écoles de Rome et du Louvre, etc. À ce moment, Lacan me fit entendre que notre entretien prenait fin. Si je désirais entreprendre une analyse avec lui, la chose n'était pas impossible, m'assura-t-il... mais dans deux ans environ.

Me raccompagnant, il me montra un tableau et me demanda qui en était l'auteur. Et il réitéra deux ou trois fois l'expérience. Je répondis d'une manière qui lui donna satisfaction et suscita un sourire qui me remplit d'aise après l'attitude olympienne qu'il avait conservée jusqu'alors, selon l'usage que je n'ignorais pas. Le Masson qui ornait la cheminée de son salon d'attente n'était pas celui que je pus découvrir plus tard, commandé pour masquer L'Origine du monde *de Courbet.*

Autant dire que je revins aux anges dans mon service pour rendre compte de ma visite à Mme Roudinesco. « Ah, il vous a séduit vous aussi », déclara-t-elle en souriant. Mes collègues, eux, furent plus partagés : certains se félicitèrent de l'issue, d'autres me reprochèrent de m'être si facilement engagé.

Qui avait séduit l'autre ? Je m'étais employé de mon mieux à tenter d'y réussir. C'est ainsi, en tout cas, que je nouai une alliance avec Lacan, mais aussi avec la psychanalyse elle-même. La première allait connaître des moments féconds et douloureux. La seconde m'attacha pour toujours à une vie de l'esprit qui m'a beaucoup aidé et que j'ai servie de mon mieux.

Mais revenons aux années de guerre. Sur la psychanalyse alors, silence total. J'en avais bien entendu un peu parler, mais seulement par quelques rumeurs vaseuses sur la sexualité infantile, sur Freud. Dominait en effet une psychologie plutôt sotte, néochrétienne, humaniste, pétainiste, vichyssoise. Aucun intérêt !

Plus un enfant déjà et pas encore un adulte, j'étais depuis longtemps membre de mouvements de jeunesse, ceux du moins qui étaient autorisés, et je participais à des colonies de vacances. C'est là que, parmi les moniteurs, j'avais rencontré de jeunes instituteurs. Ils avaient entre 20 et 25 ans ; j'en avais 14. Je leur dois la découverte d'Henri Wallon, mal vu et pas enseigné car il était communiste. Heureusement, on trouvait ses livres. C'est ainsi que, délaissant Paul Bourget ou Anatole France, je m'étais mis à lire Wallon et après lui Piaget, deux auteurs qui m'avaient révélé ce que pouvait être la psychologie de l'enfant. Et puis Bergson, grâce à mon professeur de philosophie, qui en était un fidèle. Pourquoi ces lectures ? Parce que je m'intéressais à l'esprit humain, à l'homme, à la compréhension de l'homme.

Auparavant, j'étais surtout passionné par la culture antique, la Grèce, Rome. Je ne rêvais que d'une chose : aller un jour dans ces pays. Et je lisais énormément sur les ruines, les voyages en Grèce, la littérature grecque et romaine. Au fil des ans, j'en étais venu à songer devenir professeur de philosophie. Enfin, je voulais et je ne voulais pas... Enseigner au lycée d'Épernay, où vivait ma famille avant guerre, ne m'attirait guère. Quant à l'université, j'ignorais ce que c'était.

L'époque était pour moi celle d'une certaine solitude sexuelle et sociale. Bien sûr, il y avait la fréquentation de quelques jeunes filles, des surprises-parties avec des amis, mais je n'étais guère admis dans la bonne société des « marchands de vin » d'Épernay. Et les jeunes filles qui sortaient du cours Notre-Dame me semblaient bien lointaines. Un peu « prématuré intellectuel », j'avais donc cultivé une certaine distance, favorisant la lecture d'ouvrages que je n'aurais pas dû lire à un âge où je n'étais pas censé les comprendre. Surtout, dans mon petit monde intérieur, j'avais développé une ambition littéraire. Je rêvais d'être le Valéry de ma génération ! J'allais écrire, des poèmes, des nouvelles, des romans.

Toutes les semaines, je me rendais à la bibliothèque d'Épernay, dont la responsable était une demoiselle Van Gennep. Ce nom ne dit plus grand-chose, mais son père était un grand spécialiste en sociologie du folklore, très connu alors. Et toutes les semaines, petit adolescent de 14 ans, j'allais chercher des livres auprès d'elle. Inutile de dire que je prenais n'importe quoi.

Un jour, à un oncle professeur de lycée qui était quelque peu mon mentor, je déclarai tout de go : « Il y a un livre que je lis et que je ne comprends pas très bien. » C'était *Sodome et Gomorrhe*, de *La Recherche*. « Il faudrait quand même que je te donne une liste de livres qui conviennent à ton âge. Ne lis pas n'importe quoi », s'exclama-t-il en riant. Mlle Van Gennep aussi s'amusait de voir ce que je choisissais. Elle me l'a raconté par la suite.

Dans cet isolement, le fait d'avoir un nom à consonance allemande, d'être alsacien dans une France en guerre contre l'Allemagne n'était pas anodin. Juste avant la déclaration de guerre et durant les étapes qui avaient précédé l'invasion, on ironisait souvent. Ensuite, l'identité alsacienne a été mieux reconnue. N'oublions pas aussi que l'Alsace a été annexée de nouveau et que nombre d'Alsaciens ont été incorporés dans la Wehrmacht. En fait, le grand débat dans nos familles était entre ceux qui approuvaient de Gaulle et ceux pour qui Pétain faisait du mieux qu'il pouvait pour nous protéger contre l'occupant. L'image de Vichy devait se dégrader petit à petit en raison des horreurs nazies.

Dans la petite cité de province qu'était Épernay, pour « survivre » intellectuellement, j'organisais des mouvements culturels avec mes camarades et quelques enseignants : une Académie du Sextant (excusez du peu !) et un mouvement des « jeunes de Champagne » avec le soutien de l'évêque de Châlons et certains écrivains champenois, tels Marcel Arland et André Salmard. Il s'agissait de rester accroché à un monde qui me semblait fascinant : celui de la France d'avant-guerre, de ses écrivains prestigieux, de ses revues littéraires, bref de tout ce que l'État français de Vichy essayait d'étouffer. Parmi les enseignants, Gilbert Cohen-Séat m'aidait à préserver ce lien. Il était venu se replier à Épernay pour des raisons familiales. Il était parent du grand rabbin de Bordeaux. Il nous parlait de philosophie, de littérature.

Je portais un nom germanique, mon grand-père paternel avait été un éminent germaniste, j'en étais fier. Goethe, Heine, etc., lui étaient familiers. Or, pendant la guerre, on ne s'intéressait pas à la culture allemande : elle était trop liée à l'occupant. On ne parlait jamais à un Allemand. Si l'un d'eux demandait son chemin, on répondait le moins possible, et on se détournait pour ne pas avoir à en dire plus. On ne lisait pas de littérature allemande. Et on ne pouvait pas non plus s'intéresser à la culture anglaise... qu'on n'appréhendait que par la langue, et de façon très livresque. Mon intérêt pour la culture allemande est donc venu bien plus tard. Ce fut lorsque j'étais chef de clinique chez Jean Delay. On demandait un de ses collaborateurs pour faire une conférence en Allemagne sur « L'enfant difficile à éduquer ». Sollicité, j'acceptai avec enthousiasme et essayai d'apprendre un peu d'allemand tout en confiant la traduction de ma conférence à une collègue de Sainte-Anne. Je lus hardiment ma conférence à Düsseldorf dans la langue de Goethe, devant un public qui n'était pas encore très habitué à entendre parler de psychanalyse ! En 1938, au collège d'Épernay, j'étais entré en sixième l'année même où Chamberlain et Daladier avaient capitulé devant Hitler, à Munich. Le premier jour, voulant me rendre en cours d'allemand, je m'étais trompé... je m'étais retrouvé en anglais, et je n'avais pas osé retourner dans l'autre classe. C'est la raison pour laquelle il me fallut plus tard apprendre l'allemand afin de préparer cette conférence quand, à 28 ans, je dus parler au nom de la psychanalyse devant un parterre de psychiatres de l'enfant.

Très jeune, j'étais passionné du monde grec et latin, je l'ai dit : je voulais suivre l'École des chartes, aller à l'École d'Athènes, puis à celle de Rome. Mais je n'étais pas très fort en latin ni en grec. Je m'intéressais à la philosophie, mais une carrière d'enseignant ne m'enthousiasmait guère. Un ami de la famille, à peine plus âgé que moi, m'ouvrit à la psychiatrie, à la folie. Je résolus donc d'entamer des études de médecine pour devenir psychiatre. Mon grand-père, médecin lui-même, s'en amusa. Qu'il fasse médecine, on verra ensuite ! Ma mère également. À l'époque, même dans un milieu bourgeois cultivé, on croyait que la folie rendait fous les médecins qui s'en occupaient. Ils ne se rendaient pas compte que cette volonté était forte chez moi. Elle ne faiblit guère au cours de mes études médicales, même si je m'intéressai à d'autres spécialités.

Et c'est ainsi qu'en 1947 je fus reçu externe. Les places étaient rares dans le champ de la psychiatrie, parmi les services universitaires spécialisés. J'avais pu choisir celui, peu connu, de Mme Jenny Roudinesco, sans savoir qui elle était. Je suis donc allé la voir, elle qui allait s'appeler plus tard Jenny Aubry. À l'époque, elle avait la cinquantaine peut-être ; autant dire qu'elle me semblait une vieille dame. Mais d'emblée, elle me fascina, par son élégance, son raffinement, son charme. Et aussitôt le travail à ses côtés me passionna. Elle me confia ainsi un enfant en psychothérapie, sous sa supervision, alors que je ne savais rien ou pas grand-chose de la psychiatrie de l'enfant et surtout de la psychanalyse. N'oublions pas que Freud était presque inconnu pour ma génération. Mais de 1946 à 1950, j'ai surtout préparé les concours. Je me disais : étudions d'abord la médecine, on verra ensuite pour la psychiatrie.

Elle n'était pas professeur, mais médecin des hôpitaux, ce qui était alors plus prestigieux. C'était une des toutes premières femmes à l'être devenue ! Il faut dire qu'elle dirigeait non seulement un service dans le cadre des consultations de l'hôpital Ambroise-Paré, mais aussi la Fondation Parent-de-Rosan, une crèche où l'on recueillait de jeunes enfants ayant subi une carence maternelle précoce. C'est là que travaillaient Myriam David et Geneviève Appell, devant qui je suis tombé aussi en admiration. Leur compréhension du bébé m'a beaucoup apporté. J'ai saisi avec elles qu'il y avait là une voie d'avenir pour la psychiatrie.

Dans le service d'Ambroise-Paré, je fis la connaissance de Chassagny, un garçon mort très tôt, remarquable, très cultivé, qui était l'instituteur de la petite école. Il y avait aussi Robert Lefort, Rosine Tabouis et Odile Lévy-Bruhl, morte très vite d'un cancer, Anne-Lise Stern, Émile et Ginette Raimbault. Ils étaient tous chez Lacan. C'est donc dans ce contexte, convaincu de l'importance de la psychanalyse pour comprendre l'enfant, que je me décidai à entreprendre une analyse et à lui rendre visite.

Ayant été nommé interne et accepté en vue d'une analyse didactique, je partis un an en service militaire, à Alger. Parce que je voulais voyager, ce que je n'avais encore jamais fait. Et dans un service de psychiatrie, pour ne pas perdre de temps.

À l'hôpital militaire Maillot, hébergé dans une chambre du service, je découvris tout de suite que c'était celle où avait été hospitalisé le fils de l'amiral Darlan. Servant dans l'armée française en Algérie, lorsque les Américains avaient débarqué, il s'était rallié à la France libre et était tombé malade. C'était le moment où son père, Premier ministre de Pétain, avait fui Vichy pour se réfugier en Algérie. De Gaulle et Giraud l'avaient aussitôt écarté. Était-ce pour rejoindre son fils malade qu'il avait sauté le pas ?

Quoi qu'il en soit, durant un an, j'ai pratiqué la psychiatrie à Alger. Alors qu'auparavant j'en avais connu une version assez dure – les électrochocs, l'insuline pour les schizophrènes, et rien d'autre –, là, c'est un homme assez chaleureux, très humain que j'ai découvert. Le commandant Hosotte était devenu médecin militaire parce que, d'une famille de militaires, il avait opté pour l'École de santé de Lyon. Comme la plupart des militaires que j'ai rencontrés à l'époque, il n'était nullement raciste, contrairement à ce qu'on penserait. À l'inverse du mépris et de l'hostilité des Pieds-Noirs vis-à-vis des Arabes et des Kabyles. Je parle des catholiques, parce que j'ai eu très peu de contacts avec la communauté juive. De nombreux militaires, avec lesquels j'avais l'occasion de discuter, à l'époque, étaient convaincus que l'Algérie obtiendrait l'indépendance. Plus tard, de Gaulle alimenta le rêve d'une Algérie française égalitaire. Pour eux, si l'Algérie devait rester française, c'était grâce à l'armée ; ils étaient extrêmement « anti-Pieds-Noirs ». Quoique hors de la métropole, j'appris et pratiquai là ce qu'on pouvait faire de mieux en psychiatrie : des thérapies sédatives, des entretiens psychothérapeutiques avec les malades, etc. Ce fut surtout mon premier contact avec la psychiatrie des adultes, très différente de celle des enfants. Après quelques mois, je revins en France et commençai mon analyse.

Pour mon premier stage d'interne, j'ai déniché un poste vacant dans un service de neuropsychiatrie de la Salpêtrière, dirigé par un neurologue, le docteur Hagueneau, un homme d'apparence bourrue, qui avait la tête de Lénine. Lorsque j'ai débarqué chez lui, un beau matin, il prenait son thé. Je me suis présenté à lui : j'étais son nouvel interne. Et de répondre aussitôt : « Monsieur, c'est la première fois qu'un interne me choisit ; jusqu'à présent, je les ai toujours choisis ! » C'était sa dernière année de carrière : plus personne ne voulait aller travailler avec lui, ce qui était un peu humiliant pour un patron.

C'est pourtant auprès de lui que j'ai pratiqué la psychiatrie, dans des bâtiments aujourd'hui disparus, de petites constructions qu'on appelait les chalets et qui étaient pourvues de chambres isolées. On plaçait les malades en isolement, on leur donnait beaucoup de sédatifs et du Largactil, le « neuroleptique » récemment inventé. Les grands mélancoliques avaient droit à des électrochocs, et les névroses se traitaient surtout par des cures de sommeil. Durant la guerre, les névroses traumatiques avaient été largement traitées par des cures de barbituriques destinées à permettre une remémoration du traumatisme et à rétablir un sommeil réparateur. Il en était résulté deux thérapeutiques nouvelles, dont on faisait un large usage dans les chalets de la Salpêtrière. Grâce à la narco-analyse, on plongeait le patient dans un semi-sommeil et on l'invitait à se remémorer son expérience traumatique. Grâce à la « cure de sommeil », on le laissait en état de détente dans un cadre d'isolement.

C'est là que j'ai rencontré le docteur Courchet, l'assistant du service, qui était psychanalyste et passionné d'hypnose. Il la pratiquait en cachette car, à la Salpêtrière, ce type de traitement était devenu très mal vu. Les neurologues élèves de Babinski avaient définitivement relégué l'hypnose dans le champ des activités de charlatans, et les psychiatres qui n'avaient jamais cru aux expériences de Charcot et ignoraient tout de l'hystérie n'y trouvaient aucun intérêt. C'est aussi à ce moment que j'ai entrepris ma première cure de psychothérapie en face en face. Mais il n'était pas question de la pratiquer dans le cadre du service. Les quelques analystes formés avant guerre recevaient en privé. Quelques-uns, plus jeunes, rapidement formés après le conflit, occupaient un poste dans des services de psychiatrie, mais principalement spécialisés pour les enfants. Si en effet, les psychiatres d'enfants avaient reconnu l'importance des troubles du développement affectif et des facteurs familiaux, ceux qui se consacraient aux adultes recevaient des cas de troubles mentaux sévères. Seuls les psychiatres exerçant en libéral (ils étaient rares) recevaient des cas plus directement en rapport avec des difficultés dites

« psychologiques ». Ceux qui, comme moi, étaient en cours de formation, c'est-à-dire en analyse personnelle, pratiquaient tout juste des entretiens dits de soutien, en face à face, se substituant aux cures de barbituriques et à des entretiens ciblés sur la remémoration d'épisodes traumatiques.

Une partie de mon internat s'accomplit dans des services de médecine, en l'occurrence de pédiatrie et de neurologie. Après mon passage chez Hagueneau, je fis ainsi six mois en médecine, puis revins chez Mme Roudinesco pendant un an. Entre-temps, elle avait pris en charge une consultation en annexe de l'hôpital Bichat, la polyclinique du boulevard Ney. J'y retrouvai l'équipe d'Ambroise-Paré et je commençai des psychothérapies d'enfants, supervisées par Micheline Guitton. Quoique analysée elle aussi par Lacan, elle n'arrêtait pas de le critiquer. Selon elle, j'aurais dû m'adresser à quelqu'un d'autre. Cependant, par la suite, elle lui resta fidèle ! Il y avait là aussi Françoise Dolto, avec laquelle j'avais des relations bonnes et amicales. Elle était très gentille, mais trop catégorique dans ses jugements et ses interprétations. Avec elle, j'étais moins en confiance qu'avec Jenny Roudinesco. Celle-ci était plus scrupuleuse, mais moins brillante. D'ailleurs, elle n'a pas fait une carrière psychanalytique spectaculaire. Dans le livre qu'Élisabeth Roudinesco a consacré à sa mère, elle évoque des oppositions entre celle-ci et Françoise Dolto. À l'époque, toutes les deux avaient cependant soin de témoigner de relations amicales. Françoise Dolto me paraissait un peu trop péremptoire et parfois un peu « brutale » dans ses interventions. Elle était chaleureuse, passionnée par son métier, mais un peu trop directe dans son attitude avec les parents. Jenny Roudinesco, elle, demeurait plus réservée, aussi bien dans ses diagnostics que dans son comportement avec les familles. S'il est un point sur lequel le service se retrouvait unanime, c'était pour marquer ses distances vis-à-vis des analystes de l'enfant appartenant à l'équipe de

Serge Lebovici. Celui-ci exerçait au sein de la clinique de psychiatrie de l'enfant et de l'adolescent qui avait longtemps habité l'hôpital des Enfants malades et qui venait de se déplacer à celui de la Salpêtrière. Le groupe de Lebovici appartenait à la Société psychanalytique de Paris alors que nous étions des fidèles de la Société française de psychanalyse.

Car l'institution psychanalytique s'était divisée en deux. Dès la fin de la guerre, la Société psychanalytique de Paris s'était reconstituée et avait repris ses activités autour de Marie Bonaparte, Laforgue et Sacha Nacht. Laforgue s'en trouvait un peu à l'écart du fait de ses attitudes durant la guerre. Très vite, les plus jeunes formés avant guerre avaient rejoint leurs aînés, en particulier Bouvet, Lagache, Lacan. Avec quelques anciens, ils constituaient en 1950 le groupe des didacticiens que nous devions aller voir pour nous faire admettre dans la société. C'est ainsi que j'avais rencontré Nacht, Lagache, Bouvet, Schlumberger et Lacan. J'avais donc été admis à faire une psychanalyse didactique avant de partir en Algérie pour accomplir mes obligations militaires. C'est après mon retour, au printemps 1953, que j'ai appris qu'une « scission » s'était produite. Au moment même où je m'engageais dans mon analyse personnelle, le choix que nous avions dû faire tenait à une question de personnes. Daniel Lagache, les Favez, rejoints par Lacan, s'étaient séparés de la Société psychanalytique de Paris, où j'avais été admis en 1953. Suivant mon analyste et sans rien savoir des raisons du conflit et de la rupture, je m'étais retrouvé élève de la société dissidente, la Société française de psychanalyse. C'est ainsi tout à fait fortuitement que de nombreux camarades de ma génération qui suivaient alors comme moi une analyse didactique se sont retrouvés dans l'un ou l'autre groupe.

Nacht était devenu le « grand patron » de la Société psychanalytique de Paris. Marie Bonaparte était déjà un peu « hors du coup », elle qui avait régenté la société avant guerre, permis l'exil de Freud et de ses proches à Londres, et qui conservait un lien personnel avec Anna Freud. Lacan, lui, avait la réputation d'être très actif : « Avec lui, l'analyse ne chôme pas et ne dure pas très longtemps », disait-on. Je l'avais justement choisi pour cette raison. Dans tout cela, qu'en était-il de l'argent ? Chez Nacht, la séance coûtait 7 000 anciens francs (soit 106 euros), contre 5 000 en général (soit 76 euros) y compris avec Lacan. Bouvet, lui, prenait 3 000 francs !

Pendant deux ou trois ans encore, je suis resté très discret sur mon analyse dans le cadre de ma vie hospitalière et universitaire. J'étais interne en médecine, j'avais des places dans des services universitaires. J'ai ainsi appris la pédiatrie chez Thieffry et chez Laplane. Et j'ai aussi obtenu un poste, toujours à la Salpêtrière, chez Michaux, « antipsychanalyste » réputé. Les places étaient chères, car tous les neurologues allaient faire six mois de psychiatrie chez lui. Mon ami Raymond Escouralle, alors interne dans son service, m'avait appris qu'un nouveau poste d'interne avait été créé. Il m'avait donc conseillé d'aller le voir et de tenter ma chance. Je lui téléphonai et il me donna rendez-vous pour le lendemain. Je venais à tout hasard lui demander s'il pouvait m'accueillir un jour dans son service. « Je sais bien que je n'ai aucune chance, lui dis-je, tout le monde veut venir chez vous ; mais je veux vraiment devenir psychiatre. – Vous tombez bien, me répond-il, le hasard fait que j'ai une place de plus. Je vous la donne. » C'est ainsi que ma carrière psychiatrique a été lancée. Cette rouerie, je n'en ai jamais pu faire l'aveu à mon patron même après des années de fidèle amitié ! Je savais son hostilité à l'égard des psychanalystes. Pourtant, un jour, je lui confiai que je me faisais psychanalyser. « Ça ne m'étonne pas, répondit-il. Et avec qui ?... Ah, Lacan. C'est quelqu'un de bien. » Et d'ajouter : « Écoutez, c'est très bien. Au fond, vous les psychanalystes, vous avez une occasion de soulever le toit et de regarder la pensée des gens. À l'intérieur, ça doit être stupéfiant. » Voilà ce que cet « antipsychanalyste » me disait en 1954.

Ensuite, pour ma dernière année d'internat et afin d'occuper le poste de chef de clinique, je suis allé chez Jean Delay, à Sainte-Anne, de 1955 à 1958, où j'ai véritablement fait la connaissance du milieu psychiatrique parisien.

Le premier psychanalyste patenté que j'ai rencontré, c'était en 1954. J'étais alors interne en médecine à Lariboisière. Nous avions une patiente muette, figée. Perrault, mon chef de service, m'avait suggéré de la conduire à Sainte-Anne pour qu'on l'examine et qu'elle puisse éventuellement y être hospitalisée. Je tombai sur un chef de clinique en paletot gris – à Sainte-Anne, on en portait des gris et non des bleus comme à l'Assistance publique. Je lui présentai ma patiente et répétai ce que Perrault m'avait dit : « On a l'impression que cette dame ne veut pas parler. » Assez jolie interprétation pour un service de médecine générale ! Mais il rectifia : « Bien sûr. Elle est mélancolique, votre patiente. » J'étais très impressionné. C'était François Perrier ! À qui je n'ai pas manqué de confier mon désir de devenir psychanalyste.

En 1955, quand je suis arrivé chez Jean Delay, les choses avaient un peu changé. Il y avait en salle de garde toute une génération de psychanalystes et de psychiatres qui sont devenus des maîtres : André Green, Jean-Marc Alby, Jean Bergès, Serge Leclaire, etc. Et surtout, dans le service lui-même, je retrouvai Lacan. Ce n'était plus seulement mon analyste, mais un Lacan qui s'activait deux fois par semaine devant le bureau du patron et qui était ravi que je sois là.

Les choses commencèrent cependant à devenir un peu gênantes quand il me demanda de trouver des malades à lui présenter chaque semaine. On sait le rôle que tenait la présentation de malades dans les services universitaires de médecine. En psychiatrie, de nombreux maîtres y avaient puisé leur célébrité. À Sainte-Anne, deux d'entre elles étaient fort suivies, celle d'Henri Ey, à la bibliothèque de Sainte-Anne, et celle de Lacan, à la clinique des maladies mentales et de l'encéphale que dirigeait Delay. Une présentation clinique descriptive avec Ey, une présentation plus orientée vers la psychanalyse avec Lacan. Pour celle-ci, je devais donc trouver le patient avec qui il allait s'entretenir et préparer le malade à cet entretien en public. Ainsi, j'ai grandement bénéficié de son enseignement, car il m'avait autorisé à assister à son séminaire théorique qui, à cette époque, se déroulait également dans le service de Delay.

Durant cette période, je menais une double vie : l'hôpital le matin et, l'après-midi, mon analyse et des activités de médecine du travail qui me permettaient de financer ma psychanalyse. Un jour par semaine, j'exerçais à Soissons et à Laon, dans des consultations médico-psychologiques qui furent parmi les premières à assurer un travail de secteur en psychanalyse de l'enfant.

En fait, durant ces années d'internat et de postinternat, entre 1953 et 1958, la vie matérielle était difficile. Il me fallait « aller dans le service », à l'hôpital, de 8 h 30 à 13 heures. Ensuite, après un déjeuner rapide en salle de garde, départ pour les environs de Nanterre et de Rueil, où j'exerçais des activités de médecin du travail (dont la rémunération me permettait de « régler » mon analyse) dans les usines de la région. Après une courte visite à l'hôpital, je revenais chez Lacan vers 19 heures pour ma séance rue de Lille, avant de rejoindre ma famille à Charenton vers 20 heures. J'enviais mes collègues internes qui, l'après-midi, fréquentaient des laboratoires ou des groupes de travail qui les préparaient à d'autres concours hospitaliers. Bien sûr, il était exclu d'aller faire un stage à l'étranger et l'équilibre financier était au plus juste. Mon engagement dans la psychanalyse représentait un très grand sacrifice. Mais il était peut-être plus facile de s'y plier à moins de 30 ans qu'à la cinquantaine !

Revenons à mon analyse personnelle. Mon analyste restait absolument neutre : il parlait peu et écoutait en partie. À certains moments, je l'entendais griffonner. Longtemps j'ai cru qu'il prenait des notes sur mon cas ; ensuite, j'ai compris qu'il préparait le séminaire de la semaine ou un autre texte, tout en prenant son thé servi par Gloria. J'entendais la petite cuillère. Mais il était là. Il ne disait rien et, de temps en temps, il grognait, grommelait, soulignait un mot. J'avais l'impression d'être engagé dans un travail psychique intense. Avant chaque séance, je me préparais un peu, j'essayais de comprendre ce qui s'était passé la fois précédente. Le travail autoanalytique était très important, me semblait-il. Les séances duraient trente minutes environ, parfois moins. Il me faisait patienter, mais pas trop. D'autres devaient attendre bien plus. Certains étaient déjà là quand j'arrivais et je les retrouvais encore quand je partais. J'étais un peu parmi les « élus ». Il me faisait même attendre dans une pièce discrète pour pouvoir venir me chercher quand il se trouvait deux ou trois personnes dans l'autre salle. La séance se terminait sur un brusque signal vocalique. Et je repartais avec l'impression que je venais de dire quelque chose d'important. J'avais généralement quatre séances par semaine. Il n'a pas transigé là-dessus.

Q : Le fait qu'il prenait son thé, qu'il griffonnait ne vous posait pas de problème ?

DW : Si, mais je n'osais rien dire.

Q : Vous n'interveniez pas ?

DW : Non. Je me disais : c'est comme cela que cela se passe. Je n'avais pas l'impression que la séance était différente de celle des autres. Ils me racontaient que leur analyste aussi ne parlait pas. Ce qui me frappait, c'était surtout le côté sans gêne de Lacan, au sens où les séances n'étaient pas toujours de même longueur. Et j'étais un peu embarrassé par le fait d'avoir à travailler pour lui à l'extérieur, à Sainte-Anne. En un sens, cela me gratifiait : j'avais l'impression qu'il était plus gentil avec moi qu'avec d'autres. Mais en même temps, je me disais : il y a quelque chose là-dessous.

J'ai commencé à moins l'idéaliser quand il m'a autorisé à participer à son séminaire. Il me semblait prétentieux. J'ai découvert un comédien, très différent de mon analyste. Certaines personnes qui venaient y assister étaient elles aussi un peu critiques, en particulier mon ami Valabrega, avec lequel j'avais pris l'habitude de m'asseoir au dernier rang de l'amphi de Sainte-Anne et qui m'en voulut tant quand je rompis avec Lacan. Il nous semblait dire des choses intéressantes, mais nous n'en étions pas moins très critiques et surtout très mal à l'aise dans l'ambiance qui régnait. Le « retour à Freud » prôné alors m'incita cependant à me plonger enfin dans ses ouvrages, qui m'ont d'emblée paru très clairs, très intéressants, mais que je n'avais pas encore vraiment abordés avant d'entamer mon analyse.

Q : Votre analyse personnelle était uniquement à but didactique ?
DW : Ce n'était pas pour ma névrose, c'était pour devenir psychanalyste.
Q : Votre analyse n'a pas modifié quand même l'image de votre mère, par exemple ?
DW : Oui, il y avait aussi une demande. J'avais une inhibition, qu'on va appeler sexuelle, de rencontre avec les femmes. Mais il y a une chose que Lacan n'a pas traitée : c'était mon insécurité narcissique, le sentiment de ne jamais arriver au niveau des autres, d'être très inférieur à tous les collègues que je rencontrais, Jean Lemaire ou encore Jean Laplanche, avec qui je me suis lié d'amitié et que j'admirais beaucoup, mais ce dernier était philosophe ; et je ne l'étais pas.

En 1955, après mon internat, Jean Delay m'a appris qu'un poste d'agrégé était vacant à Dakar. « S'il vous intéresse, pas de problème. Vous l'aurez. » Jamais je n'aurais espéré alors un poste d'agrégé. Et Dakar, pourquoi pas ? Je m'y voyais déjà. Pichot, l'agrégé de Delay, m'accompagne rue de l'École-de-Médecine dans les services de la faculté pour que je m'inscrive au concours. Dans les couloirs, je rencontre Castaigne, neurologue à la Salpêtrière. « Agrégation de quoi ? me demande-t-il. – Pour le poste à Dakar. – Vous voulez vraiment aller en Afrique ? – Oui, pourquoi pas ? – Vous savez, ils ont à peine l'eau courante là-bas. » S'il y avait bien une chose dont je me moquais, c'était de savoir s'il y en avait ou pas. Et il ajouta : « Le franc CFA n'est pas du tout intéressant, attention. Vous croyez vraiment que vous êtes fait pour Dakar ? – Oui, je crois. » Si j'avais été plus averti, j'aurais compris que c'était un signal fort. Mais je m'inscrivis quand même et préparai l'agrégation. À 29 ans, ce qui me paraissait très en avance. De son côté, Lacan, à qui j'avais demandé ce qu'il en pensait et comment j'allais pouvoir faire pour mon analyse, me poussa dans ce choix. « Pas de problème ! Vous viendrez en avion tous les quinze jours ou trois semaines, et on continuera. Ne vous inquiétez pas pour votre analyse. Elle est très avancée. »

Je présentai donc l'écrit et fus reçu admissible à l'oral. Quand arriva le grand jour où je devais prononcer ma leçon inaugurale, mes professeurs étaient là, en robe rouge. Je vis Delay et Michaux, gênés, demander à me parler. Le ministre leur avait appris que le poste était réservé à un psychiatre militaire, le docteur Colomb. C'était légitime, car il avait accompli toute sa carrière en Afrique. S'ils m'avaient quand même reçu, le ministre n'aurait pas entériné leur décision. Ils me demandèrent donc de démissionner. Je me retrouvai ainsi à signer un papier déclarant que je renonçais. Très secoué, j'en ai pleuré dans la rue. Mais si l'on cherche les honneurs, il faut accepter de recevoir des coups.

Je repris donc régulièrement mon petit chemin vers la rue de Lille. Jusqu'alors, Lacan ne me posait pas de problème. Tout changea quand il m'autorisa à me présenter à ses collègues pour solliciter l'autorisation de pratiquer des analyses sous supervision. Il fallait que je passe devant une commission, composée de Juliette Favez et de Daniel Lagache. Stupéfait, j'entendis Lacan me dire : « S'ils vous interrogent sur la longueur des séances, n'insistez pas trop là-dessus. Vous savez, ils ne comprennent pas très bien tout ce que nous faisons. » C'était plutôt choquant. Je n'en dis mot quand Daniel Lagache et Juliette Favez me reçurent. Et ils eurent l'élégance de ne rien me demander alors qu'ils savaient très bien ce qui se pratiquait. Après un long échange, ils me donnèrent leur accord. Comme superviseur, j'avais le choix entre Françoise Dolto, Juliette Favez ou Daniel Lagache. J'optai pour une supervision collective chez ce dernier.

Q : Vous vous souvenez de moments de mutation dans votre analyse ? Ou d'interventions analytiques de la part de Lacan qui vous auraient marqué ?

DW : C'est un peu loin. Je sais quand même que j'ai beaucoup pensé à mes rapports avec mon père et avec ma mère. Je me suis beaucoup plaint de l'un et de l'autre. Je découvrais des plaintes inconscientes.

Q : Vous avez eu une espèce de révélation ? Est-ce que vous aviez l'impression...

DW : [...] de parler comme je parle avec quelqu'un qui ne me dit rien, mais qui écoute. Surtout que, à certains moments, il se levait et venait derrière mon dos. En principe, il restait assis à son bureau. Et tout à coup, il venait derrière mon dos. Je ne me souviens d'ailleurs pas qu'il y ait eu un fauteuil derrière le divan – et je partage cette impression avec ses analysants de l'époque que j'ai interrogés à cet égard. C'est curieux et peu connu. Il régnait un silence attentif. Il m'écoutait de temps en temps, ou bien il ne m'écoutait pas, ou que d'une oreille. Il y avait un écart entre la parole pleine et la parole vide. J'avais envie de lui raconter ce qui s'était passé avec untel. Je parlais du quotidien et commençais à associer. Je rebondissais sur quelque chose, et je l'entendais soudain qui s'arrêtait et qui m'écoutait. Il interprétait par l'accent qu'il mettait dans l'écoute.

Il faisait un peu la construction générale pendant son séminaire. C'était pendant celui-ci que, par les commentaires et constructions qu'il appliquait aux réflexions cliniques de Freud, il nous renvoyait celles qui pouvaient s'adresser à nous dans nos cures. La scène était en quelque sorte diffractée entre le divan et le séminaire. Ce qu'il taisait dans l'analyse pouvait être pensé dans le cadre plus général du séminaire, sous la forme d'une référence clinique incidente ou d'une construction théorique. Un jour, au cours du séminaire sur le petit Hans, il avait montré l'importance du regard du cheval qui terrifiait l'enfant et alimentait sa phobie. Lors d'une séance qui a fait suite, je lui ai raconté que cela me faisait penser à un tableau de Véronèse, *Mars et Venus surpris par Vulcain*, dans lequel on ne voit pas ce dernier, mais simplement la tête d'un cheval, laissant deviner un cavalier qui regarde la scène. Une assistante sociale qui travaillait avec mon père m'avait offert un livre sur Véronèse, à une époque, en 1943, où il existait très peu de livres d'art. Je connaissais donc bien l'œuvre de ce peintre. Au séminaire suivant, tout à coup, je l'entends déclarer : « Et puis, enfin, comprenez, cette histoire du regard du cheval, je ne sais pas si beaucoup d'entre vous la connaissent, mais cela fait penser au tableau de Véronèse où l'on voit le cheval à la place de Vulcain surprenant Mars et Vénus. » En se gardant bien de noter que cela ne venait pas de lui. Et sans un regard de connivence. J'étais atterré.

J'avais de plus en plus le sentiment d'être en face d'un homme qui attendait énormément de chacun d'entre nous. Derrière son silence et son apparente neutralité, je sentais un intense désir d'exercer son pouvoir et d'être reconnu aussi bien dans son autorité que dans un prosélytisme partagé. En réalité, il me « possédait ». J'étais un pion ambigu : d'un côté, je gardais ma névrose d'infériorité, mal soignée ; de l'autre, je me sentais investi par un homme ambitieux qui plaçait une partie de son ambition dans ma réussite. En fin de compte, je répétais quelque chose qui était bien plus de l'ordre de ma pathologie que d'autre chose.

C'est Daniel Lagache qui m'a beaucoup aidé à cet égard. Et aussi en me permettant de pratiquer ma première analyse sous contrôle, sur un sujet névrosé. Auparavant, je pratiquais seulement des psychothérapies en face à face, mais pas de psychanalyse. Je ne me serais pas permis d'allonger quelqu'un ! Au début, me servant de ce que j'avais vécu chez Lacan, mais respectant la durée des séances (quarante-cinq minutes), je pratiquais une écoute très peu interprétative, très attentive. Lagache aussi ne nous encourageait guère à interpréter. Quand je lui faisais part d'une interprétation, je le voyais plisser le front comme s'il voulait dire : mais enfin, pourquoi avez-vous dit cela ? Était-ce le bon moment ? Quand on lit les textes cliniques de Lagache, on retrouve cette forme d'analyse silencieuse. Sauf pour le contre-transfert, dont il s'agissait en théorie de nier l'utilité, je ne voyais donc pas une grande différence avec Lacan. Cependant, Lagache a joué un rôle démobilisateur ; il m'a incité à me dégager du « mauvais côté » de Lacan. Non par analyse, car il ne m'a jamais analysé. Plutôt en supervision et au fil de nos relations personnelles ensuite.

De même, sur le plan technique, s'il restait très silencieux, il m'a aidé à me sentir plus à l'aise. Qu'est-ce que l'écoute analytique ? C'est écouter et parfois dire quelque chose. Un jour, un patient m'avait déclaré : « Vous comprenez, c'est comme le complexe d'Œdipe. » Et je lui avais répondu : « Mais *c'est* le complexe d'Œdipe. » « Voilà une bonne interprétation, m'avait fait observer Lagache. Vous rompez avec le narratif, vous saisissez le patient et vous l'obligez à voir qu'il est réellement possédé par la scène et l'affect correspondant. » Comment cela se passait-il avec Lacan, au contraire ? Un jour, je lui avais raconté qu'en salle de garde j'étais très agacé parce que quelqu'un était très doué pour l'imiter, et tout le monde riait parce qu'il l'imitait très bien. Et d'ajouter : « Ce ne serait rien si, au fond, je n'avais pas l'impression qu'il se prévaut de vous comme s'il vous connaissait mieux que tout autre. » J'en étais très jaloux. C'était donc intéressant. Quand la séance s'est terminée, Lacan s'est contenté de me dire : « En tout cas, vous n'allez pas confondre la relation que j'ai avec lui et celle que j'ai avec vous. » Il venait de rater un coup formidable, dont j'ai fait l'autoanalyse à ce moment-là. Un lacanien prendrait sa défense, peut-être : il dirait que c'était le bon moment pour me parler ainsi puisque j'en avais repris les effets. Mais je l'ai plutôt entendu comme : « Il ne se retient pas. »

Une histoire comme celle de Véronèse m'avait quand même plutôt fait rire. J'avais trouvé son attitude culottée. En revanche, cette dernière anecdote ou sa demande de ne pas dire la vérité sur la longueur des séances m'avaient davantage gêné. C'est à ce moment-là que je me suis plutôt tourné vers mes deux superviseurs, et en particulier vers Daniel Lagache. Cette longue supervision avec lui et celle avec Juliette Favez se sont bien passées. Ce fut alors la fin de mon analyse. Je n'ai aucun doute sur sa qualité. Je me souviens que lorsque, quelques années plus tard, j'ai revu Lacan pour lui faire part de mes critiques, je lui ai tout de même confié : « Une chose est certaine : vous avez changé ma vie. Je vous dois d'avoir absolument changé quelque chose de fondamental en moi. » Je l'entends encore répondre : « Ah ! vous le reconnaissez ! » Il m'a ouvert l'esprit, il m'a introduit à un travail d'autoassociativité très riche.

Q : Que signifie autoassociativité ? Pourquoi pas libre associativité ?

DW : Parce que c'est une libre associativité avec soi-même et non avec un tiers qui écoute. Ce n'est pas la règle fondamentale. Il y avait libre associativité, mais pas d'interprétation. Certes, dans une psychanalyse, l'analysant, et tout particulièrement celui qui souhaite en tirer profit pour devenir psychanalyste, introduit une manière de s'écouter lui-même et d'interpréter lui-même le cours de ses propres associations de pensée. Lacan, par une absence délibérée d'interprétation, ne nous donnait aucun moyen d'intérioriser un tel mode de pensée. Je la développai par moi-même et sur moi-même, mais en sa présence et dans le champ du transfert. Il fallait donc aller au-delà de la libre association pour être son propre autoanalyste dans un courant autoassociatif et auto-interprétatif.

Q : Cette autoassociativité ne va-t-elle pas à l'encontre de la copensée ? Ou bien se conjuguent-elles ?

DW : Il y a un peu de copensée explicitée. Mais le silence interprétatif me renvoyait, comme un miroir, la mise en question de l'interprétation qui se faisait dans l'autre associativité. Après coup, il me semble que c'était probablement une critique implicite. J'ai quitté le lacanisme et me suis traité en me dégageant de ce que je sentais de plus en plus comme des tares lacaniennes.

Q : L'épisode Véronèse n'était-il pas un élément de copensée chez Lacan ?

DW : Non, je crois que, de sa part, c'était une rouerie. C'est moi qui ai copensé avec lui, en associant sur quelque chose qu'il avait dû voir lorsqu'il parlait du cheval du petit Hans.

Q : Mais lorsqu'il reprend Véronèse lors d'un séminaire, pourquoi ne pas y voir un élément de copensée ?

DW : Du fait du style qu'il adopte. Il dit en substance : « Vous ne connaissez pas ce tableau, bien entendu. Il n'y a que moi qui le connais. » Il se prévaut alors d'une parole qu'un de ses patients vient de lui tenir trois jours avant.

Q : Il a représenté à un moment une bonne figure paternelle ?

DW : Oui, c'était pour moi le père idéal, intellectuel, brillant, cultivé. Mon père n'était ni sot ni inculte, mais ce n'était pas du tout la même image. Lacan a représenté une figure idéale pendant des années.

Lorsque j'ai arrêté mon analyse, il a acquiescé, il a laissé faire. Nous nous sommes quittés en très bons termes et nos relations ont pris un tour, sinon amical, du moins personnel. J'allais le voir de temps en temps ; il m'invitait à dîner chez lui, à Guitrancourt. Cependant, à l'occasion, des séances se déroulaient encore. Il me disait : « Venez, on va faire une séance. » Il maintenait une sorte d'emprise. Et elle m'a même paru augmenter. Je l'ai ressenti en particulier à l'occasion d'un congrès de psychiatrie de l'enfant et de l'adolescent, à Rome. C'était mon premier voyage en Italie et je devais présenter un rapport sur l'agressivité. Assistaient à cette présentation René Diatkine et Serge Lebovici. Je n'avais rencontré ce dernier qu'une seule fois, lorsqu'il était venu voir Mme Roudinesco dans son service. J'avais compris que c'était en quelque sorte le représentant d'une autre école. C'était l'élève de Georges Heuyer. C'était l'« autre » psychanalyse de l'enfant. Après ma conférence, tous deux sont cependant intervenus pour dire à quel point ils la trouvaient intéressante et qu'ils partageaient mon point de vue. À mon retour de Rome, la personne qui gardait mes enfants m'annonce : « M. Lacan vous cherche ; il téléphone tous les jours pour savoir si vous êtes rentré. » J'appelle donc

Lacan, qui veut me rencontrer, c'est urgent. Chez lui, il me demande comment s'est passé le congrès. Je réponds : intéressant. « Il paraît que Diatkine et Lebovici ont beaucoup soutenu votre communication. – Oui, ils avaient l'air de trouver cela très bien. – Ah bon. On m'a rapporté ce que vous avez dit ; ce n'est pas si génial. Lang a fait quelque chose de très bien, lui. » Cette fois, je me suis mis intérieurement en colère. Après tout Lacan n'était pas Freud – et Lebovici non plus, d'ailleurs. Cela m'a encore plus incité à prendre mes distances.

Il voulait obtenir de tout le monde tout ce qu'il pouvait en attendre. Et il essayait de l'arracher à tout prix. Merleau-Ponty s'en serait plaint. On l'a vu avec Jean Hippolyte. Je commençais à vivre quelque chose d'une relation tout à fait différente de celle connue en analyse. Il était surtout soucieux d'accaparer tout ce qui était son monde et n'était occupé que d'une chose : le rôle qu'il allait jouer dans la psychanalyse. Il avait une mission : être le nouveau Freud !

En réalité, si tout le monde dans le milieu s'accordait à penser que Lacan était un grand psychanalyste, on jugeait sa manière de se comporter « impossible ». Daniel Lagache m'expliqua plus tard comment il avait accepté que Lacan les rejoigne lors de la scission de 1953. Lorsque lui, Juliette et Georges Favez avaient démissionné de la SPP, Lacan vint les voir pour leur annoncer qu'il avait l'intention de les rejoindre. Ils avaient accepté à condition qu'il s'engage à être plus strict sur la régularité et la durée des séances, ce qu'il promit ! On sait ce qu'il est advenu à cet égard ! La Société psychanalytique de Paris n'avait alors que cinq ans d'âge. Sacha Nacht voulait séparer la société scientifique et l'institut de formation, qu'il souhaitait diriger, avec Serge Lebovici comme secrétaire général. Ils allaient devenir les « responsables » de la formation analytique. Lacan se sentit donc menacé. Daniel Lagache et Juliette Favez, qui étaient professeurs d'université, voulaient eux donner à la psychanalyse une place à la

Sorbonne. Ce qui s'opposait à l'idée que tout l'enseignement et toute la formation devaient avoir lieu dans un institut dirigé par Nacht et Lebovici. D'où le conflit. La question s'est d'ailleurs reposée ensuite. À tel point que lorsque en 1963 la nouvelle société a été créée, l'Association psychanalytique de France, Daniel Lagache a recommandé de ne pas séparer institut et société. Sinon, les ennuis allaient recommencer.

Lacan n'était pas universitaire, lui. Déçu de ne pas l'être, il en était l'adversaire. Il était même antiuniversitaire. Cependant, il avait rejoint Lagache et les Favez, parce qu'il craignait qu'on contrôle trop ses pratiques. Il annonçait par exemple cinq cas en analyse didactique, mais ce n'étaient jamais les mêmes. On savait qu'il en avait vingt-cinq ou plus. Cela ne pouvait pas rentrer dans des horaires classiques !

Q : Il ne le revendiquait pas à l'époque ? Quand les lacaniens refont l'histoire, on entend au contraire dire que ce sont les modifications de cadre qui sont à l'origine de sa scission ultérieure.

DW : Elles étaient connues puisque, en arrivant avec Lagache chez les Favez, il avait promis d'être plus rigoureux. Quand, plus tard, je lui ai rappelé sa promesse, il m'a répondu que Lagache était bien incapable de comprendre. « D'ailleurs, vous-même, vous voyez, vous ne comprenez pas. C'est dommage que vous me quittiez, car je vais faire la théorie de la cure, maintenant. Je vais faire la théorie de ce que vous me reprochez de faire. C'est dommage que vous partiez avant », a-t-il ajouté.

Q : C'est à partir de là qu'il a commencé...

DW : [...] à sentir la bride se relâcher. Quand nous nous sommes séparés de lui. Auparavant, il s'efforçait de se tenir quand même à peu près dans un cadre matériel qu'il partageait avec les autres.

Mais nous n'étions encore qu'en 1960-1961. Mon analyse était terminée ; je commençais à pratiquer. Et j'étais encore en relation avec Jenny Roudinesco. Je partageais d'ailleurs un cabinet avec l'un de ses autres élèves, Émile Raimbault, le mari de Ginette. Nous nous entendions tous bien dans la petite société en quelque sorte lacanienne qu'était la Société française de psychanalyse. J'allais encore voir Lacan de temps en temps. Méfiant à mon égard et sentant bien que j'allais partir, il cherchait à me rattraper. Il sentait que je lui échappais.

Notamment lorsque Michaux m'a laissé organiser en 1962 un centre de psychothérapie de l'enfant dans son service, en ajoutant : « À condition que le pape ait le droit d'entrer dans la chapelle » (allusion aux relations entre Heuyer et Lebovici). Y participaient aussi Lang et Smirnoff. Comme nous étions un peu jeunes pour le diriger, j'ai sollicité Lagache, qui s'entendait plutôt bien avec le milieu universitaire et Michaux. Il m'a donné son accord, et il a ajouté : « Vous ne pensez pas que vous contrariez quelqu'un en me demandant ce patronage ? – Qui donc ? – Allons, vous ne devinez pas ? – Ah si, peut-être... Bien sûr. »

Si Lacan sentait que je lui filais entre les doigts, c'était aussi parce que j'étais plutôt en bons termes avec Lebovici qui montait sa société de psychothérapie psychanalytique de groupe, à laquelle j'ai participé, avec Michel Soulé et Didier Anzieu. Lacan me voyait ainsi partir des deux côtés : par Lebovici et par Lagache interposés. Je dirigeais de fait un laboratoire de psychothérapie de l'enfant, je pratiquais le psychodrame analytique pour enfant, j'étais psychiatre thérapeute, psychanalyste d'enfants. Ce n'était d'ailleurs pas mal vu par les analystes d'adultes, ni considéré comme une sous-catégorie. Et nous étions nombreux : il y avait Dolto et son groupe, Annie Anzieu, toute l'équipe de Jenny Roudinesco, Jean-Louis Lang, Victor Smirnoff et bien d'autres. C'est après que cela s'est gâté.

En somme, au début des années 1960, la psychanalyse dans son ensemble se portait bien en France. Nos deux sociétés se portaient bien : elles comptaient une centaine de membres environ. Nous nous ignorions en travaillant dans des centres publics différents. Un grand nombre de jeunes nous avaient suivis, d'un côté ou de l'autre. Nous arrivions à maturité et nous allions bientôt jouer un rôle actif, aussi bien dans nos sociétés qu'à l'université et dans les structures hospitalières.

2

Dernière rencontre rue de lille

Un matin de mars 1963, pour la troisième et dernière fois de la semaine, je me rends chez Lacan. Il s'agit de négocier une sortie de la crise que connaît alors la Société française de psychanalyse. La mission n'est ni facile ni agréable. Elle a été décidée quelques jours auparavant par les « opposants » à Lacan. La crise s'est en effet poursuivie tout l'hiver. Pensant que l'Association internationale se lassera et nous « laissera tomber », Lacan et ses partisans la font durer. Présidente bien malgré elle de la Société française de psychanalyse, Juliette Favez ne supporte plus l'état de tension qui règne. Deux « jeunes » membres associés, d'opinions différentes, sont donc chargés de négocier un accord. Et notre groupe m'a désigné. Ou du moins, faute de volontaire, on m'a persuadé d'user de mes talents de « diplomate ». Disons plutôt que le sort est tombé sur le plus jeune, comme dans la chanson. De l'autre bord, plusieurs collègues ont été sollicités. Jean Clavreul et Lucien Israël se sont récusés. Ainsi suis-je propulsé seul dans ce qui relève plus de la charge héroïque que de la diplomatie !

Les deux premiers entretiens se sont déroulés froidement, mais courtoisement. Lacan m'a reçu non au 5, mais 3 de la rue de Lille, dans son appartement personnel. Je me suis efforcé de le convaincre d'accepter, au moins à titre provisoire, de renoncer à toute charge didactique. Est-il vraiment nécessaire qu'il pratique des analyses didactiques, lui qui est clinicien, chercheur, enseignant et bénéficie de l'estime de tous ? Sans doute la proposition était-elle utopique. Je dois dire cependant qu'aujourd'hui encore, je ne tiens pas la « fonction didactique » pour une suprême marque de reconnaissance dans la hiérarchie des structures psychanalytiques. Malheureusement, je ne connais guère que mon ami Jean-Louis Lang pour avoir refusé de l'occuper. Pourquoi tenir tant à cette fonction ? Lacan pouvait suivre son chemin de « maître à penser », de chercheur de pointe sans cela. Était-il donc si fou, si maladroit, si naïf de poser la question ?

Jusque-là, il m'avait écouté, cherchant à se justifier. Bientôt, arguait-il, il nous montrerait la raison des séances brèves – ce qui lui était officiellement reproché. Ce qui me mettait plus mal à l'aise et me préoccupait davantage, lui disais-je, c'était la manière dont il se comportait dans la vie de l'institution et son activisme auprès des élèves. De son côté, il me mettait en garde contre ceux avec lesquels je prenais le risque de partir – des « sybarites », selon lui. Et j'avais grand tort de me séparer de lui juste au moment où sa célébrité était sur le point d'être reconnue ! Bref, à ses yeux, je faisais un mauvais calcul. Je reconnus qu'avoir pratiqué mon analyse personnelle avec lui avait été une grande chance dans ma vie. Alors, de quelle autorité pouvais-je me réclamer pour le condamner ? protestait-il. À quel jeu me laissais-je prendre ? Nous étions convenus d'une nouvelle entrevue pour en reparler.

À ce dernier rendez-vous, j'arrive sans conviction. Il n'acceptera sans doute pas de se retirer, même provisoirement, de ses fonctions didactiques. Nous lui reprochons d'en faire un instrument de pouvoir. Comment imaginer qu'il puisse s'en déprendre ? Nous allons bel et bien devoir nous séparer. Au moins pouvons-nous le faire dans une convenance réciproque et en conservant des liens acceptables. J'ignore encore que, si les psychanalystes se réfèrent beaucoup à la nécessité d'assu-

mer les conflits internes, ils n'en témoignent guère dans leur vie institutionnelle.

Lacan est dans un état de grande agitation et de colère. Suis-je assez naïf pour croire que les montages que j'étais chargé de lui proposer lui soient acceptables ? Nous ne voulons pas de lui... Eh bien, il s'en ira de son côté avec ceux qui lui sont fidèles ! Voilà qui le libérera d'anciens qui ont toujours été jaloux de lui. Quant aux élèves qui le quittent, il comprend maintenant combien il s'est trompé sur leur compte. Qu'est-ce qui a pu les rassembler ainsi ? Aucun d'entre eux n'est juif. Et tous ont des difficultés considérables avec leur père...

C'est alors qu'il s'en prend directement à moi, me reprochant de vouloir, par cette alliance avec des universitaires, établir des relations internationales et en tirer des avantages pour ma propre carrière. Puisque ambitieux je suis, qu'au moins je sache, si je rencontre des difficultés dans ma carrière, d'où elles viendront... Et de résonner en moi, sidéré, les vers de Polyeucte *que Sévère adresse à Félix : « Et quand l'orage éclatera sur vous, ne doutez point du bras dont partiront les coups. » Le drame que je vis avec Lacan devient soudain spectacle. Faut-il que cet homme souffre pour tenir des propos pareils !*

Je décide de m'en aller. Je lui tends la main. Il la refuse ostensiblement. Et sur le trottoir, je retrouve Victor Smirnoff, chargé de me « seconder », à qui je raconte la scène en détail. Nous convenons d'en rendre compte très rapidement à notre groupe.

Sur le moment, l'extrême des propos tenus me donne un sentiment de quasi-irréalité. Mais la rupture ainsi consommée ne m'expose plus à de si difficiles rencontres. Je peux « oublier Lacan », mon « maître à penser », mon analyste. Ne survit plus qu'un Lacan impliqué dans un conflit politique qu'il va falloir résoudre. Cependant, par la suite, les images transférentielles sont souvent revenues dans ma vie psychique. Et, durant des années, j'ai vécu des rêves nocturnes répétitifs où s'exprimaient toutes les dimensions libidinales d'un transfert inconscient toujours présent. Mon autoanalyse est-elle terminée ? Cependant, il fallait cliver. Mais revenons à la situation d'alors.

Au début des années 1960, rien ne laissait prévoir, à mes yeux du moins, une rupture au sein de notre Société française de psychanalyse et un changement radical dans la place des institutions psychanalytiques et la formation des futurs psychanalystes en France.

Ma situation personnelle était stable. J'exerçais la psychanalyse en pratique privée (adultes et enfants) et travaillais à mi-temps à la clinique de la Salpêtrière où, avec Lang et Smirnoff, nous animions le département de psychanalyse, cette « chapelle » créée par Michaux et officiellement patronnée par Lagache. Ce dernier exerçait de plus en plus d'influence sur moi depuis que je m'étais engagé à préparer une thèse sous sa direction sur *Freud et le problème du changement*, thèse qui m'ouvrirait la voie à un poste d'enseignant en psychologie. Je ne voyais guère pour moi un avenir d'enseignant en psychiatrie, et enseigner la psychopathologie et la psychanalyse en faculté des lettres réalisait un rêve inespéré. Je continuais d'aller au séminaire de Lacan à Sainte-Anne, chez Delay, mais je fréquentais régulièrement celui de Lagache à la Sorbonne, à côté de Piera Aulagnier. Laplanche et Pontalis rédigeaient déjà leur thèse et ne le fréquentaient plus. Lang et Smirnoff, plus médecins que moi en définitive, me rejoignaient au laboratoire de la Salpêtrière.

Quelle différence alors entre le « retour à Freud » selon Lacan et ce à quoi Lagache nous incitait ? Par exemple et fondamentalement, l'inconscient structuré comme un langage : faire de l'inconscient une élaboration discursive dans la structure de communication analytique nous paraissait totalement étranger à la pensée de Freud. La sexualité infantile, l'Œdipe comme structure symbolique, le phallus transcendantal, en quelque sorte désexualisé, le sexuel comme métaphore du symbolique, etc., prenaient dans la « lecture » de Freud par Lagache un tout autre sens. Nous mesurions la distance prise par Lacan vis-à-vis d'un Freud attentif à une sexualité infantile véritablement sexuelle. Si, au départ, l'atmosphère phénoménologique de la pensée lacanienne nous plaisait, elle nous paraissait prendre ses distances dangereusement par rapport non pas au biologisme freudien, mais à la nature même de la sexualité telle que Freud l'avait envisagée. Après coup, j'en ai vu l'importance en comparant le message du « discours de Rome », phénoménologique, et, sous l'influence du structuralisme, celui mis sur le signifiant, le rapport au langage, en 1958 dans son discours de Royaumont.

La place du langage dans la pensée freudienne, nous l'admettions tous, mais la distance était énorme entre celle-ci et l'« inconscient structuré comme un langage ». La place du langage, le signifiant est un mot qui est seulement cité en 1953 dans le discours de Rome ; il n'est alors question que de parole pleine ou de parole vide ; la psychanalyse est une phénoménologie de l'écoute. Mais petit à petit, il a pris ses distances par rapport à une mécanique biologique et métapsychologique (au sens très formel) de la pensée freudienne. Ce qui comptait désormais, ce n'étaient plus les mécanismes psychologiques, c'était le sujet s'affirmant comme sujet pour autant qu'il avait une parole pleine, une parole habitée par l'inconscient et hors du refoulement. Mais, cinq ans plus tard, en 1958, cette parole était devenue le domaine du signifiant. Il n'était plus question de parole vide et pleine, mais de la chaîne signifiante. Lacan était embarqué dans un structuralisme plus proche de Lévi-Strauss. En 1953, c'est le langage phénoménologique, métaphorique, qui nous permet de saisir le désir sans passer par une mécanique métapsychologique surannée. En 1958, ce qui fait la structure de l'inconscient, c'est le jeu de la chaîne signifiante comme structure linguistique fondamentale de la vie psychique. Il nous écarte de toute psychologie et nous conduit à une perspective structuraliste et non plus phénoménologique de l'inconscient.

C'est alors qu'intervient la rupture théorique. Lang, Smirnoff et moi animons un séminaire où l'on étudie la pensée de Melanie Klein. Nous ne cherchons plus nos lectures à partir du séminaire de Lacan. Nous pensons avec Lacan parce que certains points nous intéressent, mais nous pensons aussi parce que d'autres que lui existent. Nous ne sommes plus seulement lacaniens, nous sommes freudiens et élèves de Lacan.

Dans notre société régnait l'idée que le futur psychanalyste devait faire par lui-même la découverte de l'inconscient, à l'écoute du travail de Freud, modèle du découvreur d'inconscient. Au contraire, aux questions que l'on pouvait très directement lui poser, Lacan répondait toujours qu'à suivre son séminaire, on allait avoir les réponses. Nous attendions donc tous le séminaire de l'année suivante ! Lagache, lui, développait à partir de Freud un point de vue structural fondé sur les concepts de conflit, d'identification, etc. Surtout, il nous habituait à saisir toute la complexité de la pensée et de l'œuvre freudiennes. Il n'y avait pas d'enseignement critique chez Lacan, au contraire. Lire Freud était un rite d'initiation. Lacan disait le vrai de Freud.

Même si Lang et Smirnoff étaient moins « lagachiens » que moi, nous partagions une même distance vis-à-vis de Lacan. Lang n'était pas très lié à lui personnellement. Smirnoff, très lié à Granoff à l'époque, était le plus cultivé d'entre nous sur la littérature internationale ; il avait séjourné un an aux États-Unis et avait beaucoup lu. Si je me sentais enfermé dans le lacanisme du séminaire, nous disposions à la société d'une excellente revue, très ouverte, du moins en apparence. *La Psychanalyse*, c'était en effet, outre les textes de nos membres, des écrits émanant d'auteurs du passé. Il s'agissait alors de traduire et de publier des œuvres qui dataient des premières années, et donc des élèves directs de Freud. C'est ainsi que Granoff avait traduit *La Confusion des langues* de Ferenczi et que nous avons lu des textes fondamentaux de Susan Isaacs, d'Otto Rank et de bien d'autres. Qui choisissait ? Je suppose que c'était la « troïka » (Granoff, Leclaire et Perrier) qui gérait l'affaire. C'est dans ces circonstances que je fus chargé, avec Guy Rosolato, de présenter l'œuvre de Karl Abraham. Je connaissais Rosolato depuis les débuts de mes études médicales, avant même que nous pensions l'un et l'autre à la psychanalyse. Nous partagions un même goût pour la littérature et la peinture. Nous avons même pratiqué l'art de la divination à partir de sentences tirées de la Bible ! Je dois dire que j'ai pu ainsi glaner quelques connaissances de l'avenir qui se sont révélées exactes ! Ensemble nous avons fait l'inventaire de la pensée d'Abraham, mais elle ne nous enthousiasmait guère par son respect dogmatique du concept de stade de développement. Je croyais retrouver Marie Bonaparte ! Bref, nous ouvrions des portes sur les psychanalyses extérieures. Et ce n'était pas Lacan qui nous poussait à cela ! Jamais je ne l'ai entendu me dire : « Qu'est-ce que vous avez trouvé chez Abraham ? Venez m'en parler. » Non, c'étaient Leclaire, Perrier et Granoff, qui souhaitaient donner à notre association une ouverture, en allant retrouver les autres fondateurs, les « apôtres », si l'on peut dire, ceux qui étaient nés juste après Freud.

Dans tout cela, cependant, ce n'est pas par exemple Ferenczi et *La Confusion des langues* qui m'ont conduit à une remise en cause du lacanisme. Elle est venue de Lagache et de la deuxième topique, du modèle structural, du Freud de 1920 à 1938. Et du problème du changement. Voilà ce qui théoriquement m'a fait « bouger ».

D'autres ont bougé autrement. Le *Vocabulaire* a été pour Laplanche et Pontalis la manière de prendre leurs distances.

Lacan n'était pas du tout un fanatique du *Vocabulaire*. Et ce dernier a aussi nourri chez eux un conflit avec Lagache, parce que, en bon universitaire, il considérait que le *Vocabulaire*, c'était sa chose. Quand les deux thésards ont bouclé tout le travail, il leur a dit que la publication serait signée par « Lagache avec la collaboration de Laplanche et Pontalis ». Ils ont refusé. Ils ont bataillé à mort. Et Lagache s'est fâché avec eux... Il en voulait terriblement à Laplanche de lui avoir pris l'idée du *Vocabulaire*. Pour ma propre thèse sur *Freud et le problème du changement*, il s'était contenté de me dire : « Je vous donne un très beau sujet, prenez-le. » J'allais lui expliquer comment je travaillais, il me conseillait, me suggérait des lectures. C'était un peu plus tard, peut-être avait-il évolué entre-temps.

La psychologie, alors, c'était d'une part l'observation du développement de l'enfant, dans toute sa rigueur piagétienne et wallonnienne, et d'autre part la phénoménologie de Merleau-Ponty, l'intentionnalité. Lagache, lui, nous montrait que les différentes psychologies avaient des champs différents, des méthodologies différentes pour aborder les mêmes faits, mais qu'il existait une psychologie psychanalytique. La psychanalyse était une certaine forme de psychologie reposant sur la méthode clinique, mais conduisant à une certaine représentation du fonctionnement psychique à mettre en rapport avec les autres. L'unité de la psychologie et de ses voies de recherche, il la présentait sous la forme d'une mosaïque d'approches pouvant avoir des liens entre elles. Cela l'amènera par exemple à s'intéresser au problème de l'apprentissage pour arriver, avec certains auteurs américains, à l'idée d'un remodelage de l'apprentissage sous la forme d'exigences motivationnelles variées. J'en ferai quelques années plus tard mon enseignement à l'École des psychologues praticiens. Je serai ainsi le premier, si l'on peut dire, à donner un « enseignement lagachien » en montrant que cette démarche permettait de jeter des ponts entre une psychologie béhavioriste et une psychologie psychanalytique, ce qui ne plaisait évidemment pas du tout à Lacan et aux lacaniens.

Car s'il y avait bien quelque chose que Lacan haïssait, c'était la psychologie. La psychanalyse, pour lui, ce n'était pas de la psychologie. Ce qu'elle explorait, c'était un rapport de l'homme à autrui, du sujet humain à l'altérité symbolique de l'humanité, une structure de la relation du sujet au monde, et cela n'avait rien à voir avec une psychologie. « C'est du psychologique » sera l'accusation majeure pour les lacaniens.

Une anecdote en donne une idée. Didier Anzieu m'a dit un jour : « Ta manière d'approcher le problème rejoint l'empirisme anglais et la philosophie de Locke. » Et Lacan de bondir : « Qu'est-ce qu'on en a à faire de la pensée de Locke et de la psychologie anglaise ! On fait de la psychanalyse, Anzieu, on ne fait pas de la psychologie de la Sorbonne ! » Anzieu s'est assis, et moi j'ai baissé le nez. La psychologie freudienne ne signifiait rien pour les fidèles ; on ignorait même que Freud utilisait le mot psychologie. On n'en parlait pas. Or Freud a d'emblée et toujours parlé de psychologie psychanalytique. Pensons à « Psychologie scientifique à l'usage des cliniciens ». Il est passé de la neurophysiologie à la psychologie.

Le credo de Lagache en faveur de l'unité de la psychologie a en quelque sorte habité toute ma trajectoire, avec cette idée que l'expérimental et le clinique ont tout intérêt à se nourrir mutuellement, qu'on retrouve dans des combats récents autour du dialogue entre la neurologie, le cognitivisme et la psychanalyse. Lagache m'a incité à une lecture freudienne attentive et en même temps à une ouverture œcuménique, à l'instar de ce qu'il a essayé de développer dans son petit « Que sais-je ? » sur l'unité de la psychologie. Cela lui a d'ailleurs valu de se retrouver au cœur d'un double bombardement, car il a été démoli par Lacan d'un côté et par la SPP de l'autre.

J'en ai beaucoup parlé avec Serge Lebovici, lui faisant remarquer que la Société psychanalytique de Paris et lui avaient été assez injustes envers Lagache et l'avaient mal considéré. Pourquoi cette hostilité ? Sa défense était la suivante : nous sommes des cliniciens, des médecins psychanalystes. Lagache nous semblait un psychologue dogmatique qui avait une science que nous ne possédions pas, et elle ne nous intéressait pas beaucoup. Car nous n'étions pas des psychologues, seulement des cliniciens. La psychanalyse est une manière de traiter la névrose, l'inconscient.

Cependant, Lagache avait une position universitaire très solide et une conviction d'analyste très forte. Il se savait psychanalyste. Lacan va de plus en plus être horripilé par ce pouvoir universitaire que lui n'avait pas et dont il était jaloux. Il éprouvait d'ailleurs une double jalousie. Car il était aussi écarté par les psychiatres, alors qu'il était psychiatre, ô combien, et peut-être même le plus psychiatre d'entre eux. Contre ce qu'il appelait la mafia psychiatrique, Nacht, Lebovici et Bouvet, il s'était allié avec Lagache et Favez-Boutonier, mais leur alliance était boiteuse et, comme il faisait de plus en plus de la Société de psychanalyse son fief personnel, les autres se sont sentis petit à petit exclus. C'est ainsi qu'à Royaumont, en 1958, un Lagache exaspéré put à peine présenter son rapport. Favez se sentait exclu. Lacan trônait. Il était le grand maître de la Société.

J'étais arrivé à la psychanalyse par la médecine et à la psychanalyse de l'enfant par la psychiatrie de l'enfant. Lagache m'apporte un air vivifiant. Et je me retrouve dans une psychologie psychanalytique qui n'est ni la métapsychologie un peu « sosotte » de l'orthodoxie de la SPP ni le messianisme prophétique, le sujet face au Grand Autre, dont on allait nous gaver pendant ces années. J'en ai eu une indigestion de ce Grand Autre !

C'est alors que j'apprends par Smirnoff, qui le tient vraisemblablement de Granoff, que, à Édimbourg, au Congrès international de 1961, ont été élus membres directs Granoff, Leclaire et Perrier. En même temps, on a clairement dit que notre société ne serait reconnue que si Lacan n'y assumait pas de responsabilité didactique ! Pour la plupart de nos membres, il n'en est pas question. Que va-t-on chercher là ? Lacan est un peu « original » dans ses pratiques, mais « on ne peut pas lui faire ça », phrase que j'entendis souvent à l'époque. C'est en somme maintenir le non-dit, non sur sa technique, mais sur ses conduites dans l'institution. Je me décide alors à écrire à Leclaire une lettre confidentielle qui va mettre le feu aux poudres. Je tiens à exprimer que je ne suis absolument pas solidaire des pratiques de Lacan et que je trouve écœurant de penser que c'est du fait de ses pratiques que nous allons rompre. Bref : nous ne pouvons plus soutenir ces pratiques !

> Q : Qu'est-ce qui vous a poussé à écrire cette lettre à Serge Leclaire ?
> DW : Les deux ou trois années dont je viens de parler.
> Q : Quel âge aviez-vous à ce moment-là ?
> DW : 32 ans.

Le séminaire suivant, très exactement un mercredi, Leclaire me rejoint et me dit : « J'ai reçu ta lettre, tu devrais en parler à Pujol. » Pourquoi ? Robert Pujol était dans la salle, je vais donc le voir et lui dis : « Tu sais, il paraît qu'il faut que je te parle de la lettre que j'ai envoyée à Leclaire. » Pujol me répond que je ne suis pas le seul à penser ainsi. Nous sommes un certain nombre, et il me cite Laplanche,

Pontalis, Lang, Smirnoff, Granoff, Anzieu et Piera Aulagnier. Ainsi, ai-je été, par Leclaire, mis en relation avec ceux qui partageaient mon opinion. Et Granoff s'est précipité sur moi, informé par Pujol. Il était le maître d'œuvre et commençait à méditer une action de groupe. En effet, avec Lang et Smirnoff, par exemple, nous parlions de Lacan, mais pas de l'IPA. Nous nous contentions d'en rire : « Oh ! Lacan est insupportable ! » Mais cela n'allait pas plus loin. Il ne faut pas oublier que c'était l'analyste de tous, sauf de Granoff. Et tous nous étions ses élèves.

Q : C'est ainsi que Granoff a pu opérer cette scission et porter ce coup fatal à Lacan ? Les autres étaient ses analysés. Il était seul à ne pas l'être.

DW : Je me suis longtemps perdu en conjectures sur la raison pour laquelle Leclaire m'avait répondu cela. Il aurait pu me garder comme ouaille s'il avait voulu protéger la société. Il m'a envoyé chez les adversaires.

Q : Il était peut-être content que des gens partent et que lui reste, en fidèle lieutenant.

DW : Il espérait que ce groupe allait décider Lacan à opérer un repli stratégique pour accepter l'accord de l'IPA. Il a voulu et pensé qu'il obtiendrait de Lacan que celui-ci soit d'accord pour arranger les choses.

Q : Comme au moment de la première scission ?

DW : Oui. « Lacan, vous nous faites des promesses, et cela va arranger les choses. »

Q : Ne peut-on imaginer, sans refaire l'histoire, que l'issue aurait été fondamentalement différente si avait été instauré un débat sur les modifications du cadre ? Cet homme ne procédait-il ainsi que pour affirmer sa toute-puissance de petit garçon capricieux en raccourcissant les séances et en voulant avoir le monde entier en supervision ? Était-ce névrotique ou bien y avait-il quand même quelque chose de profond et d'intéressant sur le plan technique dans sa pratique et qu'il ne pouvait pas rendre public parce que tout le monde lui serait tombé dessus ?

DW : Dans mon esprit au moins, le problème n'était pas là. Le problème tenait au fait que cette société était dominée par un « gourou » qui dirigeait tout, méprisait ses collègues, manipulait tout le monde. Nous étions profondément écœurés par les positions institutionnelles d'un Lacan qui était décidé à mener ses élèves dans sa direction. Cela, nous n'en voulions pas. Nous étions contre sa pratique « tyrannique » et, par conséquent, nous n'allions pas nous solidariser avec ses innovations techniques qui allaient nous couler, alors qu'il voulait être le maître que personne ne pouvait contrôler.

Q : En quoi considériez-vous que ça allait vous couler ?

DW : Parce que la vie était invivable dans la société ! Il n'y en avait que pour lui. Il fallait s'adresser à Lacan pour savoir si quelqu'un parlait juste.

Q : Au début de la Société française, les gens en parlaient comme d'une espèce de bonheur paradisiaque.

DW : Oui, pendant cinq ans, parce que Lacan et Lagache se respectaient. Dolto en parlait comme de nos « deux grands maîtres ». Mais il a exercé une pression croissante. Les trois quarts des élèves étaient en supervision chez lui ou en analyse personnelle. Il tenait tout, il courait après les candidats. Il exerçait une pression individuelle incroyable. Lagache et Favez savaient très bien ce qu'il en était. Mais comme il avait tout le pouvoir, il était en train de les placer dans une position d'exclusion. Et il avait Dolto, Perrier et Leclaire à son service. Il était en train de réaliser ce qu'il a fait à la Cause freudienne après. C'est pour cela que nous nous sommes rebellés et que nous sommes partis.

Nous avons donc commencé à nous réunir, Lang, Smirnoff, Laplanche, Pontalis, Piera Aulagnier et moi pour définir une position claire : il s'agissait pour nous de prendre nos distances par rapport aux pratiques de Lacan sans contester sa valeur de psychanalyste et de faire connaître publiquement notre point de vue pour susciter un débat public et collectif au sein de la société.

Pour témoigner de l'atmosphère de tension créée par cette initiative rapidement connue de tous, je rappellerai l'événement suivant : nous étions réunis chez Smirnoff pour préparer un « manifeste » qui rendrait publique notre position quand, brusquement, Leclaire sonne à la porte. Il veut nous faire connaître la gravité de notre action, son caractère destructeur pour la société et surtout le risque que nous prenons que Lacan ne se suicide du fait de notre attitude. Nous crions au chantage, nous protestons et nous refusons de céder. Serge Leclaire se retire, suivi de Piera Aulagnier qui, désolée, ne se sent pas la capacité de suivre notre détermination, peut-être « parce que femme », ajoute-t-elle. Nous la saluons avec émotion et sympathie, plus résolus que jamais à tenir tête. Finalement, nous rédigeons la motion qui fait grand bruit quand nous l'adressons aux membres titulaires.

C'est le grand acte politique de rupture avec Lacan. Le dimanche soir, Juliette Favez me téléphone en me disant : « Widlöcher, est-il vrai que vous avez rédigé une motion dans laquelle vous vous dissociez fondamentalement de la pratique de Lacan ? » Je réponds que nous avons rédigé une motion, mais qu'elle est en cours de diffusion. Granoff en a le texte, il faudrait le lui demander. Juliette Favez me rappelle que le lendemain siège le comité de formation ; les titulaires vont demander à Lacan de se retirer. C'est véritablement l'expulsion, presque « à la Khrouchtchev ». C'est comme si on lui tirait dessus. Elle ajoute qu'elle ne le fera que si nous sommes avec eux. Je lui réponds que je parle au nom de mes collègues : le texte est clair, nous sommes solidaires. Et je lui suggère de téléphoner à Laplanche ou à d'autres pour se le faire confirmer. Pas nécessaire, me dit-elle, du moment que je lui dis que nous avons rédigé une motion dans ce sens.

Q : Vous étiez quoi ? Analystes en formation ?
DW : Membres associés. J'avais été élu membre associé.
Q : Que cela ?
DW : Oui, et encore, je ne suis pas sûr que nous l'étions tous...
Q : Aucun d'entre vous n'était titulaire ?
DW : Le premier à l'avoir été était Laplanche.
Q : Vous étiez donc drôlement gonflés, comme on dit.
DW : Drôlement, oui, mais n'oublions pas que c'était une petite société militante. Nos rôles dépassaient nos compétences !

La journée du lundi se passe. Nous apprenons le soir par Granoff, qui nous téléphone pour nous réunir, que Lacan est parti furieux de la réunion. Granoff lui a lu un « point d'ordre » des cinq titulaires : Favez et sa femme, Lagache, Granoff et Anzieu. L'IPA avait fait une enquête et avait eu trente ou quarante entretiens. On avait enjoint aux élèves de Lacan de faire attention à ce qu'ils allaient dire. Avec toujours le même argument : « Ils ne comprendraient pas... » C'est ainsi que j'ai été interrogé rue de la Paix, à l'hôtel Westminster, par Paula Heimann. Il y avait Ilse Hellman, bras droit d'Anna Freud, et Turquet, francophone, secrétaire général de la commission. J'ai été frappé par le caractère amical de cette commission. Ils ne m'ont rien demandé sur Lacan, ils ont plutôt fait l'éloge de sa pensée, de sa personne. Ils m'ont surtout demandé ce que je pensais de l'analyse hors de France, quels étaient mes rapports avec la SPP et comment je voyais l'avenir de notre groupe. J'ai dit à Turquet, pour changer de sujet : « En tout cas, nous n'avons pas envie de retourner à la SPP. On a très bien travaillé pendant dix ans hors de cette société. Tout n'y va pas bien, nous le savons mais, si nous sommes admis à l'IPA, croyez-moi, nous avons envie de collaborer avec elle. » Il m'a coupé : « Arrêtez de parler de la SPP, il n'y a pas que la SPP au monde ! Vous ne connaissez rien de l'Association internationale. Le jour où vous nous connaîtrez, où vous connaîtrez l'anglais que nous parlons, c'est avec nous que vous travaillerez, pas avec la SPP. » Je m'en souviens très bien. Ils savaient qui était Lacan et ils savaient déjà qu'ils allaient favoriser une scission, peut-être déjà préméditée par Granoff.

Q : Rudolph Loewenstein jouait-il un rôle ?
DW : Je l'ignore.
Q : C'était lui l'analyste de Lacan ?
DW : C'était l'analyste de Nacht, de Lagache et de Lacan.

Le soir de cette convocation, Smirnoff nous invite chez lui. À ma grande surprise, il y a Turquet, et là j'en suis étonné. Visiblement, on s'agite à un autre niveau. D'un côté, on me dit : « Vous allez voir la commission, surtout faites attention à ce que vous dites. » Et de l'autre, le soir même, lorsque je prends un scotch avec Turquet, il me demande : « Alors, Widlöcher, comment ça va ? » Un double jeu me semble évident, dont Granoff est le grand stratège. Il est là, et pas Leclaire. Le clivage est déjà visible. Mais c'est quelques semaines ou quelques mois après que nous avons connu le verdict et c'est alors que nous avons envoyé la motion. Cependant, la rupture *de facto* était déjà en marche.

Les fidèles à Lacan, au courant de notre position, clamaient que nous n'irions pas jusqu'au bout, que nous n'y arriverions pas, qu'il n'était pas possible de tuer Lacan. C'était le mot : « Vous allez tuer Lacan, ça n'est pas possible. Vous allez craquer. » Et ils disaient du mal des uns aux autres. Je vois encore Clavreul me confier : « Tu vois bien que tu pars avec des nuls, un seul est intelligent comme toi. » Il n'en disait pas le nom !

Face à cette société brisée, Juliette Favez a pris peur. Elle trouvait que nous étions allés trop loin. Je l'avais déjà senti ce fameux dimanche soir où elle me demandait de la soutenir. Ce n'était pas une femme peureuse, mais elle était présidente ; c'était une charge pour elle, et elle devait protéger d'une certaine manière la société qu'elle présidait. Elle était en difficulté. Lagache et Granoff, eux, étaient résolus à aller jusqu'au bout d'une manière claire ; Anzieu était tout à fait en dehors de ces affaires. Nous le savions avec nous, mais il ne s'en mêlait pas.

C'est alors que Lavie s'est rapproché de nous. Je n'ai jamais su pourquoi il n'avait pas rejoint les motionnaires. Un jour peut-être, je lui poserai la question, si tant est qu'il s'en souvienne et qu'il ait envie de répondre. Il était plus vieux en âge et plus jeune analytiquement parlant que nous. Et il n'était pas membre associé. Mais Granoff, à ce moment-là, a eu peur que nous cédions.

Il est évident que Lacan aurait pu tenter de nous reprendre en main. Je pense que j'aurais tenu bon, mais nous redoutions de nous faire rappeler à l'ordre ou de céder à un chantage sentimental. En fait, la rupture n'était pas consommée. Simplement, le conflit était public et les deux groupes clairement identifiés. Nous pensions encore qu'un compromis était possible et que Lacan l'accepterait. Du moins était-ce ma croyance. Mes amis et mes maîtres étaient-ils réellement sincères quand ils exprimaient le même vœu ?

En tout cas, le groupe dans son ensemble (désormais nous nous réunissions tous, anciens et plus jeunes) décide de tenter un ultime essai de compromis. On propose que deux cadets, un dans chaque groupe, se réunissent et dialoguent avec Lacan. Le groupe s'entend pour proposer mon nom.

Q : Ne peut-on pas d'ores et déjà dire que vous avez pu faire votre miel de tout cela en développant sûrement certaines qualités que vous aviez virtuellement déjà dans l'enfance, l'adolescence et comme jeune adulte, et que vous avez pu mettre au service de l'analyse un certain nombre de qualités de conciliation, de diplomatie ? L'idée qu'on peut avoir de vous dans l'histoire de la psychanalyse, c'est que vous avez plutôt été extrêmement constructif et que vous avez dépensé beaucoup d'énergie et de vigilance à l'égard de la destruction de vies dans les institutions psychanalytiques.
DW : Ce serait anticiper. Ce n'est pas par hasard...
Q : [...] s'ils vous ont désigné pour aller...
W : [...] pour être celui qui allait rompre. C'est évident. Notre groupe s'est réuni. Je les entends encore dire : il faudrait essayer une dernière discussion avec Lacan. Qui y va ? Ils m'ont désigné. Je me suis amusé en disant que cela retombait toujours sur les plus jeunes, comme dit la chanson.
Q : Ou sur le plus négociateur.
DW : Ils avaient un peu peur. Après coup, j'ai réalisé que c'était Smirnoff qui était chargé par Granoff, le grand tacticien, de m'accompagner. Il était le n° 2 de Granoff. Il lui disait tout. Ils avaient peur que je cède, que je lâche. Ils étaient d'accord pour m'envoyer, mais Smirnoff m'accompagnait jusqu'en bas de l'immeuble et m'attendait. Les lacaniens avaient désigné Lucien Israël. Il s'est récusé, il n'est pas venu. Alors, ils ont essayé de désigner Jean Clavreul. (Sa femme avait repris une analyse chez Lacan trois mois auparavant, sur l'insistance pressante de ce dernier.) Il a refusé aussi.

De ces trois entretiens, je n'ai au fond qu'un souvenir assez global. Probablement parce que la charge émotionnelle était considérable pour moi. J'ai l'impression que c'était comme une autoanalyse devant Lacan. Pourquoi vous faites ça ? m'a-t-il demandé au total. Et j'ai dû essayer de verbaliser devant lui quelles étaient les raisons que je pouvais invoquer, les reproches que je lui faisais et en même temps toute l'admiration que je lui portais, toute la reconnaissance que j'avais pour ce qu'il avait fait pour moi. C'est alors que je lui ai confié qu'il avait compté énormément pour moi et que je lui devais un changement interne tout à fait considérable. J'en étais parfaitement conscient. Et lui de reprendre : « Alors, vous le reconnaissez ! » Phrase qui, sur le moment, m'a paru un peu ridicule, mais qui me semble surtout attendrissante. Fragilité énorme de dire ça à l'un de ses analysants ! Mes griefs, j'insistais auprès de lui, ne portaient pas sur nos séances, mais sur sa manière de faire avec ses analysants et avec les autres. C'était contre le « maître » que nous nous rebellions, pas contre notre analyste.

Au cours du troisième entretien, il m'a déclaré des choses comme : « Vous savez, l'analyse didactique, je sais que ce n'est pas mon affaire. Ce n'est pas là le problème. Avec les élèves, il y a des tas de choses à faire. Je peux les faire, même si je ne suis pas didacticien. » Je n'y croyais pas trop, mais je me disais que nous progressions. J'ai donc mordu à l'hameçon. Et tout à coup, il a fait machine arrière : « Vous ne vous imaginez pas que je vais accepter ce marché-là ? » Il venait de me taper dessus assez brutalement, de me piéger. Et de continuer : « Vous réalisez avec qui vous partez ? Je ne parle pas d'Anzieu. Ni de Granoff, je le déteste. Quant à Lagache, c'est un con. C'est vous qui comptez. » Il ne me dit pas Widlöcher, vous êtes ceci, vous êtes cela ; il me dit regardez avec qui vous êtes. Il dénonce le groupe. Il cherche à l'identifier. C'est un groupe de gens qui ont des problèmes avec leur père. C'est un groupe de sybarites.

Il y avait de nombreux traits d'identification. Il voulait être Freud. Même avec le cigare. On ne s'imagine pas comment, d'année en année, on le voyait se « freudianiser » d'une manière absolument pathologique. Cette entrevue témoignait du comble de son désarroi.

Q : Pourquoi « désarroi » ? Il était en train de se venger. De dire que...
DW : J'ai senti un homme violent. Et, pour moi, un homme violent est un homme en désarroi. Un homme violent est un homme qui se lâche.
Q : Là, votre analyse s'est terminée avec lui.
DW : Mon analyse proprement dite était terminée depuis cinq ans. Un incident a été fort et m'a fait souffrir à ce moment-là : je lui ai tendu la main et il a mis les deux mains dans le dos. J'ai donc ramené ma main et je suis sorti : le coup était violent, le coup physique.
Q : À la place de la gifle, il a mis les mains...
DW : C'est cela. J'étais traumatisé. Et en descendant pour retrouver Smirnoff, je me suis dit que mon « analyse » était vraiment terminée. Le non-serrement de main...
Q : Quel méli-mélo.
DW : Il faisait feu de tout bois.

Après cette entrevue dramatique, la question se pose : désormais, quelle stratégie adopter ? Nous choisissons : créer un groupe d'étude, mais ne pas démissionner ; ne pas refaire l'erreur de nos aînés dix ans avant. Quand en 1953 Lagache, avec d'autres, avait démissionné de la Société psychanalytique de Paris, ils ne doutaient pas que l'Association psychanalytique internationale reconnaîtrait leur groupe comme une seconde composante française de l'association. Leurs liens personnels avec les psychanalystes étrangers et leur représentation scientifique parleraient en leur faveur. Il n'en fut rien. Les doutes sur les pratiques cliniques de Lacan inspirèrent beaucoup de méfiance et l'idée de deux sociétés composantes dans un même pays fut écartée par l'Association internationale. La situation était différente. Nous quittions un groupe hors IPA alors que dix ans auparavant, c'était le groupe dissident qui se plaçait hors IPA. C'était nous qui étions fidèles à l'Association internationale et qui pouvions être porteurs d'un recours. Mais après avoir quitté le groupe fidèle à Lacan, ne risquions-nous pas d'être simplement invités à rejoindre la Société de Paris ? Il fallait négocier notre séparation avec le groupe demeuré fidèle à Lacan et notre reconnaissance comme société indépendante au sein de l'IPA. Surtout, former un groupe d'étude qui accepte les recommandations et s'occupe de la formation selon les règles de l'IPA. Celle-ci accepte. Nous créons donc un groupe d'étude en juin 1964. À nouveau, réunion du petit comité : comment faire savoir à nos amis que nous sommes un groupe d'étude de l'IPA ?

La tâche retombe pile sur moi. On me dit : « Widlöcher, toi qui as rompu avec Lacan, maintenant tu vas devoir te lever et l'annoncer. » À nouveau, je repars, petit soldat à la bataille, et le 8 juin 1964, jour de mon anniversaire, je me retrouve, très malheureux, à Denfert-Rochereau en train de me dire : il faut que j'aille à Sainte-Anne à cette réunion ; prenons cela comme un jeu, sinon je ne le supporterai pas.

Mme Favez préside. Elle cherche à parer au pire. Tout à coup, je lève la main et j'annonce que j'ai une communication à faire. Elle sait bien de quoi il s'agit et me donne la parole. Je lis alors (je ne peux pas faire autrement) un texte où je dis en gros : « Nous sommes un certain nombre à avoir considéré que, vu la situation, la seule possibilité était un groupe d'étude en accord avec la politique d'éducation, etc. Nous avons créé un groupe d'étude de l'IPA rassemblant ceux d'entre nous qui, etc. » L'effet immédiat est un silence massif.

Et j'entends une voix cinglante derrière mon dos qui dit : « Eh bien, maintenant, on sait où est le téléphone rouge avec Chicago. »

Cela faisait allusion au fait que Granoff avait des relations avec Max Gitelson, le président de l'IPA depuis que, avec Leclaire, il avait correspondu avec lui. Granoff était même allé le voir à Chicago. Moi, bien entendu, je n'avais pas le moindre contact avec lui, et j'ignorais presque son nom. Cela m'a fait rire intérieurement. En même temps, cela m'a glacé. Cela a fait l'effet d'une bombe.

Q : C'était Lacan qui avait dit cela ?
DW : C'était la voix de Lacan.

Les mois suivants, nous avons développé notre groupe d'étude. Commentaire de Clavreul : « Je vois que Wildöcher s'intéresse à la psychologie économique. En bon homme d'affaires, il a compris que pour se séparer des associés, il faut créer une filiale et mettre en faillite l'entreprise. » Je ne sais plus qui a eu l'idée de créer ce groupe à l'intérieur de la société. C'est à moi que l'on a demandé d'exposer l'idée. Mais elle s'est élaborée entre nous. Et c'est Granoff qui est allé négocier avec l'IPA. Il avait l'assurance que si nous acceptions d'être un groupe d'étude, ce serait un bon moyen de sortir de la crise. Et il va continuer à être très actif, beaucoup plus que Lagache, pour qui, maintenant, les choses n'avaient plus qu'à rouler. Les Favez, Juliette en particulier, étaient très inquiets des suites de la crise institutionnelle.

Le problème principal était de savoir qui venait ou non avec nous. C'est ainsi que les plus anciens ont demandé à Smirnoff et à moi-même de prendre contact avec les élèves et avec certains sociétaires. Peut-être parce que nous étions les plus jeunes dans notre cursus, je n'en sais rien. Parmi eux, il y avait Bourguignon et Dorey. Par exemple, à Strasbourg, en pleine ébullition, il y avait avec nous Arnaud Lévy. De l'autre côté, Lucien Israël s'affichait très lacanien. Kammerer jouait le neutre, c'est-à-dire qu'il était de nulle part. Ebtinger a finalement rejoint les lacaniens. Et le groupe strasbourgeois tout entier, à l'exception d'Arnaud Lévy, a basculé du côté de l'autre groupe, qui n'a d'ailleurs pas tardé à contre-attaquer. Ils vont former le GEP, Groupement d'étude psychanalytique, dans le cadre de la Société française de psychanalyse, également. La société est alors clairement scindée. Et Juliette Favez, déçue, ne sachant plus que faire, décide de se retirer.

L'urgence est surtout de trouver la manière dont ces deux groupes vont négocier leur divorce. Leclaire et Granoff s'en occupent. Par exemple, il faut absolument que quelqu'un aille à Nancy. On fait pression sur moi : « Widlöcher, tu n'as pas encore une carrière bien avancée, pourquoi tu n'irais pas y faire de la didactique ? (J'étais sociétaire.) Pourquoi tu ne vas pas analyser les « élèves » de Nancy et les aider à former un groupe ? » J'ai refusé : je n'avais pas envie de passer mon temps entre Paris et Nancy (il n'y avait pas encore le TGV à l'époque). Et puisque personne n'y est allé, Nancy a basculé du côté du groupe du GEP.

Au bout d'un certain temps, on a procédé à un divorce à l'amiable : la bibliothèque a été coupée en deux, le choix des livres a été fait sans histoire. Leclaire et Granoff se sont acquittés de la tâche, aidés par des avocats, bien entendu, mais très correctement. L'IPA ne jouait aucun rôle dans cette affaire. On nous critiquait parce qu'on nous accusait d'être vendus à l'IPA, mais la vérité, c'était qu'on décidait d'être pour ou contre Lacan. Ceux qui étaient pour disaient : « Lacan est impossible, mais on ne peut pas faire du mal à ce génie. » Et ceux qui étaient contre disaient : « Lacan est génial, mais on n'en veut plus parce qu'il est impossible. » Voilà quel était le fond du problème.

L'institution a donc été dissoute. Juste après la dissolution, nous avons fondé l'APF, l'Association psychanalytique de France. Le processus a été un peu compliqué, on ne pouvait pas mettre « société » parce qu'il y en avait déjà deux : la SPP et la SFP. Par conséquent, il fallait autre chose. Nous avons envisagé « Association française de psychanalyse ». Finalement, nous nous sommes ralliés à « Association psychanalytique de France ». Il fallait la déclarer à la préfecture. Qui devaient être les fondateurs ? Je croyais que ce seraient Juliette Favez, Granoff et Lagache. Ils ne veulent pas. Ils se trouvent trop vieux, il faut que ce soient des jeunes parce que ce sera la société dont ils resteront les fondateurs pendant un temps suffisant. C'est le discours de Lagache. Finalement, on s'entend sur Lavie, Laplanche et moi (Lavie était le candidat de Granoff).

Q : Pourquoi Granoff n'a-t-il pas voulu se mettre en avant ?

DW : Je ne sais pas.

Q : Pontalis et Anzieu non plus ?

DW : Pontalis aurait pu l'être, ou Smirnoff, ou Lang. Nous étions du même groupe. Je savais que Lagache avait indiscutablement une très grande estime pour moi et pour Laplanche. Il me l'avait d'ailleurs dit un jour : « Vous êtes les deux meilleurs, les plus forts. Laplanche est plus intelligent que vous peut-être, et en tout cas beaucoup plus érudit et beaucoup plus savant. Mais vous, vous êtes un bien meilleur clinicien. »

L'APF s'est développée en très bon rapport avec le groupe de parrainage de l'IPA. Celui-ci venait nous voir tous les trois mois. Il fallait que nous rendions compte de nos activités. Granoff tannait Smirnoff et moi – on nous appelait les *ad hoc* ! – pour accélérer le mouvement visant à dresser la liste des élèves. Beaucoup disaient ne pouvoir choisir. Ce qui m'a toujours frappé, c'est l'amitié des membres du comité de parrainage vis-à-vis de nous. Ilse Hellman nous a présentés tout de suite à Anna Freud. C'est ainsi que Smirnoff et moi sommes allés à la Hampstead Clinic nous présenter à Miss Freud. Nous arrivons le matin de très bonne heure dans la salle où elle allait faire sa réunion de synthèse et nous attendons. La pièce est vide. Soudain, nous voyons la femme de ménage arriver et commencer à balayer tout, à ranger les meubles. Je suis saisi d'un mouvement et je dis à Victor : « Tu ne crois pas que c'est Anna Freud ? – Tu crois ? – Regarde. » Nous sommes allés la saluer et c'est comme cela que nous l'avons rencontrée. Elle était très contente : « Vous êtes les deux psychanalystes d'enfants de la nouvelle société ? C'est bien, vous allez faire un groupe de psychanalyse d'enfants, ce n'est pas comme Lebovici et tout ce qu'il fait avec la psychothérapie. » Elle a ajouté : « Vous ferez comme Mitscherlich, vous allez venir passer un an à Londres. Je serai très contente de vous accueillir. » J'avais une femme et deux enfants, j'étais assistant des Hôpitaux à Paris, il était impensable que j'aille passer un an à Londres. Ce qui était intéressant, c'est qu'elle avait projeté cela. C'était très clair ! Lebovici pratiquait à ses yeux la psychothérapie analytique d'enfants et non la vraie psychanalyse. Déjà la fréquence des séances ! « Vous, on va vous former à la Hampstead à la bonne psychanalyse, et ensuite vous en ferez en France. »

À partir de là, j'ai toujours senti chez elle un intérêt pour mes travaux et j'ai toujours eu de très bons contacts avec elle. Sur la suggestion de Pontalis, j'ai pu traduire *Le Normal et le Pathologique chez l'enfant*. Et nous avons organisé petit à petit la société avec son soutien pour la psychanalyse de l'enfant. Quant à Paula Heimann, dont les relations n'étaient pas très bonnes avec Anna Freud (elle avait quand même quitté Melanie Klein !), c'était une femme absolument charmante, délicieuse, qui s'intéressait aussi à moi et à mes travaux.

Voilà des gens qui nous accueillent gentiment, aimablement, respectueusement. Nous passons pour de petits savants et nous sentons très gratifiés par ce groupe. Granoff, lui, s'inquiète : « Oui, mais ce n'est pas cela qui compte, il faut bien tenir les élèves, savoir qui ils sont, où ils en sont de leur cursus. Il ne faut pas plaisanter, l'IPA, ce n'est pas Miss Freud ni Paula Heimann, c'est un organisme bureaucratique. » J'ai des lettres de rappel de Granoff du style : « Dis donc, est-ce que Victor et toi vous pensez à tout le cafouillage dans lequel vous êtes en train de plonger la liste de nos élèves ? Tu crois qu'on a fait tout cela pour arriver à se faire écarter au bout de la route parce qu'on est dans la pagaille la plus totale ? »

Jean Laplanche planait, Pontalis se promenait, Lang était un peu à côté de la plaque, Lagache regardait tout cela de très haut. Et Juliette Favez suivait en disant : « Où va-t-on ? C'est extraordinaire. Que se passe-t-il ? » Elle était un peu affolée par tout cela. Bref, c'est Granoff qui nous « cornaquait », si je puis dire.

Une fois sur deux, notre comité venait à Paris, mais une fois sur deux nous allions à Londres. Y partaient Smirnoff et moi (les deux *ad hoc*), Lagache et accessoirement Juliette Favez, Laplanche ou Pontalis. Quand nous arrivions à Londres, en général, Granoff, qui s'y trouvait depuis quelques jours, venait nous accueillir à la gare Victoria, superbement habillé avec un œillet à la boutonnière, un vrai dandy. Et il nous racontait : « Attention, nous avons un adversaire. Il s'appelle Winnicott. Ah ! Winnicott... Il est très critique à l'égard de Lacan et il croit que nous sommes encore lacaniens. Il faut faire très attention. S'il vous interroge lors d'une conversation dans un hôtel ou ailleurs, faites très attention. Lacaniens, non, non, vous êtes classiques ! »

Et nous le suivions pendant des journées entières de discussions cliniques avec nos amis londoniens, nous réconfortant en pensant à ces méchants lacaniens qui nous avaient promis que nous allions être traités comme de la merde... Pendant deux ou trois ans, nous avions quand même beaucoup souffert d'être tenus pour des parias. Les échanges avec les Britanniques nous redonnaient donc du cœur. Le soir, après les réunions, toujours avec Smirnoff, nous faisions notre petite tournée des pubs, et c'est ainsi que j'ai été initié aux meilleurs restaurants, au meilleur saumon fumé de Londres. Avant de prendre le train de nuit vers 22 heures, nous finissions nos pintes de bière tous les deux dans un pub du côté de la gare !

Notre société s'est développée, mais les complications ont (re)commencé. Un jour, je ne sais plus très bien à quelle date exactement, nous avions une réception chez Lagache. Celui-ci prononce un discours dont j'ai encore le texte : en substance, nous allons être les meilleurs, la psychanalyse c'est nous, vous verrez, nous allons faire les choses très bien, beaucoup mieux que la SPP, et nous ne ferons plus du Lacan, etc. Et de remercier ceux qui l'ont aidé, lui, Lagache à créer cette société. Il cite Juliette Favez, Georges Favez, Berge, Mauco et quand arrive le nom du secrétaire général, il cite Granoff, si habile, dit-il, qui connaît si bien le chemin de fer qui va de Paris à Londres ! L'éloge est un peu acide. Granoff faisait tout le travail. Mais Lagache considérait que toute la société n'existait que parce que lui, Lagache, en était le fondateur vis-à-vis de l'IPA. Il traitait donc Granoff un peu comme l'homme des basses œuvres. Mais c'était bel et bien lui, Lagache, qui allait voir les grands noms de l'époque et qui estimait avoir une grande influence. D'autant plus qu'il avait noué une relation très amicale avec Paula Heimann.

Q : Lagache ?

DW : Oui. Marianne Lagache n'était pas très contente, mais dès que Paula Heimann arrivait, ils étaient tous les deux ensemble.

Entre nous, on disait : ils flirtent. Paula Heimann m'aimait beaucoup moi aussi, j'étais aussi un de ses petits chéris, peut-être son petit chéri... au stade infantile.

Q : Quel âge avait-elle ?

DW : C'était pour moi une vieille dame. Si je fais le calcul, elle devait avoir entre 60 et 65 ans. Elle était très gentille. Elle m'aimait beaucoup, elle m'a écrit des mots tout à fait gentils sur mes articles, que j'ai perdus d'ailleurs.

Anna Freud me chouchoutait un petit peu également, lorsque j'allais la voir pour les traductions. Et les choses marchaient bien. Voilà ce qu'était notre groupe. Nous travaillions bien, nous ignorions le GEP, qui se battait comme il pouvait avec un Lacan furax et qui nous haïssait.

Un jour, Lagache m'appelle dans son bureau. Nous venions pour une réunion. La réception était commencée de l'autre côté. « Il faut que je vous dise que je ne suis pas du tout d'accord avec Granoff. Je considère qu'il manipule les choses, qu'il veut tout faire, qu'il vous exploite, que vous, les *ad hoc*, vous êtes ses esclaves. Il me laisse complètement en dehors. Or c'est un pervers, un esprit en lequel je n'ai aucune confiance. Vous savez comment je l'appelle ? C'est une femme phallique. » J'étais ennuyé : « Écoutez, femme phallique je n'en sais rien, je ne vais pas me lancer dans des interprétations. Je constate que, politiquement parlant, il serait catastrophique que ça ne continue pas entre vous. Nous sommes une petite société. Je défends Granoff. » Et de rétorquer : « Widlöcher, méfiez-vous. Il joue, c'est une ruse. Finalement il est bien avec Leclaire, il ne vous dit pas qu'il continue à le voir en douce. Perrier s'est fâché, mais Leclaire non. Méfiez-vous. »

Un autre événement illustre ce climat de défiance montante entre Granoff et les autres anciens. Nous sommes élus société provisoire à Amsterdam. Le soir du vote, Granoff me rejoint. Lagache n'est pas venu parce que, entre-temps, il est tombé très sérieusement malade. On lui a fait des pontages, il a une pile et il commence à faiblir, d'autant qu'il est sous hautes doses de cortisone et qu'il boit. Cortisone, boisson et pile en font un homme qui se délite. Je suis alors celui qui lui sert de confident. Il m'appelle Daniel II. Nous allons dîner ensemble souvent. Et il me raconte beaucoup de choses sur les relations qu'il avait avec Nacht et Lacan avant la scission de 1953. Il n'estime pas beaucoup les Favez : « Juliette est une fille bien, me raconte-t-il, elle n'est pas très intelligente, mais enfin, j'ai fait sa carrière, elle est bien. Quant à Georges, c'est un ambitieux, il n'aime qu'une chose : l'argent. Il court après toutes les analyses didactiques. » Il me confie des choses très rudes vis-à-vis de gens avec lesquels je me suis lié depuis quelques années. Et il renchérit sur Granoff et sur Anzieu, dont il me raconte l'histoire personnelle, encore très peu connue.

Il me raconte aussi comment, après la guerre, il a senti qu'ils étaient trois à être vraiment forts : Nacht, Lacan et lui. Lacan et Nacht s'entendaient comme larrons en foire et le laissaient un peu de côté. D'où sa jalousie. En 1945-1946, il est professeur à la Sorbonne. Nacht n'est « rien », sauf peut-être docteur en médecine, et Lacan a beau avoir été chef de clinique avant la guerre, il est simple médecin. Quand Nacht conçoit son institut, c'est là que se noue le conflit entre les universitaires et les médecins. Lagache est contre parce qu'il voit qu'à l'université, on va lui retirer tout. Tout sera entre les mains de Lebovici, de Nacht et de Lacan. Maintenant, Lagache est le grand patron de la psycho, où l'APF semble avoir plus d'impact que les lacaniens et la SPP. Nous avons Anzieu, à Strasbourg puis Nanterre, Lagache et Juliette Favez à la Sorbonne et moi qui commence à être de toute évidence partant pour un poste de professeur en fac de psycho ou de médecine. Lang exerce une position importante dans la psychanalyse des enfants en France. Bref, vis-à-vis de nos amis lacaniens, qui ont seulement récupéré Strasbourg, nous voici beaucoup plus puissants sur le plan politique. Autrement dit, en 1963-1965, Lagache a récupéré ce qu'il avait perdu et qu'il croyait avoir gardé lors de la scission de la SPP, dix ans auparavant.

À Amsterdam, Granoff annonce que, le soir de l'élection, il organise une réception au Hilton. Nous y verrons des analystes que nous ne connaissons pas (et que ne connaît même pas Lagache), mais qui ont été notre soutien très amical et très fort : ce sont les « puissants » de l'IPA. Nous arrivons avec Pontalis et Smirnoff. Et nous nous retrouvons dans un salon où je fais la connaissance de Pearl King, de Ralph Greenson (l'analyste de Marylin Monroe), d'Ishac Ramzy, de la fondation Meninger, et de cinq ou six personnalités très intéressantes de la psychanalyse internationale, auxquelles Pontalis et moi sommes ravis d'être présentés. Aucun membre de notre groupe de parrainage n'est là : ni Van der Leeuw, ni Paula Heimann, ni Ilse Hellman, personne. Nous sommes un peu étonnés. Les Favez sont là eux aussi, un peu gênés.

Le lendemain, je reçois un coût de téléphone de Favez qui se dit scandalisé par ce qui s'est passé hier : Granoff invite des collègues pour les féliciter et les remercier de la création de l'APF et il ne prend même pas le soin d'inviter les membres du comité de parrainage ! Je suis également choqué. Granoff exagérait dans cette espèce de cynisme politique. Deux jours plus tard, dans le même Hilton, un autre cocktail réunit Paula Heimann, Ilse Hellman et Van der Leeuw. Une scission *de facto* s'ensuit entre d'une part le groupe Favez, avec Lagache, et d'autre part Granoff.

Nous sommes très ennuyés, Pontalis et moi. C'est alors que commence à se dessiner une ressoudure des motionnaires qui ne veulent prendre parti ni pour Lagache ni pour

Granoff. Ou plutôt, qui tiennent autant à Favez qu'à Granoff. Très fâchés contre Granoff d'avoir eu cette muflerie de ne pas inviter les membres du comité de parrainage à cette soirée, mais pas contre lui dans le sens où nous pensons qu'il faut simplement le contrôler. Si bien que, dans notre société à ce moment-là, il y a d'un côté un Lagache qui meurt et de l'autre un Granoff aigri et en opposition totale avec les Favez. Voilà le conflit : Favez contre Granoff.

Q : Et Anzieu contre Granoff, c'est plus tard ?
DW : Non, il était du côté des Favez. Mais pas actif dans la société, il jouait la carte de Nanterre.

Là où les choses vont cependant se gâter, c'est lorsque Favez va chercher à s'allier étroitement aux motionnaires, ce qui nous éloigne à la fois de Lagache très malade, et de Granoff, qui va alors se sentir exclu. Dès lors, il s'éloigne de la société, tout en restant membre du comité scientifique et du comité de sélection. Favez restera jusque dans les années 1968-1969 et Granoff quittera pratiquement toute responsabilité pour fonder son petit groupe, tandis que Laplanche prend la présidence en 1971 et Pontalis en 1972, et que je deviens secrétaire général en 1971.

3

Une AG à Nanterre

Avril 1968. Le département de psychologie de Nanterre est en pleine agitation. Les cours sont pratiquement suspendus. On voit mal comment des examens de fin d'année peuvent être mis en place. Depuis un mois, en effet, lorsqu'un groupe d'étudiants en sociologie a envahi le bureau du doyen, les esprits s'enflamment. Il est vrai que toute une agitation occupait déjà les campus américains et Strasbourg, en France, ville pourtant si calme. On veut une réforme des universités ; les méthodes d'enseignement, en particulier les sacro-saints cours magistraux, sont contestées. Le fond même des matières enseignées fait l'objet de critiques, notamment la psychologie. Mais de quelle psychologie s'agit-il ? Foucault a semé le doute après Canguilhem ; on lit Freud, mais après Marcuse ! Que reste-t-il des sciences que l'on enseigne à l'université si on les dégage des cadres socio-économiques dans lesquels on se situe ? Le grand mal est la « dépolitisation » que l'on dénonce chez les étudiants qui ont la faiblesse de ne pas s'engager politiquement (hormis les fascistes, bien entendu), donc vers l'ultragauche (trotskiste et maoïste), et chez les enseignants qui, au nom d'une neutralité de principe qui leur semblait une règle éthique inhérente à la laïcité républicaine, ne « parlent pas de politique ».

Ce qui me surprend le plus, ce sont justement ces derniers. Jusqu'alors, ils ne semblaient guère remettre en question les hiérarchies académiques ni les modalités pédagogiques. Brusquement, les voilà qui semblent découvrir à quel point leur est intolérable ce qu'on les a chargés de pratiquer. L'université de Nanterre a à peine deux ans d'âge. Faute d'être nommé à la Sorbonne, Didier Anzieu, un des aînés de l'APF, a quitté Strasbourg pour créer le département de psychologie de Nanterre, avec un petit groupe de collègues. Ils ont dû recruter toute une équipe de maîtres-assistants et d'assistants, tous bien décidés à se mobiliser activement pour mettre en place une université jeune et ouverte. Et voilà que cela ne va pas. Il est vrai que, dans un cadre matériel neuf, avec des équipes enseignantes nouvelles, Nanterre se présente comme pilote. Elle a dû en très peu de temps accueillir un grand nombre d'étudiants à peine sortis du lycée et isolés sur un campus sans traditions et sans anciens.

Cette après-midi d'avril, une assemblée générale a été convoquée par le directeur du département lui-même. Nous nous retrouvons dans la plus grande salle de la section de psychologie (pavillon D, troisième étage), pleine à ras bord de jeunes étudiants. On y trouve aussi, clairsemés dans la foule, une poignée de professeurs et de maîtres-assistants. Debout, au dernier rang, je participe au débat sans enthousiasme et non sans inquiétude.

Je ne comprends pas les raisons de l'agitation. Politiquement, elle me paraît mal venue et j'imagine assez bien comment elle sera récupérée par le pouvoir. Où va-t-on ? Autour de moi, les jeunes semblent le savoir. Je dois avouer que c'est aussi à titre personnel que je suis déçu. J'ai l'impression que l'on cherche à casser cette université à laquelle j'aspire tant à appartenir. Sous la direction de Daniel Lagache, je prépare une thèse de troisième cycle en psychologie sur Freud et le problème du changement. *J'ai toujours rêvé de devenir professeur d'université. Je n'ai aucune chance en médecine et devrai me contenter de mes fonctions de praticien hospitalier. Lacan avait eu raison de dénoncer mes ambitions universitaires et Lagache était bien inspiré de m'y encourager. J'étais très reconnaissant à Anzieu de m'avoir chargé d'enseigner à ses côtés la psychopathologie de l'enfant. Je m'étais pris de passion pour cette tâche depuis le début de l'année précédente, construisant un enseignement original, vivifié par le courant psychanalytique, mais aussi par ceux de la phénoménologie et de l'éthologie. Les étudiants semblaient intéressés et leur auditoire chaleureux. Alors, que venais-je faire là ? Je n'étais ni politiquement ni personnellement engagé dans le mouvement.*

Qu'allait dire Anzieu ? Il fut comme il savait l'être : courageux et ferme dans ses propos. Des réformes, pourquoi pas ? Il en avait déjà proposé et se tenait prêt à en débattre. Il rappela son intérêt pour le travail en groupe et les innovations pédagogiques qu'il avait lancées. Pourquoi arrêter le processus avant même de l'avoir mis en route ? Bref, des réformes, mais pas la révolution. Il mit en garde les étudiants contre une année perdue. Si une situation chaotique devait se perpétuer, ce serait sans lui. Après tout, il pouvait trouver en France ou à l'étranger des lieux où poursuivre ses activités d'enseignement. À cet instant, j'entendis une jeune étudiante à mes côtés s'écrier : « Ah le con, le con, on dirait mon père ! » Ce mot d'esprit amusa tout le groupe qui m'entourait. Anzieu était plutôt pour moi l'image d'un grand frère. Le meurtre du père, nous en avions entendu parler l'un et l'autre !

Quelques semaines plus tard, Nanterre se vida. Anzieu se retira sur l'Aventin. Avec d'autres, je maintins une présence « réformiste », faisant semblant de ne pas comprendre que le rêve des « politisés » était tout autre. C'est à Paris que l'esprit de la Fronde s'était déplacé. Je passais mes journées dans des salles et des halls déserts. Mes collègues psychanalystes, dans leur cabinet privé, recevaient leurs patients toute la journée avant de participer en soirée aux grandes réunions de la Sorbonne ou de Sainte-Anne. Les accords de Grenelle et le coup fourré de De Gaulle calmèrent les esprits. Vinrent les grandes vacances, et l'année reprit comme si de rien n'était. L'agitation changea de milieu. Il nous fallut alors rebâtir l'université, à coups d'épuisantes réunions, sans que les étudiants s'y intéressent, sauf à être représentés dans les conseils chargés de la tâche.

Avec la reconnaissance définitive de l'Association psychanalytique de France à Amsterdam, en 1967 au congrès de l'Association psychanalytique internationale, semble se clore la période dramatique qui a marqué la rupture de mon groupe avec nos collègues restés fidèles à Lacan. La dissolution de la Société française de psychanalyse qui nous rassemblait s'est déroulée sans difficulté grâce à une négociation bien menée entre Granoff et Leclaire. L'APF se construit sans grand problème. Un enthousiasme partagé nous aide à surmonter les effets traumatiques de la crise. Les « élèves » qui nous ont rejoints s'emploient activement à suivre un programme scientifique et de formation qui nous semble allier notre respect du cadre auquel nous avons souscrit à un climat d'ouverture intellectuelle et de respect mutuel auquel nous n'étions pas habitués. Nous respirons.

Les deux groupes ont trouvé chacun son équilibre. Sous oukase venant de Lacan, tous mes collègues et amis demeurés fidèles au maître ne m'adressent plus la parole. En revanche, nos liens internationaux se sont consolidés et des contacts réguliers avec les Anglais me permettent de développer l'ouverture de mes lectures et de mes intérêts. À la demande de J.-B. Pontalis, j'assure ainsi pour Gallimard la traduction de *Normality and Pathology in Childhood* d'Anna Freud. C'est à cette occasion que je rencontre régulièrement cette dernière et me plais à discuter avec elle des concepts freudiens, mais aussi de son souci de se faire comprendre du lecteur francophone. Ce qui m'a conquis, c'est sa parole. Elle parlait comme elle écrivait, avec simplicité, avec une telle clarté et une telle simplicité dans le propos que l'on retrouvait son style écrit et cette manière inimitable qu'elle avait de dire dans les termes les plus simples des pensées fortes, teintées d'humour et ouvertes au questionnement, le sien d'abord et celui qu'elle sollicitait de son interlocuteur. Elle énonçait, avec précision et parfois une certaine platitude, ce qu'était le message freudien, et c'était une invitation pressante à la suivre.

Je découvre alors aussi un paradoxe qui rejoint la pensée de son père. Pour elle, la psychanalyse est une forme d'ouverture à une compréhension de l'inconscient. Il convient d'être à la fois fidèle à Freud et à sa méthode mais, dans le cadre de cette fidélité même, de s'interroger aussi sur nos ignorances et notre esprit de recherche. À un groupe auquel je participais, elle dira : « Je vous entends parler de ce que vous savez, mais j'aimerais tant vous entendre sur ce que vous estimez ne pas savoir. » Il fallait être avec elle d'une fidélité absolue à la pensée de Freud et l'utiliser pour ses propres interrogations. Être freudien donc, mais tourné vers l'avenir.

C'est aussi l'époque où, avec Lang et Smirnoff, nous lisons les livres de Melanie Klein et ce qui n'a pas encore été traduit en français. Nous découvrons aussi l'œuvre de Winnicott, encore inconnue en langue française. Par l'entremise de Masud Khan, très lié à certains d'entre nous, en particulier à Granoff et à Pontalis, nous entrons en contact avec lui et il vient nous rendre visite à Paris. C'est ainsi que j'ai le privilège, invité par Granoff au centre médico-psychologique à Nanterre, d'assister à une séance de *squizzle* pour laquelle Winnicott souhaitait la présence d'un collègue français face à « un petit banlieusard qui ne parlait pas un mot d'anglais ».

Winnicott était encore très peu connu en France. Nous savions, à l'APF, qu'il ne nous avait guère soutenus dans notre demande de reconnaissance par l'IPA. J'ai découvert plus tard qu'il avait déjà été opposé à la reconnaissance de la Société française au moment de la scission de 1953, en raison de la présence de Lacan et compte tenu des doutes qu'il avait sur sa pratique. Ce qui m'a fait sourire quand j'ai par la suite entendu certains lacaniens se prévaloir du soutien de Winnicott à Lacan, soutien dont j'ai même entendu dire qu'il trouvait son fondement dans une lettre de remerciements courtois envoyée par l'Anglais à Lacan, qui lui avait adressé un texte.

J'ai donc participé ce printemps-là à une rencontre avec le maître qui allait permettre de nouer des liens durables avec lui. Mais n'est-ce pas ce que revendiquent tous les Français winnicottiens ? Quelques semaines plus tard paraissait son livre intitulé *The Maturational Processes and the Facilitating Environment*. Masud Kahn m'écrivit pour me faire part du souhait de D. W. que j'en fasse le compte rendu dans le cadre de l'*International Journal of Psychoanalysis*. J'acceptai avec plaisir et, il faut le dire, un vif sentiment d'amour-propre. Je ne résiste guère à ce genre de demande, non sans me dire (et le faire savoir à tous) que je devrais savoir à qui elle a été faite auparavant et que j'hérite en quelque sorte du refus des autres. Belle leçon, un tantinet « paranoïaque », que j'ai souvent donnée autour de moi, non sans l'oublier quand la demande m'était faite personnellement !

Que signifiait alors pour nous le fait d'être winnicottiens ? Nous l'étions évidemment avant les autres, aussi bien les amis de la SPP que les ex-amis de l'École freudienne fondée en 1964 par Lacan. Il fallut d'ailleurs quelque temps à ces derniers avant de clamer à la face du monde leur convergence avec Winnicott. Après Anna Freud et Melanie Klein, Winnicott m'a aidé à me dégager du culte par trop sommaire des stades du développement libidinal et du conflit œdipien dont j'avais été abreuvé dans l'orthodoxie de la psychologie du moi et dans la mythologie symbolique lacanienne.

C'est dans cet esprit que j'ai écrit mon livre sur *L'Interprétation du dessin d'enfant*. Il m'avait été demandé par un professeur de psychologie à Liège, Marc Richelle. En effet, il n'existait pas alors de livre psychanalytique sur le dessin des enfants. J'ai pris beaucoup de plaisir à l'écrire. Tout d'abord parce que je m'intéressais beaucoup à la peinture et aux arts plastiques, et aussi parce que le dessin était alors très répandu dans la pratique psychothérapeutique avec les enfants, plus que les jeux. Aujourd'hui au contraire, les psychothérapeutes disposent d'un matériel ludique absolument énorme. On voit des camions, des animaux, des personnages ! L'enfant dispose de masses d'éléments signifiants. Pour nous, c'était beaucoup plus limité. Il y avait le crayon, le papier et une boule de pâte à modeler. Chose curieuse, le dessin était très peu utilisé ailleurs qu'en France. En Angleterre, en Amérique, on se servait plutôt de jeux avec les enfants, mais très peu du dessin. Peut-être était-ce lié à l'avant-guerre et au travail de Sophie Morgenstern, repris par Juliette Favez-Boutonier et Françoise Dolto.

Ce livre était inspiré par deux démarches. La première venait de Lacan. Puisque l'inconscient était structuré comme un langage, ce dernier devait être l'expression à laquelle porter attention. Le dessin des enfants pouvait-il être considéré comme un langage ? Si c'était le cas, il fallait en mettre au jour la structure. Il s'agissait donc de déplacer sur la structure plastique et graphique du dessin une théorie du langage. Un simple carré ne voulait rien dire, mais un carré surmonté d'un triangle, c'était une maison. Il fallait des éléments graphiques minimaux pour qu'émerge du sens. Et ces éléments graphiques de base, un peu comme des phonèmes, ne pouvaient prendre sens que par la construction. Voilà l'idée qui me paraissait très importante. Cette perspective restait très lacanienne. D'un autre côté, j'éprouvais une certaine irritation contre les excès du symbolisme : il suffisait de prendre un dessin d'enfant, de l'accrocher au mur comme une radio pulmonaire et d'annoncer : « Dites donc, vous avez vu le nez du père ? Qu'est-ce que cela veut dire ? » Voilà comment on interprétait le dessin.

Q : Était-ce une irritation contre l'enseignement de Françoise Dolto ?

DW : Oui, c'était elle qui était visée. Et toute son école que je voyais dans le service de Mme Roudinesco m'énervait profondément par cette espèce de culte de l'interprétation symbolique qui fétichisait absolument le dessin. D'où un ouvrage qui voulait dire : ce qui est intéressant, ce n'est pas le dessin, c'est l'enfant qui dessine, et ce qu'il faut étudier, c'est l'associativité, la construction progressive du dessin à travers sa forme.

Avec Lagache se poursuit un travail d'incessante collaboration. Il s'agit par exemple de se préparer au rapport que va présenter le psychanalyste américain Samuel Ritvo sur la névrose obsessionnelle au congrès de Copenhague en 1967. Il présente le cas d'un patient qui a déjà été psychanalysé étant enfant par Berta Bornstein, laquelle avait publié le cas dans les *Psychoanalytic Study of the Child*. Je traduis et nous diffusons au sein de l'APF le texte en français du cas « Frankie ». Lagache compte ainsi nous préparer à ce qu'en dira Ritvo dans son rapport à Copenhague et, grâce à lui, je dispose à l'avance du texte du rapporteur et le traduis, puis le commente. Tout cela n'intéresse personne autour de nous, et je conserve ce travail dans mes archives, mais sur le moment je me passionne pour ce travail qui bénéficie de l'aide de Lagache. Ce dernier rédige d'ailleurs un article sur Freud et le changement, thème de ma thèse, qu'il dirige !

L'autre livre est arrivé un peu plus tard. La demande venait de Georges Heuyer, qui voulait un ouvrage sur le psychodrame pour la collection « Paideia » des Presses universitaires de France, et qui, je crois, souhaitait jouer un mauvais tour à Lebovici.

Face au psychodrame, mon attitude rejoignait celle que j'avais envers le dessin, à savoir que nous ne pouvions comprendre son sens psychanalytique que pour autant que nous en saisissions les règles de production. Ce qui m'intéressait, c'était l'improvisation dramatique, Diderot et le paradoxe du comédien, Stanislavski, etc. Ce que je voulais, c'était montrer que le psychodrame n'était pas une magie. Ce n'était pas une nouvelle forme de psychothérapie fondée seulement sur les mérites de l'improvisation dramatique, comme l'avançait Moreno, ni une simple variante de la psychanalyse utilisant le langage de l'improvisation, comme le soutenait Lebovici, mais bien une rencontre originale entre la pensée inconsciente et le jeu dramatique dont il s'agissait de cerner la spécificité. Je faisais reproche à Lebovici et à son groupe de l'utiliser comme si c'était de la parole ordinaire, sans voir la structure dramatique qui entrait dans la situation thérapeutique. Pour eux, on écoutait ce que jouait le sujet, ce qu'il interprétait.

Psychiatre d'origine viennoise, d'une génération née à la fin du siècle précédent, Jacob Levy Moreno prétendait par son usage de l'improvisation dramatique remplacer Freud et la psychanalyse. En France, Heuyer et mon maître Michaux voyaient là une manière de limiter les prétentions de l'autre école viennoise, celle de Freud. Anzieu, qui était venu au psychodrame par la psychothérapie de groupe, se situait à mi-distance des positions de Lebovici et de celles de Moreno. Il s'agissait pour lui d'allier le cadre psychodramatique, dans sa spécificité, à un cadre psychanalytique. C'est cette voie que j'ai suivie pour mettre en place une pratique psychanalytique du psychodrame dans le service de Michaux. Moreno, d'ailleurs, n'était pas hostile à cette démarche. Pour lui, ce qui comptait, c'était l'usage de sa méthode en général et le fait que, en France, contrairement à ce qui se passait ailleurs, aux États-Unis en particulier, c'étaient les psychanalystes qui la développaient et cela n'était pas pour lui déplaire. J'ai eu l'occasion de rencontrer à plusieurs reprises Moreno et sa femme Zerka à Paris, dans le service de la Salpêtrière. Il était très fier de voir son invention à l'honneur dans ce noble lieu. Michaux, toujours sceptique, s'en moquait quelque peu en sous-main. N'avait-il pas imaginé que, derrière le dos de ses médecins (suivez mon regard), il allait apprendre à ses petits patients des scènes dans lesquelles ils exprimeraient avec vigueur dans leur jeu théâtral leur hostilité au père et leur attachement à la mère, bref de monter un scénario œdipien, bien fait pour plaire à leurs thérapeutes ! Moreno, quant à lui, préférait me faire participer à des réunions internationales pour montrer les ouvertures de la méthode !

Le point commun entre le dessin et le psychodrame, c'était d'étudier une structure d'expression et de voir comment la psychanalyse pouvait y trouver sa place. Autrement dit, *Le Psychodrame chez l'enfant* était un livre qui n'était ni tout à fait Moreno – car je ne croyais pas aux vertus de l'improvisation dramatique en soi – ni tout à fait Lebovici. Mais je ne les critiquais pas lourdement, je marquais juste des distances.

Au total, de même que ce qui m'intéressait, c'était l'enfant qui dessinait et non le dessin lui-même, ce qui me retenait dans le psychodrame – et j'en pratiquais beaucoup –, c'était l'enfant qui improvisait, et non le contenu de l'improvisation. L'enfant était là, confronté à une tâche d'improvisation. Comment allait-il élaborer la chose ? C'était ce travail d'élaboration qui me paraissait important, plus que le résultat. Il ne s'agissait pas d'attendre ce qu'il allait produire pour en faire un objet à interpréter, il convenait de se centrer sur l'enfant en train d'agir. D'où l'intérêt pour la structure dramatique elle-même.

Q : La scénographie.

DW : Voilà ! On était donc très attentifs. Tout d'abord, on le laissait improviser. On n'interprétait pas le contenu, mais la manière dont il le réalisait. On ne lui disait pas : « Tu as fait ceci » ou « tu as fait cela ». On lui disait : « Regarde ce qui se fait en toi à travers ceci ou cela. » À ce moment-là, on pouvait jouer avec lui, mais pas dans une attitude interprétative ou correctrice, plutôt pour essayer de l'aider à aller plus loin dans son geste dramatique.

Q : Avec aussi une attention pour le groupe – ce qui, à l'époque, était très original.

DW : C'était très important aussi, et c'était très lié à la psychothérapie de groupe. Pour les enfants, on pratique des psychodrames individuels, mais avec plusieurs, nous pensions que les autres enfants avaient accès à quelque chose d'absolument inédit, qui était l'improvisation de leur camarade et la manière dont se créait chez lui quelque chose, une production dramatique en quelque sorte qui allait les toucher eux-mêmes et les faire participer. Cela nous paraissait tout à fait important. Autrement dit, nous interprétions très peu, nous jouions très peu, nous faisions plutôt jouer les enfants pour les aider à se réaliser. Pas seulement, comme Moreno, pour le plaisir de s'extérioriser, plutôt pour les aider à voir comment on extériorisait dramatiquement les choses. C'était une position intermédiaire en quelque sorte. Autour de Lebovici, l'usage était plutôt que les thérapeutes travaillent avec un seul enfant ou adolescent. Chez nous, c'était un couple de thérapeutes, toujours, avec plusieurs enfants. C'était de la thérapie de groupe d'une certaine manière. Il arrivait qu'il y ait d'autres personnes, mais uniquement en spectateurs, elles ne jouaient jamais. Et même les deux animateurs ne jouaient pratiquement pas, alors que chez

> Lebovici, très souvent, les thérapeutes intervenaient tout d'un coup pour dire quelque chose, pour donner des interprétations que nous jugions, nous, un peu sauvages. Nous avions une conception beaucoup moins interprétative que la méthode de Lebovici. Mais nos patients n'étaient pas les mêmes : les nôtres étaient pour beaucoup des enfants qui avaient des difficultés caractérielles, des inhibitions névrotiques pures. Nous n'avions pas de grands malades comme Lebovici, qui s'est beaucoup intéressé au psychodrame dans les pathologies lourdes.

Freud et le problème du changement est venu d'une commande tout à fait différente. Parallèlement à mes activités cliniques – essentiellement de psychiatre d'enfant et de psychothérapeute –, Lagache avait visiblement une arrière-pensée : me voir prendre un jour une place d'enseignant dans une faculté des lettres et sciences humaines. J'étais docteur en médecine, mais on m'avait accordé une équivalence de DEA. Je pouvais donc m'atteler à une thèse de psychologie.

Sur le moment, j'avais été un peu étonné, mais tout de suite, je m'y suis accroché. La méthode devait être historico-critique, comme disait Lagache, c'est-à-dire qu'elle imposait une lecture attentive et comparative de chaque texte. Il s'agissait d'étudier comment la pratique de Freud avait évolué dans le temps. Le but était de suivre sa pensée non en fonction de sa vie privée ou pour faire sa psychanalyse, mais pour voir comment il avait avancé dans le temps en partant de l'« Esquisse » (1895) jusqu'à *Analyse avec fin, analyse sans fin* (1937). Il me semblait que c'était en regardant la manière dont il concevait le processus de changement, c'est-à-dire ce qui changeait sous l'influence de la psychanalyse, qu'on pouvait à son tour voir sa pensée évoluer. Ce qui m'intéressait le plus, c'était d'examiner les raisons de cette évolution. En repérant tout le long de son œuvre les modèles plus ou moins explicites décrivant les processus de changement dans la cure et leurs différences, on s'apercevait ainsi que le changement n'était pas lié à une sorte de perfectionnement théorique de l'outil, mais au repérage de résistances. C'était en identifiant les obstacles au changement qu'il modifiait son modèle. L'œuvre de Freud est celle d'un homme qui, grâce à la méthode d'écoute qui a été la sienne en permanence, a construit progressivement une élaboration des processus de transformation en fonction des résistances qu'il notait dans l'écoute et dans l'effet d'interprétation qui était son fil directeur.

Si ce travail m'a tant intéressé, c'est d'abord parce qu'il m'a fait mieux connaître l'œuvre de Freud. Et il me semble que ma perspective était plus historique que celle de Laplanche et de Pontalis dans leur *Vocabulaire*. Parfois, je constatais qu'il disait quelque chose autrement qu'auparavant. Mais ce n'était pas comme s'il pouvait dire l'un ou l'autre. Non ! Il fallait se demander pourquoi il formulait ses vues à telle ou telle date. Il y avait des raisons, et on pouvait les trouver dans son travail. C'est cela, je crois, qui était très important pour moi. D'ailleurs, Laplanche m'en a un peu fait la critique, amicalement : « Tu t'occupes trop de l'histoire. Tu sais, ce n'est pas si important que ça. Freud écrivait un peu comme ça lui venait. » Je ne le crois pas. Il y a une marche évolutive que l'on voit bien. Seulement, Freud n'en faisait pas état.

C'est ainsi que j'allais voir Lagache tous les quinze jours avec mes notes et qu'il commentait mon travail. Les idées de fond étaient les miennes, mais il me faisait travailler, et son influence se sent beaucoup dans le livre, peut-être plus que je ne le croyais, d'ailleurs. Par ailleurs, je trouvais dans sa pensée un lieu où je me sentais véritablement à l'aise. C'était une pensée de psychologue. Et je me suis toujours senti psychologue, fondamentalement, plus peut-être que thérapeute. Ce que je voulais, grâce à cette thèse, c'était devenir psychologue-psychanalyste, c'est-à-dire produire une théorie de l'appareil psychique et comprendre sa place.

Or, pour beaucoup de psychanalystes, les constructions théorico-cliniques de la psychologie psychanalytique étaient mal vues. À l'époque, la psychanalyse française était composée de deux catégories de praticiens : les psychanalystes psychiatres et les psychanalystes philosophes. Tous avaient une commune aversion pour la psychologie. Les psychanalystes philosophes se réclamaient essentiellement de la phénoménologie allemande et, bien entendu, Lacan en était le paradigme. Les philosophes détestaient la psychologie. On connaît la célèbre formule de Canguilhem : « La psychologie mène nécessairement à la préfecture de police. » Et Foucault s'est inscrit dans ce courant pour lequel la psychologie était au service de l'aliénation de l'homme par une connaissance pseudoscientifique. Ce qui comptait, c'était la libération de l'homme, du sujet. La psychanalyse était venue à l'appui de cette philosophie du sujet. Elle a pesé lourdement sur la pensée lacanienne. L'autre courant était représenté par les psychanalystes médecins, qui venaient directement du soin psychiatrique. Ils ne s'intéressaient pas non plus à la psychologie. C'était pour eux une science théorique et universitaire, qui ne les concernait pas. C'était le courant dominant à la SPP à l'époque.

Dans ce contexte, Lagache était isolé, même s'il avait le soutien de Benassy à la SPP. Mais c'étaient des hommes isolés, à la fois mal vus par les médecins philosophes et les médecins psychiatres. Et je me trouvais moi aussi dans cette position. C'est d'ailleurs sans doute pour cette raison que j'ai toujours été un peu mal considéré. Quoi qu'il en soit, il me semblait que la psychanalyse était un champ d'expérience particulier ouvrant sur la psychologie. On y voit l'appareil psychique fonctionner d'une certaine manière qui est une nouvelle psychologie, mais pas en opposition avec d'autres. Freud était, ô combien, un psychologue. C'est pourquoi j'ai eu assez vite des relations assez bonnes avec le milieu des psychologues. J'ai toujours cherché à confronter l'expérience clinique de la psychanalyse avec les autres sous-disciplines de la psychologie. Cette disponibilité d'esprit et ce goût du débat m'ont permis, tout au long des années, de travailler avec les autres psychologues, disons le mot, qui s'intéressaient à d'autres terrains (le comportement animal, la psychologie pédagogique, la psychologie sociale, etc.), à une analyse plus « fine » des mécanismes (la psychologie dite cognitive, les démarches expérimentales, etc.) ou encore à une confrontation avec le fonctionnement culturel.

Plus tard, Pierre Fédida a convoqué tous les psychanalystes enseignants de psychologie clinique et pathologique à Saint-Maximin. En présentant mon exposé, j'ai fait observer que j'avais toujours été psychologue, que j'avais entrepris des études de médecine et de psychanalyse pour étudier la psychologie. Bref, j'étais psychologue psychanalyste. Certain collègue psychiatre a marqué sa surprise en s'écriant : « Ah, je comprends enfin quelque chose : Widlöcher est un psychologue. » C'était l'abomination des abominations. Cela ne m'empêchait pas d'être extrêmement fier d'être docteur en psychologie.

Q : C'était rare et cela l'est toujours, d'ailleurs. La plupart des psychologues ou des psychopathologues d'aujourd'hui sont sur le modèle des médecins philosophes qui viennent d'être décrits.

DW : Absolument.

Q : Canguilhem et Foucault restent des stars incontestées, et on se gargarise du sujet.

Ayant fait le deuil de toute carrière hospitalo-universitaire et préparant ma thèse de psychologie, je ne pouvais qu'être soulagé et enthousiaste quand Didier Anzieu, quittant l'université de Strasbourg et nommé à la faculté des lettres de Nanterre, sur un campus moderne et interdisciplinaire, m'a choisi pour exercer les fonctions de maître-assistant en octobre 1966. Nanterre, c'était l'université de demain : fini les cloisonnements épistémologiques, les chapelles ! Nous nous retrouvions avec des philosophes, des sociologues. Nous avons des amis en commun. Dans le département, Roger Dorey s'occupe de la psychopathologie de l'adulte. Il faut apprendre à vivre avec Frances et son équipe d'« expérimentalistes » qui sont en fait passionnés d'esthétique et ouverts à tous les échanges, et avec Maisonneuve et ses élèves de psychologie sociale, qui apprécient la dimension « groupale » dont notre équipe est friande. Le campus se développe, isolé au sein d'une banlieue encore très pauvre. Nous sommes loin du quartier Latin et, en un sens, fiers de l'être. L'interdisciplinarité nanterroise me paraît autrement plus stimulante et ouverte que les petites guerres de la psychanalyse parisienne.

À la rentrée d'octobre 1967 est créée la section de psychologie du développement que vient animer René Zazzo. Nous sommes un peu inquiets, incertains de la manière dont il entend la psychologie, mais j'ai appris à le connaître dans le cadre des associations de psychopathologie de l'enfant, à la Salpêtrière en particulier, et j'apprécie son ouverture d'esprit. C'est un élève de Wallon.

Mon arrivée à Nanterre comble aussi mon goût pour l'enseignement. Depuis plusieurs années, j'enseignais la psychanalyse à l'École des psychologues praticiens et j'estimais beaucoup cette occasion qui m'était donnée d'enseigner la psychanalyse à des étudiants en psychologie dans un établissement privé et qui plus est lié à l'Institut catholique, alors que l'enseignement public ne laissait à la psychanalyse, et en général à la clinique, qu'une place très discrète.

Du point de vue politique, en 1968, je suis connu pour ma sensibilité de gauche, et j'ai beaucoup d'amis parmi les communistes et les socialistes. Mais je ne suis pas parmi les « rigolos » qui font la révolution dans les salons, ce qui me vaut de passer pour « droitier », alors que beaucoup d'amis psychanalystes penchent ouvertement du côté de l'agitation. Depuis des années, je votais contre de Gaulle et j'étais de ceux qui voulaient son départ. Cependant, comme beaucoup de socialistes et de communistes, j'estimais que l'agitation allait entraîner un retour de bâton. Nous allions être battus aux élections, alors que tout pouvait basculer à gauche. Nous avons perdu vingt ans !

Pour moi, ce qui se passait à Paris, c'était du cirque. Amusant, mais du cirque tout de même. Et tout le monde irait se recoucher quand ce serait fini. Je vois encore certains amis me dire leur plaisir de participer à la manifestation à la République, sachant que, quinze jours plus tard, on n'en parlerait plus. « Oui, mais en attendant, on y aura cru, on se sera amusé », répondaient-ils. Mais je ne riais pas, parce que quinze jours plus tard, je savais bien ce qui allait se passer. Et de fait, ce fut la manifestation massive de soutien à de Gaulle aux Champs-Élysées. Un an plus tard, certains d'entre eux ont voté Pompidou en me disant : « C'était de la connerie, mon vieux, mais on s'est bien amusé. » D'autres, il est vrai, sont restés pendant longtemps assez à gauche, mais ne se sont guère mouillés. Quand, plus tard, j'ai été désigné pour faire partie du cabinet d'un ministre de gauche, certains ont cherché à me dissuader d'aller « jouer les Kerensky ».

1968 aura donc été une espèce de grand jeu ludique dans une société qui commençait à crever d'argent et de platitudes sous l'influence d'un de Gaulle en position de père coiffant tout, un peu comme cela risque de se reproduire avec Nicolas Sarkozy. Mais la politisation a été une catastrophe puisqu'elle a favorisé d'une part une ultragauche qui n'avait absolument pas envie de prendre le pouvoir et d'autre part une droite qui s'attendait à récolter les fruits de l'agitation. La gauche en est sortie laminée. Au lieu de chasser de Gaulle par des élections politiques, à la manière de ce que

Mitterrand a réussi en 1981, on a placé Defferre et Mendès France dans une situation catastrophique.

Q : N'est-ce pas aussi un peu la naissance de l'idée d'adolescence ? Subitement, les jeunes ont arrêté d'être les fils de leur père ; ils sont devenus des jeunes, comme si c'était un stade intermédiaire.

DW : Je crois que c'est un peu vrai. Les enfants de 1945 qui avaient été privés d'adolescence par la Seconde Guerre mondiale et le génocide s'étaient repliés dans un conformisme de restauration. Brusquement, en partie aussi par anticolonialisme – élément fondamental dans le mouvement gauchiste –, ce fut une grande révolte contre le positivisme d'après-guerre. Mais cela a eu des conséquences culturelles plus que politiques. En France, cela nous a valu encore des années de droite au pouvoir et le règne de Giscard, qui a été en somme le grand réparateur. On a mis de Gaulle dehors, c'était une grande chance, mais pas pour autant la droite.

Q : En 1968, vous avez 40 ans, vous êtes marié... Votre vie personnelle a-t-elle pesé dans votre attitude ?

DW : En effet, car j'accède alors à des positions d'adulte. Je suis membre titulaire de la Société de psychanalyse. J'entrevois la possibilité de devenir professeur à Nanterre, et peut-être à la Sorbonne. Tout à coup, il semble que cela, on va me l'enlever. Et au nom d'une révolution folle ! Cela a joué sur mes sentiments, j'en suis conscient, et je l'étais à l'époque. Un autre point me bloquait aussi : j'étais antigaulliste depuis l'époque où on n'osait pas voter non aux référendums qu'il organisait et où on ne se risquait pas à dire qu'on était contre lui tellement c'était interdit ; et voilà qu'on le faisait craquer, mais d'une manière qui ne me convenait pas. À René Zazzo, par exemple, je faisais observer que tous ceux qui criaient « CRS : SS » ne savaient pas ce qu'étaient les SS. Ils rêvaient de la république de Weimar et ils allaient avoir une nuit de Cristal s'ils continuaient !

Q : Peut-être êtes-vous passé à côté de ce moment de l'histoire pour des raisons surtout personnelles.

DW : Peut-être. Mais je ne regrette pas mon attitude. S'il y a un moment où je suis resté à côté de l'histoire, ce serait plutôt fin 1944. J'aurais pu partir, faire quelque chose lors de la Libération. Je suis resté passif, en retrait, je ne sais pas pourquoi. J'ai une culpabilité à propos de 1944, pas pour 1968.

À la rentrée d'octobre 1968, le climat s'apaise à l'université. Il y a bien les militants gauchistes, dont les enseignants et les étudiants qui nous accusent de « dépolitiser » la situation, comme si le résultat des élections et le nouveau gouvernement n'étaient pas des preuves suffisantes de la « politisation » à laquelle le mouvement a abouti. Je le manifeste d'ailleurs avec éclat lors d'une assemblée générale, soutenu par les applaudissements d'autres enseignants et de la plupart des étudiants présents en expliquant que c'est précisément parce que je suis « politisé » que je souhaite que l'on arrête des manifestations promises à l'échec et qui favoriseront le triomphe des forces de l'ordre.

Entre-temps, les institutions psychanalytiques ont connu leur heure d'agitation, mais en réalité les psychanalystes se sont surtout répandus dans des manifestations plus centrées sur la réforme générale de la société que sur leur formation. Néanmoins, l'APF s'est engagée davantage dans la construction d'un règlement intérieur nouveau, Berge et Anzieu ayant déjà concocté un projet en 1968. Mais les événements ont stoppé la réforme. Il faut se remettre au travail.

En réalité, contre toute attente, c'est mon activité universitaire et même hospitalo-universitaire qui me mobilise après la crise, sur les ruines de la Sorbonne pour la psychologie, et dans une relance autour de la psychiatrie, dégagée de la neurologie à la Salpêtrière. Premier temps, je suis invité par Paul Fraisse, grand patron de la psychologie à la Sorbonne, en relation courtoise avec Lagache (et la psychanalyse) et Delay (et la psychiatrie), et par Hélène Gratiot-Alphandéry, grande amie de René Zazzo et codirectrice du Laboratoire de psychologie de l'enfant, hérité de Wallon. Ils me demandent de prendre à l'Institut de psychologie la charge d'organiser l'enseignement général de la psychopathologie. Rappelons que jusqu'à l'après-guerre, il n'existait pas de licence de psychologie. L'institut, créé parallèlement à la faculté des lettres de la Sorbonne, distribuait le seul diplôme valide pour la profession de psychologue.

À la Libération, on avait créé une licence (universitaire) de psychologie. Qu'allait devenir le célèbre institut de la rue Serpente ? D'où le projet de Fraisse de le greffer sur les deux premiers cycles de la nouvelle filière officielle. Lagache avait pris sa retraite. Son successeur était un psychiatre de l'hôpital de Bonneval, phénoménologue qui s'inscrivait dans le courant de Pierre Janet. Il fallait renforcer le troisième cycle assuré par l'institut. Sans doute mon profil répondait-il assez bien au poste.

C'est ainsi que j'ai quitté Nanterre en 1969. Je dois dire que j'acceptai volontiers la charge qui me mettait dans la position que Lagache aurait dû assurer. Anzieu le prit assez mal, lui, et fut très fâché contre Fraisse qui, après l'avoir écarté de la Sorbonne et envoyé à Nanterre, lui « fauchait » maintenant un proche collaborateur appelé à l'y seconder. Mais il ne fit rien pour me faire renoncer à l'offre et, très généreusement, comprit l'intérêt que je pouvais trouver à ce nouveau poste.

Cette participation à la réorganisation de la psychologie de la Sorbonne eut pour conséquence immédiate que je fus, en compagnie de Fraisse, très impliqué dans la réorganisation des universités parisiennes et les tractations, marchandages, compromis politiques qui devaient conduire à la situation que nous connaissons encore aujourd'hui, pour les treize universités parisiennes. Les facultés des lettres, des sciences, de médecine et de droit avaient éclaté ; il fallait recomposer des « mariages ». Les médecins étaient très demandés car ils étaient riches et puissants. Il fallait aussi tenir compte des locaux et de leur entretien. Comment diviser la prestigieuse Sorbonne ou la puissante faculté des sciences récemment construite à Jussieu ? Les littéraires étaient de gauche, les médecins de droite, etc. Et puis, il y avait les amitiés personnelles. Je suggérai à Fraisse de créer autant d'universités que de lignes de métro, ce qui aurait permis aux étudiants (et aux professeurs) de se déplacer aisément d'un lieu à l'autre. Il n'apprécia pas beaucoup mon irrévérence. L'alliance fut conclue entre la médecine de Necker et de Cochin, et les sciences humaines de la Sorbonne pour former l'université René-Descartes. En revanche, Juliette Favez-Boutonier et toute son équipe de sciences humaines cliniques, très psychanalytique d'inspiration (avec Jean Laplanche, Revault d'Allonnes, Pagès et beaucoup d'autres), se retrouvèrent dans des bâtiments situés près des Gobelins, le fameux Centre Censier, dans l'université Denis-Diderot. Tout cela fut bâti en quelques mois. Nanterre devint Paris-X et on créa Vincennes pour tous les résidus du gauchisme soixante-huitard, dont l'École « freudienne » de Lacan. Ce qui est le plus surprenant, c'est que cette architecture universitaire, sous les noms les plus prestigieux de la pensée française, demeure debout aujourd'hui. Pour combien de temps ?

Il fallait des réformes. Le peuple le demandait. On lui en donna, mais pas tout à fait celles (irréalistes) qu'il imaginait. En revanche, le peuple universitaire put s'en donner à cœur joie. Bien entendu, durant tout ce temps, je continuais ma double activité clinique, psychanalyse en privé, et psychothérapie des enfants à la Salpêtrière. Mais je n'ai pratiquement rien vu des remous de la crise à l'hôpital. Il fonctionnait normalement en dépit de l'agitation médicale, les syndicats du personnel s'employant à dissuader leurs troupes de participer à cette agitation. Ils ne se mobilisèrent que lorsque la crise universitaire fut relayée par un vaste mouvement social.

4

Retour de Vienne

Fin juillet 1971. Je reprends l'avion de Vienne à Paris après l'achèvement du congrès international. Mon voisin J.-B. Pontalis me fait la remarque que me voilà chargé de bien des tâches !

Certes, j'étais venu comme simple membre titulaire de l'APF, sans rien d'autre à faire que d'assister au premier congrès tenu à Vienne depuis l'avant-guerre. Anna Freud avait enfin consenti à ce retour dans la ville des origines et marqué l'événement de sa présence. Simple auditeur, j'avais tout juste assisté à la grande soirée festive qui s'était tenue au Rathaus, où Joseph Sandler, que je connaissais depuis peu, m'avait au passage offert un cigare. C'était ma première visite dans cette ville et le premier congrès auquel je participais depuis que notre société avait été reconnue société composante à Copenhague, en 1967. Mais je n'étais pas tout à fait inconnu. Depuis deux ans, j'avais eu plusieurs occasions de nouer des relations. J.-B. Pontalis m'avait demandé de traduire le livre d'Anna Freud. Et j'avais eu l'occasion de la rencontrer depuis que, avec Smirnoff, nous lui avions rendu visite à la Hampstead Clinic en 1964. Quelques années plus tard, je l'avais retrouvée dans le salon des Saussure à Genève et on m'avait chargé d'être son interprète en français pour une réunion européenne des analystes d'enfants qui annonçait la création de la Fédération européenne, rare moment où conversèrent avec elle Winnicott, Balint et les brillants élèves de Melanie Klein.

Bref, ma participation à la vie intellectuelle internationale, et en particulier franco-britannique, avait bien pris son essor depuis les congrès de Stockholm et de Copenhague. Mais, dans le registre politique, je n'avais été ni sollicité ni intéressé à une quelconque participation à la vie de cette association internationale dont je ne savais rien. Je connaissais à peine Leo Rangell, le président élu à Rome, et sa secrétaire Frances Gitelson, veuve de l'ancien président Max Gitelson, que je n'avais jamais rencontré alors que Lacan m'avait accusé de disposer avec lui d'un téléphone rouge ! Lors d'un congrès européen qui s'était tenu à Paris l'année précédente, Rangell et Frances Gitelson m'avaient consulté sur la situation de l'APF. Je n'avais pas omis de signaler les quelques difficultés que rencontrait notre institution. Bref, pas davantage que la SPP, m'avait dit Leo Rangell. Sans doute, avais-je répondu, mais plus facile à surmonter dans un petit groupe comme le nôtre. Aujourd'hui encore, il me semble que cette remarque peut être appliquée à toute l'histoire de nos deux sociétés. La SPP est peut-être trop grande, mais est-ce un bien d'être resté en aussi petit nombre à l'APF ?

À Vienne, deux questions politico-administratives se posent. Le développement de la Fédération européenne et le projet de tenir à Paris en 1973 le prochain congrès international. De fait, avec J.-B. Pontalis et Victor Smirnoff, nous nous retrouvons les représentants de l'APF. Je comprends que l'on souhaite en haut lieu que le prochain congrès international se tienne à Paris. C'est une bonne idée, me semble-t-il, une manière d'asseoir la position de l'APF et de démontrer que nos deux sociétés, appartenant à l'IPA, peuvent collaborer aisément. Chez nous, Victor est réticent, pour des raisons obscures (par crainte que nous soyons étouffés par la SPP ?) ; J.-B. est plutôt favorable, lui. Les représentants de la SPP sont également partagés. Finalement, la décision est prise par le conseil de l'IPA, et S. Lebovici est chargé de présider le comité d'organisation. Celui-ci vient aussitôt me trouver pour me demander d'assurer le secrétariat du comité. Il m'est difficile de refuser. Victor et J.-B. m'y encouragent.

Mais voilà qu'un autre débat s'instaure. Raymond de Saussure, le président fondateur de la FEP, ne souhaite pas renouveler son mandat. La Fédération européenne est mal vue de nombreux Français. Certains pensent que c'est un montage des Anglo-Américains pour mieux contrôler les Européens, en particulier les Français. Deux candidats se présentent à la présidence : J. Sandler et S. Lebovici. Les Européens sont très partagés et ne savent qui choisir. En fin de compte, ils se tournent vers un Autrichien, Wilhelm Solms, fort lié à Anna Freud, dit-on. Il a passé son enfance en Alsace, avant que la province ne redevienne française, et il parle parfaitement le français. Il a fait partie du comité de parrainage de notre groupe d'étude en 1963. À ma grande surprise, il me demande d'assurer le secrétariat de la Fédération. Lebovici tente de me décourager d'accepter. En réalité, je suis bien plus tenté d'œuvrer pour la Fédération que pour l'organisation d'un congrès. J'aime bien Solms, ce grand gaillard moustachu plein d'humour, viennois comme on les imagine. Après quelques heures d'hésitation, je finis par accepter.

C'est ainsi qu'en septembre je me retrouve à Paris avec un ensemble de tâches un peu impressionnant.

Il s'agit tout d'abord de préparer le congrès de 1973, d'autant plus que le trésorier, Jean Kestemberg, devant le coût des préparatifs, décide que nous allons nous passer de toute organisation commerciale. Les présidents de nos deux sociétés deviendront vice-présidents du comité et oublieront le congrès. Et la SPP me dote d'un secrétaire adjoint, René Major, qui sera un compagnon fort sympathique et très accommodant.

Il faut gérer la Fédération, négocier l'organisation d'un congrès qui se tiendra à Londres et trouver un compromis avec l'organisation des congrès de langue française, jalousement tenue par Pierre Luquet.

Je dois aussi mettre en place le service de psychiatrie de la Salpêtrière, qui regroupe des unités jusqu'alors dispersées dans les services de neurologie, et celui de pédopsychiatrie, que je quitte en laissant à Annie Anzieu le soin de poursuivre le travail accompli dans le cadre de la psychanalyse des enfants.

Sans compter participer à l'enseignement et... pratiquer la psychanalyse !

De manière totalement imprévue, les « événements » universitaires de 1968 ont été suivis par une chaîne d'engagements qui ont conféré sa double orientation à ma carrière enseignante : enseignement de la psychologie (à l'Institut de psychanalyse de Paris, intégré par la suite dans l'université René-Descartes), enseignement médical (position hospitalière à l'hôpital de la Salpêtrière, intégré dans l'université Pierre-et-Marie-Curie). Mais sur le moment, il s'agissait surtout de participer au refaçonnage de l'université. La constitution des universités parisiennes fut, de mon point de vue, le résultat d'une foire d'empoigne. Les conférences scientifiques n'y eurent guère de prise. Des alliances de droite ou de gauche permettaient de réunir médecins, biologistes et psychologues dans des conditions assez mystérieuses. Du côté de la psychologie et plus largement des sciences humaines à l'ancienne Sorbonne, le mariage a été conclu avec les médecins des hôpitaux Necker et Cochin pour créer René-Descartes. Entre la gauche des sciences humaines et la droite médicale, l'alliance s'est rapidement conclue. Pour la Salpêtrière, je n'étais pas admis au même niveau des négociations. Je ne sais donc pas ce qui a conduit à l'alliance d'une partie des scientifiques de Jussieu avec les médecins de l'Est parisien. Les changements portaient surtout sur les modifications pédagogiques et l'organisation de l'enseignement de la psychiatrie.

Les trois années qui suivirent les événements de 1968 furent marquées, non seulement par la reprise chaotique de l'enseignement mais aussi par une refonte radicale de ses règles et de ses pratiques. Si ce fut sensible dans les structures qui formaient les psychologues, ce le fut encore bien plus pour celles de la médecine. À l'enseignement centralisé de l'ancienne « faculté de médecine » succéda celui qu'il fallut à chaque UFR, bien vite rebaptisée « faculté », inventer en fonction de ses moyens propres, en particulier hospitaliers. Notre groupe hospitalier (le plus important en taille des hôpitaux européens) dut accueillir ses propres étudiants et gérer sa propre sélection. Je ne fus guère engagé à l'époque dans cette gestion de la faculté ; je n'étais d'ailleurs qu'un professeur associé, à qui Castaigne avait promis sa titularisation dès que possible, mais qui n'était pas dans le noyau « autonome » des plus actifs de la faculté.

En revanche, il me revenait d'organiser l'enseignement de la psychiatrie en collaboration avec D.-J. Duché et les autres pédopsychiatres. La tâche était rendue à la fois facile et difficile en raison d'une convention d'association qui rassemblait la faculté Pitié-Salpêtrière et le Centre de santé mentale du XIIIe arrondissement. Dans l'esprit de notre doyen, je compris alors tout le sens de la manœuvre : donner à deux psychanalystes représentatifs une place dans l'Université française, en me confiant une charge à la Salpêtrière et en nommant également Lebovici professeur associé.

Le *leadership* de la psychiatrie des adultes reviendrait à la Salpêtrière, celui de la psychiatrie des enfants au centre du XIIIe. En réalité l'alliance put se négocier dans des conditions très acceptables pour tous. Du côté de la « pédopsychiatrie », Lebovici développa une relation très cordiale avec Duché et se garda bien de tenter de prendre une place de *leader*. Les deux formations pour l'enfant et l'adolescent restèrent très indépendantes l'une de l'autre et l'alliance fut strictement limitée au plan de l'enseignement. Il en fut de même pour la psychiatrie des adultes. Nous eûmes avec les psychiatres, regroupés autour de Paumelle puis de ses successeurs, ainsi que de Micheline Martin, agrégée nommée avant mon arrivée par les neurologues de la Salpêtrière, une relation très facile. À cela s'ajoutait le fait que le Centre de santé mentale du XIIIe était très lié à la SPP, mais comme Lebovici et moi étions très liés par nos fonctions à la Fédération européenne de psychanalyse et à la préparation du congrès de l'IPA, cela facilita les choses. On me reprocha toutefois d'enseigner une psychiatrie trop psychologique ; influencé sans doute par mes années d'activité antérieures, où j'avais surtout été un psychologue psychanalyste et un psychiatre d'enfants. Personne ne me reprocha toutefois d'assurer l'enseignement et la recherche dans le champ des thérapeutiques médicamenteuses, tâche très probablement facilitée par mon ami Pierre Simon, le professeur de pharmacologie.

La situation aurait peut-être été plus délicate si mon service de la Salpêtrière avait été intégré dans le dispositif des secteurs. Au ministère, Mlle Mamelet, directrice du bureau de la psychiatrie et apôtre de la sectorisation, m'avait littéralement enjoint de me « trouver » un secteur en négociant avec les psychiatres « chefs » des secteurs de voisinage. Ceux-ci ne montraient aucun enthousiasme à me confier une partie de leur domaine, aussi réduit *in partibus* qu'il avait pu être. Le ministère se résigna et il fut convenu que le domaine du service serait la seule clientèle de l'hôpital, ce qui fut favorablement accueilli par tous, sauf peut-être de quelques collègues neurologues. C'est ainsi que je m'engageai dans une psychiatrie des adultes, nourrie de psychanalyse, de pharmacologie et de psychologie ; ce qui me valut quelques difficultés quand je pris la défense des thérapeutes comportementalistes, que mes amis psychanalystes vouaient aux gémonies.

Cette nomination comme chef de service et professeur associé (avec projet, sinon promesse, de titularisation ultérieure) me faisait très plaisir, mais confirmait dans les faits des activités qui avaient été précédemment mises en place : la charge de la partie « adulte » du service de Michaux – Duché concentrant ses activités sur la partie « enfant et adolescent » – et mes fonctions d'enseignement sans titre officiel à la faculté. Celle-ci avait pris son autonomie après la réforme post-68 et était devenue la « faculté de médecine Pitié-Salpêtrière », avec Paul Castaigne comme doyen. Administrativement parlant, c'était, selon le langage post-68, une UFR parmi d'autres de l'université Paris-VI, une unité de formation et de recherche dirigée par un président. Il me fallait asseoir ma position hospitalière, ma position universitaire ne soulevant aucun problème particulier.

Il existait alors deux services de neurologie qui disposaient de lits de psychiatrie d'adultes. Or, ce que voulait Castaigne, c'était qu'ils les abandonnent, de même que le service de Michaux, afin de tout regrouper. Mon travail consistait donc à prendre en main de petits éléments de salles dispersés, ce qui ne manquait pas de déplaire aux neurologues qui étaient assez contents d'avoir leur petite « partie » psychiatrique. Mais Castaigne était très ferme : il « voulait » la séparation de la psychiatrie et de la neurologie, puisque tel était le vœu des psychiatres et des neurologues ! Comme c'était un fin politique, il avait bien compris que c'était dans l'air du temps et que l'après-68 était propice à cette évolution. Et, bien sûr, j'y étais très favorable. De plus, cela ouvrait la possibilité de pratiquer la psychanalyse sans avoir à se cacher, à la différence de ce qui prévalait à mes débuts. Un problème, cependant : il a fallu renoncer à la psychiatrie de l'enfant, qui était restée sous l'autorité de Duché. Je me suis demandé après coup pourquoi et comment j'avais si facilement renoncé à la clinique de l'enfant. J'étais, il est vrai, excédé par le poids des à-côtés de la pédopsychiatrie, la direction de la scolarité, les conseils aux familles et les interventions auprès des tiers ! J'avais hâte de m'engager dans la clinique psychothérapeutique des adultes, plus en rapport avec mes nouvelles responsabilités dans le mouvement psychanalytique.

L'APF, pendant ce temps, connaît quelques remous en partie liés à des remises en question dues aux « événements ». Mais notre taille modeste, la collégialité que nous conservons malgré tout et le rapport très étroitement communautaire avec ceux que l'on appelle les « élèves » nous valent un certain calme institutionnel. C'est sur les principes de la formation et tout particulièrement sur le statut de l'analyse « didactique », celle qui est exigée des candidats, que naît cependant le débat.

Je vais ainsi pendant un certain nombre d'années avoir à parcourir des chemins parallèles. Celui de l'APF, je ne vais pas m'en écarter mais, après deux ans de présidence, je ne m'en occuperai plus beaucoup, parce que l'Association psychanalytique internationale et la Fédération européenne de psychanalyse m'orienteront vers d'autres domaines, en plus de l'hôpital, bien sûr.

Du côté de l'APF, le moment important a été celui où, sous l'influence de Favez et de Pontalis, mais surtout de

Laplanche, a été décidée la suppression de la didactique. Il s'est agi de supprimer l'analyse didactique et donc la fonction de didacticien.

Quels étaient les arguments ? Celui de Laplanche était extrêmement clair : l'analyse est une, il n'y a pas d'analyse didactique au sens où il n'y a pas une analyse avec une méthode particulière pour devenir psychanalyste. La seule chose qu'on attend d'un psychanalyste, c'est d'avoir fait la meilleure analyse possible. Cela veut dire que l'analyse peut être pratiquée par n'importe qui à la condition que le candidat fasse l'expérience d'une bonne analyse. Ce qui compte, c'est que le sujet soit bien analysé. Et son désir de devenir psychanalyste doit avoir été analysé comme le reste de ses aspirations.

Cet argument m'a toujours semblé permettre à nombre de candidats de ne pas mettre en question leur vocation analytique au cours de leur analyse, sous prétexte que celle-ci n'était pas faite pour cela. Aux yeux de Favez, les cinq « petits gars » qui avaient lancé l'APF et qui représentaient « l'avenir » avaient fait une mauvaise analyse chez Lacan. Pour lui, la supervision devait être la pierre de touche de la formation, car elle permettait de réparer les écarts ou les erreurs de l'analyse personnelle. Laplanche allait dans le même sens et, malgré mes réserves, je pouvais le comprendre, vu le travail effectué en supervision, qui nous a permis de prendre un peu nos distances par rapport à notre analyse personnelle avec Lacan.

Au total, donc, cette réforme était fondamentalement liée à une idée de réparation de l'analyse, par-delà même Lacan. Si l'analyse n'avait pas été aussi loin qu'il était souhaitable, la supervision était censée aider à voir jusqu'où la personne pouvait être en mesure d'être analyste. Supprimer la didactique a donc constitué un changement assez radical en faisant de la supervision le moment fondamental qui créait l'identité du psychanalyste. Du coup, cela allait donner une place tout à fait essentielle aux analystes qui avaient en charge les supervisions.

De nombreuses raisons incitaient à cette rupture. Les règles officielles de formation à la SFP étaient tout à fait conformes à celles de l'IPA et nous n'avions eu aucune difficulté à les faire appliquer dans le cadre du groupe d'étude. Mais avec le temps et une éventuelle plus forte intégration de la psychanalyse dans les domaines du soin et de l'enseignement, nous risquions d'assister à une officialisation de la formation, avec ses conséquences (financement par des tiers, règlements bureaucratiques, etc.). Localement, il y avait le souci de marquer notre identité face à une Société psychanalytique de Paris que nous jugions trop bureaucratique et à une école lacanienne qui, selon nous, tournait le dos à toute formation réelle.

Après un premier projet de Berge et Anzieu, la crise de 1968 passée, Laplanche, alors président, proposa un projet plus radical, refusé d'abord, puis, sous la présidence de Pontalis, accepté à une forte majorité.

Le paradoxe est que, si à l'époque je m'étais montré très réservé sur cette réforme (au point de voter contre), je dus, beaucoup plus tard, en défendre l'existence auprès des collègues de l'Association internationale. Si, dans la pratique, je me suis soumis à la règle sans avoir à la regretter au plan clinique et individuel, je continue de penser qu'elle n'a pas eu que des conséquences favorables sur l'esprit de l'institution. En « sortant » l'analyse personnelle du candidat de cette dernière, elle a renforcé le poids de la fonction de validation. L'identité psychanalytique du candidat se crée désormais sans engagement de l'institution. Nous accueillons des praticiens compétents dont nous complétons la formation, mais la transmission de la pratique psychanalytique elle-même n'est plus de notre fait.

Il faut dire toutefois que, durant cette période, mon intérêt pour les institutions psychanalytiques était davantage tourné vers les rencontres que je continuais de développer avec les cercles internationaux.

Un double mouvement de curiosité donna naissance à un groupe d'une quarantaine de psychanalystes composé à part égale entre Britanniques et Français. La première réunion se tint au Touquet-Paris-Plage. Du côté français, des analystes des deux sociétés composantes de l'IPA se trouvèrent très désireux de renouer un dialogue clinique qui fit voir combien les pratiques étaient les mêmes. Les analystes britanniques étant aussi désireux de découvrir ces inconnus et comprendre leur différence que l'histoire des scissions leur avait laissé entrevoir (et Lacan dans tout cela). De cela, ils n'entendirent guère parler. En revanche, j'étais de ceux qui souhaitaient comprendre comment les analystes britanniques s'entendaient dans leur pratique. Comment ceux qui se réclamaient de Melanie Klein pouvaient-ils s'entendre avec les élèves très orthodoxes du groupe d'Anna Freud et les tenants dits du Middle Group, dont nous pensions qu'ils se réclamaient de Winnicott et de Balint ?

Certes, quelques éclats ont marqué les débats. Du côté britannique, ce qui a étonné, c'est le silence des thérapeutes français dans leurs cures. Comment laisser les patients sans interpréter tout ce qui pouvait lever leur angoisse ? La fréquence des séances et la nature des pathologies traitées leur ont paru liées à ces étrangetés techniques. Parler davantage aurait peut-être semblé une nécessité aux Français s'ils avaient reçu leurs patients plus souvent (quatre à cinq fois par semaine), plutôt que deux ou trois fois et s'ils avaient eu affaire à des patients plus gravement atteints. C'est du moins ce que Hanna Segal me fit sentir avec vivacité dans des entretiens privés.

Autre éclat, cette fois-ci entre Britanniques, quand la même Hanna reprit le terme d'identification projective. Paula Heimann réagit avec vivacité, et je crus me retrouver dans ce qui déchirait la Société britannique depuis 1939 et qui avait d'ailleurs été à l'origine de la rupture entre Melanie Klein et Paula Heimann. Et quelle différence avec nos débats parisiens compassés ! Parler simplement de sa pratique, exposer amicalement ses divergences et ses objections : ce fut pour moi une grande leçon qui me conforta dans l'intérêt des échanges internationaux quand ils échappent aux rituels pompeux des congrès. Ces rencontres privées devaient se renouveler plusieurs années d'une rive à l'autre du Channel. Je m'y fis des amis fidèles dont il sera question souvent par la suite.

En 1966, sous l'égide du Suisse Raymond de Saussure, qui résidait en partie aux États-Unis, venait d'être créée une Fédération européenne de psychanalyse destinée à réunir, à des fins d'échange strictement scientifique, les sociétés européennes composantes de l'IPA. La FEP avait été reconnue par l'IPA en 1969 au congrès international de Rome. À son initiative s'était tenu à Genève en juin 1970 un colloque sur la psychanalyse des enfants, où je devais représenter l'APF. Étaient présents Anna Freud et ses élèves, et aussi ceux de Melanie Klein, de Balint, de Winnicott, de Lebovici, de Diatkine et bien d'autres. Lorsque j'étais arrivé, Janice de Saussure m'avait invité chez elle pour me demander d'être le traducteur en français de la conférence qu'Anna Freud devait faire le lendemain.

Q : Qu'étiez-vous à ce moment-là ?

DW : Rien du tout. Juste membre titulaire nouvellement nommé d'un groupe qui venait d'être reconnu comme société composante de l'IPA.

Q : Rien du tout ? Excusez du peu.

DW : Ancien chef de clinique, assistant des hôpitaux et pédopsychiatre. En tout cas, si j'étais membre de l'APF, j'étais un élève de Lacan qui avait rompu avec lui et avait pris ses distances, mais un élève de Lacan tout de même ; je n'étais pas un méchant qui en voulait beaucoup à la SPP.

Q : C'était un bon profil pour des Suisses ?

DW : Oui, j'étais un gentil Français qui n'était ni trop du clan Lebovici ni du clan Lacan, mais qui était entre les deux, dans une nouvelle petite association juste milieu sur la scène française.

Q : Quels étaient les enjeux ?

DW : Je crois qu'ils voulaient éviter quelqu'un qui venait du clan Lebovici. Ils en avaient peur. Ils auraient très bien pu demander à Évelyne Kestemberg, par exemple, de traduire Anna Freud. Mais j'avais aussi des contacts avec cette dernière.

Q : Bref, vous apparaissiez comme un élément médiant, transversal, pouvant permettre de créer du lien plutôt et d'apaiser les lignes de clivage.

DW : Pas dangereux comme Serge Lebovici, qui donnait l'impression de vouloir occuper tout l'espace, tout gérer, et qui se réclamait beaucoup de la France. Et je n'avais que 42 ans…

Q : On peut aussi avoir le sentiment que, chez vous, l'habit ne fait pas le moine : quand vous êtes en position de médium mandaté pour faire ceci et cela, vous commencez à faire des coups d'éclat, à manifester des mouvements de rébellion…

DW : J'ai quand même été plutôt un homme de conciliation et d'organisation.

Q : Disons que vous n'êtes pas inféodé, que vous êtes plutôt libre. Et quelqu'un de libre peut être dangereux et devenir rebelle. Vous n'êtes pas un esprit conciliant, plutôt un esprit qui laisse les gens s'exprimer…

DW : Pas conciliant, tolérant. À l'époque, je n'appartenais pas au clan Lebovici, mais je n'avais rien contre la SPP. J'étais du côté d'Anna Freud par certains aspects, mais j'avais de bonnes relations avec les kleiniens.

Q : Bref, un faux conformiste !

Toujours est-il que j'ai présenté mon petit rapport, qui a été publié dans le premier numéro de notre bulletin *Documents & Débats*. Je concluais sur un point que je me permets de citer pour montrer combien les mêmes questions se trouvent aujourd'hui posées.

« De l'ensemble de la discussion on retiendra que l'opposition entre les vues kleiniennes et freudiennes ne retint guère l'attention de l'auditoire, soucieux sans doute d'éviter une discussion à ce sujet, et les rapporteurs mirent systématiquement l'accent sur des aspects cliniques qui ne mettaient pas directement en cause ces options théoriques.

Les divergences portèrent essentiellement sur le point suivant : le processus analytique est-il vraiment souvent observable chez l'enfant, et, quand il se réalise, peut-on parler d'une expérience privilégiée ? Le problème d'une formation autonome de psychanalyste d'enfants fut soulevé par nos collègues néerlandais, mais fut peu discuté directement. Dans l'ensemble les interventions lui étaient peu favorables, mais chacun semblait se garder d'un jugement trop rapide sur une expérience en cours. À l'inverse, on retiendra la position de Mlle Freud qui a reproché à la plupart des sociétés de psychanalyse de ne pas inclure la psychanalyse des enfants dans la formation de base au nom des positions théoriques jamais explicitement formulées. Une tentative inverse lui apparaîtrait, m'a-t-il semblé, une provocation utile.

En conclusion, ce colloque a démontré le souci des analystes d'enfants de se définir comme n'étant pas seulement des analystes d'adultes, et d'intégrer la spécificité d'une partie de leur expérience dans le champ de l'analyse. En termes peut-être un peu "journalistiques" nous y verrions le passage d'une position défensive de justification à une position plus “offensive”.

Il leur resterait à mieux définir pour eux-mêmes ce qu'ils peuvent apporter à l'analyse et aux analystes qui se contentent de l'analyse des adultes. L'avenir proche nous montrera si la position “offensive” les y aide plus que la précédente. »

L'année qui suivit fut surtout occupée par mes tâches hospitalières et universitaires, conséquences des nouveaux postes qui m'étaient confiés.

J'avais déjà assisté aux deux congrès internationaux de psychanalyse, à Copenhague en 1965 et à Stockholm en 1967. Je n'avais pas participé à celui de Rome en 1969, trop pris par les tâches universitaires parisiennes et, à vrai dire, un peu irrité contre mes collègues qui tout au long de cette période, avaient, malgré la « révolution », continué leurs activités régulières alors que j'avais consacré beaucoup de mon temps à des réunions et des débats un peu dispendieux.

Et en 1971, je découvre Vienne et assiste au retour d'Anna Freud dans sa ville natale. Réconciliation symbolique entre la psychanalyse et la ville de Freud. Anna Freud revient là pour la première fois depuis la guerre ! Je rencontre aussi mon ami Rubinstein, avec lequel je travaille dans le groupe franco-anglais et qui me fait voir son émotion de se retrouver là. Le lendemain, j'apprendrai sa mort subite !

C'est à Vienne que j'eus l'honneur de présenter un premier travail personnel sur la scène internationale. Le thème du débat était la place de l'observation directe du jeune enfant dans la pratique et la recherche psychanalytiques. Il s'agissait pour moi d'adopter un point de vue qui s'inscrivait dans la tradition de l'école d'Anna Freud. Ma formation à la crèche de Parent-de-Rosan, mon souci d'intégrer clinique psychanalytique et pratique psychiatrique, le travail autour du *Normal et le Pathologique chez l'enfant* m'avaient préparé à ce débat. J'étais « opposé » à une jeune collègue de

Buenos Aires, Rachel Zac de Goldstein, avec qui je conserve encore aujourd'hui une solide amitié et qui défendait un point de vue kleinien. Après tout, parler de l'observation directe du jeune enfant de ce point de vue frisait le paradoxe mais il était tout à fait recevable, comme mon souci d'ajouter un zeste de *french* et de Piaget dans mon propos. J'en reçus la récompense quelques années plus tard, quand chargé du chapitre sur « Les fonctions visant à la satisfaction des besoins primaires » dans le traité de psychologie de la Pléiade, dirigé par Jean Piaget, ce dernier crut bon de faire ce commentaire : « Les deux mérites principaux du chapitre de Widlöcher [...] sont une recherche constante des liaisons possibles entre la psychanalyse et la psychologie générale ou la biologie et une connaissance très lucide des questions qui restent à résoudre à cet égard [...]. En un mot, cet auteur s'engage dans une voie que chacun appelle aujourd'hui de ses vœux, celle d'une mise en relation étroite entre les progrès de la psychologie générale et ce qu'on désigne souvent en allemand par "Psychologie des profondeurs". » L'éloge était certes flatteur, mais il pointe bien ce qui fut toujours ma démarche et qui ne me valut pas que des appréciations élogieuses !

À vrai dire, le commentaire de Piaget illustrait bien l'essentiel de l'enseignement que je donnais depuis mes débuts à l'université en psychologie. C'était celui du développement affectif de l'enfant (tel était le terme reconnu), qui se voulait une synthèse des apports de la psychanalyse avec les vues de la psychologie générale, en particulier celles de Piaget, mais aussi celles de Wallon dont les élèves étaient présents dans l'enseignement universitaire de la psychologie de l'enfant, avec Malrieu, Hélène Gratiot, et bien d'autres. C'est ainsi que je participai au *Traité de psychologie de l'enfant*. J'ajoutai toutefois une note plus personnelle par mon intérêt pour la phénoménologie, avec Merleau-Ponty, et l'éthologie animale, avec les travaux de Spitz et de Bowlby, reprenant ceux de Harlow et de Lorenz. J'étais donc psychanalyste, psychiatre d'enfants et psychologue du développement en psychologie.

C'est d'ailleurs à ce titre que j'enseignais, outre à Nanterre, à l'Institut de psychologie et à l'École des psychologues praticiens et que je fus envoyé en mission à Alger durant plusieurs années par les soins d'Hélène Gratiot. Il s'agissait d'aider l'équipe des jeunes psychologues qui venaient de prendre en charge le département de psychologie à la fin de la guerre d'indépendance. Je trouvai dans cet Alger que j'avais quitté en 1962 un esprit d'ouverture et de paix qui me semblait bien augurer de la décolonisation. Cette indépendance, il ne s'agissait pas de dire qu'elle avait été conquise par les Algériens mais qu'elle était la suite normale de l'Algérie française. Avec le départ des Pieds-Noirs, que personne ne regrettait guère, on retrouvait l'image d'une culture française respectueuse de l'identité du Maghreb dans ses composantes arabe et kabyle, et dans un esprit de laïcité. C'est du moins celui que je trouvais chez les anciens du FLN. Malheureusement, après une dizaine d'années, les autorités ont imposé la langue arabe exclusive dans l'enseignement. Nous avons vu arriver des manuels publiés en Syrie et qui n'étaient que la traduction en arabe de médiocres manuels de langue anglaise ! Une nouvelle décolonisation s'est installée et de nombreux enseignants algériens ont pris le chemin de l'exil. Pour pallier les difficultés réelles que rencontrait l'autonomie, dues en partie aux conséquences de la politique coloniale et centraliste antérieure, un climat religieux et revanchard s'est instauré ! Mon ami Boucelbci fut égorgé à l'entrée de son service hospitalier. Nous devons continuer à maintenir une étroite amitié avec ceux qui ne sont pas prisonniers de cette idéologie.

Mais je reviens à la politique. Ou du moins la politique revient à moi. Il s'agit cette fois de la Fédération européenne de psychanalyse.

En 1971, la Fédération européenne a deux ans d'âge. Raymond de Saussure annonce qu'il ne veut pas continuer à en assurer la présidence. Deux candidats se présentent : Lebovici de Paris et Sandler de Londres. Aucun ne lâche prise. On ne peut décider l'un à céder la place à l'autre. Aucun n'accepte, et probablement (mais je n'étais pas dans le secret des dieux), l'IPA devait-elle être derrière cette affaire. Les collègues européens comme les Saussure et d'autres découragent les deux candidats. Wilhelm Solms, un neutre viennois, est alors élu et me choisit comme secrétaire.

Q : C'était quand même un des thérapeutes de l'homme aux loups.

DW : Wilhelm Solms ?

Q : L'un des derniers thérapeutes de l'homme aux loups.

DW : C'est vrai. L'homme aux loups était à Vienne !

Lebovici, je le connaissais à peine en arrivant à Vienne. Quant à Sandler, je l'avais un peu connu lorsque j'avais fréquenté la Hampstead Clinic. Il m'avait invité chez lui et avait un peu joué vis-à-vis de moi au grand frère : « Il faut que je t'initie à ce qu'est la psychanalyse internationale, tu ne vas pas continuer à rester enfermé entre tes lacano-freudiens de l'APF et Lebovici, je vais te faire goûter quelque chose d'autre... » Cela passait d'ailleurs aussi par le goût des cigares : nous en avons beaucoup fumé ensemble. Mais c'est surtout après le congrès de 1971 que je suis devenu très ami avec les Sandler. Nous parlions des heures et des heures ensemble de la psychanalyse. Je connais très bien Anne-Marie, ses enfants venaient dans ma maison, mes filles sont allées l'une après l'autre chez les Sandler... Bref, nous avions des échanges de proches.

Sandler est devenu vice-président de la Fédération européenne, comme Lebovici, et moi secrétaire général, tâche que j'ai appris à connaître et qui consiste à mettre tout le monde ensemble et à gérer comme on peut les choses, surtout que Solms était un homme très pacifique, qui ne voulait pas trop « se mouiller ».

Résultat : je suis revenu de Vienne en étant le secrétaire de Lebovici pour l'organisation du congrès de Paris et celui de Solms pour la corrélation de la Fédération européenne. J'étais arrivé anonyme pour assister à un congrès et je repartais avec mon billet d'entrée dans la politique internationale.

Mais je dois dire que je préférais être le secrétaire de la Fédération européenne que d'organiser le congrès de Paris. Quand j'ai suggéré à Lebovici de choisir quelqu'un d'autre pour cette mission, il m'a répondu que l'un n'empêchait pas l'autre, bien au contraire. Du côté de la Fédération européenne, celle qui a exercé une influence importante pour moi sans que je m'en rende compte, c'était Janice de Saussure. Elle voulait trouver en France des jeunes qui puissent jouer un rôle international. Anna Freud avait dû lui souffler : « Le petit Widlöcher, il a l'air très bien... » J'avais d'ailleurs senti comme une conjuration en quittant la maison des Saussure, peu auparavant, quand s'était tenue cette fameuse réunion des psychanalystes d'enfants et où j'avais vu tout à coup Raymond de Saussure, Anna Freud et Janice de Saussure me dire au revoir ensemble. Je m'étais dit : « Je me suis fait des amis. » J'avais été un peu étonné de l'accueil que j'avais reçu. C'est ce qui expliquerait que les Saussure ont sans doute suggéré mon nom à Solms pour la Fédération européenne.

Et puis, la France restait importante en Europe. Surtout qu'avec la scission, il existait désormais deux sociétés reconnues et le groupe lacanien, derrière, qui attaquait.

5

Un matin à l'Unesco

Juillet 1973. Le nouveau congrès international de psychanalyse, le vingt-huitième, va se tenir à Paris. Depuis deux ans, jour après jour, nous avons travaillé autour de Serge Lebovici, qui n'a pas ménagé sa peine, ni la nôtre : une à deux heures par jour en moyenne, qu'il a fallu intégrer dans un emploi du temps déjà chargé. Il est vrai que le secrétariat de la Fédération était une tâche agréable et facile, avec Solms et des amis charmants que nous réunissions périodiquement à Paris, place Dauphine au siège de l'APF, et autour d'un bon repas, en face, Chez Paul. Pour ce qui est de l'organisation du service hospitalo-universitaire, le fait que le quartier général et tout le secrétariat du congrès se tiennent à la Salpêtrière permettait le cumul des activités. Il restait à loger tôt le matin et tard le soir les séances d'analyse. Heureusement, mes responsabilités au sein de l'APF demeuraient réduites.

Ce dernier lundi de juillet devait s'ouvrir le congrès. Le thème, au choix duquel j'avais activement participé, était l'hystérie. C'était un sujet que je connaissais assez bien et sur lequel je publiais régulièrement en raison de ma pratique dans un milieu à dominante neurologique. J'avais notamment découvert que l'hystérie n'y avait pas disparu... à la différence du cabinet de consultation des psychiatres. Hystérie et dépression allaient être les domaines de recherche de l'équipe de psychiatres et de psychologues que j'allais diriger à la Salpêtrière durant vingt ans.

Mais ce matin-là, j'étais tout entier mobilisé par le souci d'accueillir les quelque deux mille psychanalystes qui s'étaient inscrits au congrès. Les jours précédents, les représentants des instituts de formation s'étaient réunis en précongrès et les membres du conseil de l'IPA dans de longues sessions, sous la présidence de Leo Rangell, dont c'était la fin du mandat. Ne participant pas à ces « conclaves », j'avais pu me consacrer à mes fonctions d'intendance. Le dimanche soir, la réception d'accueil se tenait au palais de l'Unesco, où nous avions la chance de tenir le congrès. Au cours des six heures qui s'étaient écoulées, j'avais pu passer la revue de nos troupes, de nos collègues en charge de l'accueil, des services derrière les buffets et jeter un coup d'œil sur les tables largement pourvues pour les deux mille participants, avec leurs cohortes de petits-fours, leurs régiments de sandwiches, leurs colonnes de petits pains et l'immense réserve de cavalerie des bouteilles massées à l'arrière du champ de bataille. Derrière les portes encore closes, j'entendais le grondement montant des congressistes venus à l'assaut, à peine descendus de leur avion.

À l'heure précise, je fis ouvrir les portes et laissai la tempête se porter sur les tables du buffet. Durant les heures qui suivirent, il me fallut saluer les uns et les autres (je commençais à connaître quelques centaines d'entre eux) et en même temps veiller à m'assurer que Heinz Kohut, le père de la psychologie du soi, avait bien trouvé le médicament qui lui manquait, que Rangell avait bien un taxi réservé à l'heure pour rentrer à l'hôtel, m'excuser auprès d'un tel que son nom ait été omis sur le programme ou vérifier que tel autre avait bien trouvé une chambre. Quand la déferlante s'apaisa, que la salle se vida, je constatai avec des sentiments mêlés que le champ de bataille ne contenait que des cadavres et qu'il ne restait rien, mais rien, du somptueux buffet que nos moyens financiers fort aisés nous avaient permis d'offrir. Les psychanalystes étaient autant que n'importe qui d'autre susceptibles de régresser aux appétits et aux dépendances les plus infantiles !

Le lendemain matin, à 6 h 30 précises, je rejoignis Lebovici dans le petit bureau de l'Unesco que nous nous étions réservé. Là, j'appris que les tensions politiques avaient agité les responsables avec autant de force que l'appétit des autres. Il fallait trouver un successeur pour Rangell. Un candidat s'était proposé : Alexander Mitscherlich. C'était grâce à lui que la psychanalyse allemande avait pu se relever des cendres de la guerre et se dégager des relents de nazisme qui restaient attachés aux membres de la société d'avant-guerre demeurés à Berlin. Certains de ces derniers avaient clairement collaboré à l'idéologie nazie ; d'autres s'étaient retirés discrètement, mais non sans prendre des distances vis-à-vis de la pensée freudienne. Mitscherlich avait donc créé une nouvelle société qui avait vite été reconnue par l'IPA. Lui-même était allé passer quelques mois à Londres, auprès d'Anna Freud, exemple que celle-ci m'avait invité à suivre quelques années plus tard. Sa personne était inattaquable, mais l'idée d'un président allemand déplaisait à beaucoup. Si bien qu'un ancien président, l'Anglais William Gillespie, avait été sollicité et avait demandé à mon ami Peter Hildebrand, alors vice-président de la FEP d'être son secrétaire. Gillespie était aimé et respecté de tous, il avait su jadis résoudre le conflit très vif entre la société britannique et Anna Freud, qui avait voulu créer sa propre société à partir de la clinique Hampstead qu'elle avait fondée. Outre celui de Gillespie, le nom de Lebovici aurait alors été prononcé. Celui-ci m'informa qu'il n'était pas opposé à se présenter, mais pas contre Gillespie. Il faut dire qu'à l'époque, c'était au conseil sortant de formuler une proposition (ou plusieurs) à soumettre au vote de l'assemblée générale qui devait se tenir le mercredi suivant.

Mitscherlich ne souhaite pas un quelconque affrontement et se retire ; Gillespie hésite, poussé à résister par Hildebrand, qui est furieux contre Lebovici et que je sais ami de collègues parisiens ne portant pas non plus ce dernier dans leur cœur. Lebovici me précise qu'il va demander à Évelyne Kestemberg d'être son secrétaire général. Ce choix s'impose, Évelyne et lui sont des amis d'enfance, elle participe à tous ses centres d'activité, parle l'anglais à la perfection et connaît fort bien le milieu international. Je fais toutefois remarquer qu'Évelyne n'est pas appréciée de tous. Elle est jugée cassante et très autoritaire. Elle vient de tenter d'imposer la langue française dans les relations internationales et, de ce fait, a déclenché de vifs conflits avec des collègues (nord-) européens. Lebovici hésite encore et va s'entretenir avec Gillespie. Nous nous arrêtons là, car le congrès commence et je ne pense plus à cette histoire qui me laisse, à vrai dire, indifférent. Mes intérêts cliniques et universitaires m'occupent suffisamment pour les années à venir.

Le lendemain matin, à la même heure, Lebovici m'annonce que son nom sera proposé, seul, et me demande d'assurer le secrétariat de l'association. Les raisons qu'il avance sont notre très amicale collaboration au cours de ces deux années passées, mes qualités diplomatiques (toujours elles !) et les réflexions qu'a fait naître en lui notre conversation de la veille à propos d'Évelyne. Je me trouve extrêmement gêné d'avoir exprimé le fond de ma pensée, mais surtout de n'avoir pas un instant (consciemment) imaginé qu'il puisse faire appel à moi. La situation me rappelle celle de Vienne. Décidément, je ne comprenais rien, ou ne voulais rien comprendre, à la position que je tenais et que je continuais à développer à mon insu. Mais laissons là mon (auto) analyse, bien d'autres pourraient la faire ! Ce qui me faisait accepter ces fonctions, c'était qu'elles me plaçaient à proximité du pouvoir, mais au deuxième plan ; j'étais témoin de bien des secrets, mais ma position restait discrète.

L'élection ne souleva aucun problème. Green fut élu vice-président, Edward Joseph trésorier. (Un Américain, selon la tradition ! Et ce, malgré l'avis d'Anna Freud, qui n'assistait d'ailleurs pas au congrès.)

À la Salpêtrière, les unités de psychiatrie étaient morcelées, mais, fort d'une tradition remontant au XIXe siècle, c'était l'un des rares hôpitaux généraux où la pratique de la psychiatrie persistait.

Charcot n'était pas psychiatre. On avait donc créé pour lui un service de neurologie mais, à côté, des services de psychiatrie étaient dirigés par des hommes dont les noms sont restés en mémoire. Leurs statues figurent à l'entrée de l'hôpital, formant comme un arc de cercle et montrant bien l'importance de la psychiatrie au XIXe siècle en ce lieu. Charcot n'aimait pas les psychiatres et ceux-ci ne l'aimaient pas. Quand il a commencé à s'intéresser à l'hystérie, ils ont trouvé qu'il s'occupait d'un terrain qui n'était pas le sien. La preuve en est que, quand les psychologues sont venus à la Salpêtrière, ils ne sont pas allés du côté des psychiatres, mais du côté de Charcot. Cela a été vrai pour Janet et pour Freud, qui est venu effectuer un stage en neurologie. La psychiatrie existait, mais elle était étouffée par la personnalité de Charcot. Après sa mort, la neurologie a gardé un lustre important, tandis que la psychiatrie a dépéri quelque peu. Après la guerre de 1939-1945, il avait été convenu qu'elle disparaîtrait de la Salpêtrière, que l'hôpital ne serait qu'un hôpital de neurologie et de médecine générale.

À ce moment-là, on a confié à Léon Michaux, qui était médecin des hôpitaux de Paris mais psychiatre (un des rares dans ce cas), le soin de « liquider » ce service qui était moribond. Au lieu de cela, il a développé une consultation et un service de lits très actifs, quoique peu nombreux. Comme il était ami avec le directeur général de l'Assistance publique d'alors, il a été convenu qu'on ne supprimerait pas la psychiatrie à la Salpêtrière, mais qu'on lui laisserait au contraire le soin d'organiser le service. Et quand Heuyer, titulaire d'une chaire de psychiatrie de l'enfant a été rapatrié des Enfants malades pour créer un grand service de psychiatrie de l'enfant à la Salpêtrière, il s'est trouvé deux services. Lorsque Heuyer a pris sa retraite, Michaux a hérité aussi de la charge de son service de psychiatrie de l'enfant. Or ce secteur ne l'intéressait pas du tout. En outre, il était situé à l'autre bout de l'hôpital, loin de son bureau. « Je suis comme un joueur de rugby, me disait-il, je pars de mon bureau avec le ballon pour aller m'occuper des enfants, mais l'hôpital est tellement grand que je vois untel qui me parle, untel qui me pose une question, je traverse toutes les cours et, quand j'arrive au bout du compte, il est midi et je n'ai plus qu'à m'en aller ! »

C'était une plaisanterie, mais il métaphorisait, si je puis dire, le fait qu'il y avait rupture : Heuyer avait été avec Lebovici le créateur de ce service ; lui en avait hérité et ne l'aimait guère. Lorsque Duché a pris la succession de Michaux, la situation s'est inversée : à l'origine, Duché n'était pas psychiatre, mais pédiatre devenu pédopsychiatre. Il a beaucoup fait pour le service de l'enfant, mais ne s'occupait guère du secteur adulte. En fin de compte, en 1968, Castaigne, le doyen de la faculté de la Pitié-Salpêtrière, a sauvé ce service qui dépérissait à nouveau en lui ajoutant les lits de psychiatrie qui s'étaient égrainés dans les services de neurologie et qui étaient pris en charge par des neurologues. Consommant la rupture entre la neurologie et la psychiatrie, il a décidé de regrouper tous ces petits noyaux éparpillés et d'en faire un service unique, à charge pour celui qui en aurait la responsabilité de les coordonner et de leur redonner une unité. C'est précisément cette tâche qui m'a été confiée.

Quand j'ai pris mes fonctions, je courais d'un service à l'autre, mais je n'étais plus le joueur de rugby qui se faisait arrêter, je courais pour voir les malades et pour essayer surtout de recréer une unité entre ces différents éléments qui ne se connaissaient pas ; le personnel infirmier ne se connaissait pas, les assistantes sociales qui travaillaient d'un côté ne connaissaient pas les autres. Il a ainsi fallu regrouper, organiser, coordonner. Entre 1971 et 1975, cela m'a beaucoup occupé.

Un des problèmes qui se posait à moi était qu'au fond, j'étais psychiatre, mais aussi réputé psychanalyste. Je n'étais donc pas perçu comme « classique ». « Ah, vous allez vous occuper de psychosomatique, vous allez faire de la médecine "psychologique" », me disait-on. C'est sans doute ce qui fait que j'ai orienté mon activité de recherche dans une perspective assez originale, je crois : le lien entre l'action du médicament et celle de la psychothérapie. Tout mon travail pendant des années a été de coordonner cette articulation. Je trouvais que la psychiatrie de l'époque était profondément divisée (elle l'est encore quelque peu malheureusement) entre une psychiatrie psychodynamique, qui refusait le médicament, et une psychiatrie du médicament, qui méprisait l'approche psychothérapeutique et psychanalytique.

Par conséquent, j'étais dans une position assez exceptionnelle de fusion, et toute mon activité d'enseignement pendant des années a consisté à inciter à prendre en compte ces deux directions. Je les ai aussi développées dans une perspective de recherche. Il s'est trouvé en effet que j'ai rencontré là un professeur de pharmacologie très ouvert, qui est devenu un très grand ami : Pierre Simon. Je l'ai intéressé à cette approche psychologique. Nous avons ainsi étudié les fonctions psychiques sur lesquelles opère le médicament et en quoi elles s'articulent ou pas avec les fonctions psychiques impliquées dans les actions psychologiques psychodynamiques et dans les psychothérapies psychanalytiques. D'où mon intérêt pour la dépression, parce qu'elle me paraissait exemplaire sur le plan de la pratique comme de la recherche de ce lien entre une médication efficace d'une part et une action psychothérapeutique de l'autre. Nous avons essayé d'y voir plus clair aussi bien sur la prescription, le diagnostic que sur les mécanismes impliqués. Voilà qui explique que je passe pour quelqu'un qui a pu, pendant un temps au moins, enseigner une psychiatrie que l'on pourrait qualifier de compréhensive et de globale, puisqu'elle était autant tournée vers les approches psychothérapeutiques que vers le respect et l'utilisation du médicament.

Qu'était-ce qu'un psychanalyste qui, tout d'un coup, se trouvait au centre d'un service de psychiatrie comportant nécessairement un aspect biologique et devant recourir aux médicaments ? Voilà ce que je me suis alors demandé. Comment devais-je me situer ? Car je ne souhaitais pas dire, comme cela a souvent été le cas : moi, je suis psychanalyste, c'est mon assistant qui est le biologiste de service. Je ne voulais pas laisser faire le travail par d'autres. Je tenais à l'assumer. Dans ce contexte, les antidépresseurs étaient des produits très spécifiques, très caractéristiques, ayant des effets bien observables, pour des symptômes bien repérables. La question était donc : qu'est-ce qui faisait que le déprimé était « guéri » par un antidépresseur ? Et donc comment articuler la souffrance psychique et la psychogenèse de la dépression et de la mélancolie en même temps que l'on comprenait le mode d'action du médicament ?

C'est ainsi que j'ai développé une théorie à laquelle j'adhère toujours, mais qui n'a pas été retenue très explicitement : celle du ralentissement psychomoteur. Selon moi, la maladie maniaco-dépressive est psychosomatique ; c'est une organisation du fonctionnement de l'appareil psychique qui ou bien se met à être en tachypsychie (c'est l'aspect maniaque) ou bien, au contraire, dans un ralentissement caractérisé par de la fatigue, une absence d'intérêt, d'énergie. On a là deux souffrances neuropsychologiques, si l'on peut dire, qui sont assez fondamentales et sur lesquelles les médicaments agissent dans un sens ou dans l'autre. Le problème est : qu'est-ce qui fait que quelqu'un va connaître un ralentissement psychomoteur sur lequel les antidépresseurs peuvent agir ? Un antidépresseur n'est pas un médicament de la tristesse, de la mélancolie ; c'est un médicament du ralentissement psychomoteur, de l'inhibition, comme on disait au XIXe siècle. Je me suis aperçu que cette théorie était loin d'être nouvelle. Elle avait entraîné énormément de travaux. Au fond, ce qui caractérisait la mélancolie, ce n'était pas la tristesse, c'était l'inhibition, la perte de la capacité de réaction motrice et intellectuelle.

Un autre champ de la psychopathologie neuropsychiatrique m'a beaucoup intéressé à cette période : c'est celui de la schizophrénie et le rôle important que jouent dedans les altérations cognitives. C'est en effet une maladie caractérisée par des altérations cognitives élémentaires que l'on peut cerner assez bien et qui sont également modifiées par les neuroleptiques, mais d'une manière très différente de celle des antidépresseurs. Il y a là une dimension qui est en quelque sorte non psychogénétique. Tout cela, je l'ai illustré dans de nombreuses publications, dont les *Logiques de la dépression*, qui consistaient à défendre le pluralisme des approches et à montrer que les mêmes troubles pouvaient être considérés de différentes manières, selon que l'on se centrait sur telle ou telle particularité. C'est peut-être ce qui explique que le livre ainsi intitulé a été beaucoup plus lu que les autres, car il intéressait un bien plus grand nombre de personnes et de patients.

À partir d'octobre 1971, en parallèle avec ce travail hospitalier, il fallait organiser le congrès de l'Association psychanalytique internationale, qui devait se tenir à Paris fin juillet 1973. Nous avions eu, Lebovici et moi-même, l'audace de proposer qu'il se tienne là. Le conseil de l'IPA de l'époque et son président Leo Rangell y étaient sans doute favorables. J'ignore au fond quelles raisons avait eues en 1973 Lebovici de le proposer. Pensait-il déjà que la question de la succession de Rangell se poserait et peut-être que le temps d'élire le premier président français était venu ? Pour ma part, j'étais surtout pressé de voir là la consécration de l'APF sur la scène internationale, après toutes les menaces que nous avaient fait redouter nos amis demeurés lacaniens ! Victor Smirnoff, mon alter ego comme représentant de l'APF, était très réticent. Et je supposais que Granoff devait l'être. Sans doute par hostilité envers Lebovici et la SPP en général. Quoi qu'il en soit, le conseil de l'époque, présidé par J.-B. Pontalis, a donné son aval et nous nous sommes mis au travail dès la rentrée. Serge et moi étions entourés de Jean Kestemberg, comme trésorier, d'Évelyne Kestemberg et de J.-B. Pontalis, en tant que vice-présidents. Présidents de nos deux sociétés, ils étaient appelés à ouvrir le congrès.

En réalité, quand le congrès ouvrira ses portes en juillet, je serai le nouveau président de l'APF mais, jugeant incorrect de prendre la parole, je laisserai ce soin à J.-B., ce qu'il fera remarquablement en prononçant une allocution d'ouverture très appréciée. Le doyen Castaigne, qui assistait à la cérémonie, me fit part de son admiration pour le style de la présentation et d'ajouter : « Ni vous ni moins ne pourrions en faire autant. Nous ne sommes que des médecins et nous avons dû passer des années à présenter des concours. Pontalis n'avait qu'à se pénétrer de notre langue... » Pour ma part, je me mets au travail. Tous les matins, nous nous retrouvons avec Serge dans mon bureau de la Salpêtrière à 8 heures, avec notre secrétaire, ma belle-sœur Odile. Nous cherchons une société d'organisation de congrès, comme il est d'usage. Mais les prix demandés sont trop élevés aux yeux de Jean Kestemberg. Nous convenons donc que nous assumerons toute l'organisation. Charge qui nous a valu des bénéfices financiers très appréciables, mais un travail quotidien non moins appréciable. Il est vrai que Serge a mis la main à la pâte avec l'énergie qu'on lui connaissait. Bonne nouvelle également, je ne sais comment, il est parvenu à disposer de l'Unesco, ce qui nous a considérablement facilité la tâche.

Période épuisante où je n'ai guère que le matin de très bonne heure et le soir tard pour mes psychanalyses, le reste du temps étant partagé à l'hôpital, entre le congrès, l'organisation et les soins hospitaliers, l'enseignement universitaire de la psychiatrie. Ce qui facilitera les choses sur ce dernier plan, c'est l'aide du Centre de santé mentale du XIIIe arrondissement, où pratique et enseigne Lebovici.

Du côté de l'Association psychanalytique internationale, il nous faut travailler avec le secrétariat administratif de Londres et sa secrétaire, Irène Auletta, qui entend bien contrôler de très près l'organisation du congrès et qui, par la suite, au vu de notre efficacité, nous a fait une entière confiance. Plus compliqués étaient les rapports avec les collègues étrangers.

J'avais fait immédiatement pression pour que soit retenu le thème de l'hystérie. Je me suis toujours intéressé à l'hystérie de conversion, dont la pathologie, aux confins de la neurologie et de la psychiatrie pratiquées à la Salpêtrière, me donnait une expérience rare. La confronter à la psychanalyse contemporaine me semblait digne d'intérêt. Et puis, il y avait Paris, Charcot et Freud, la Salpêtrière... L'idée fut retenue sans difficulté et le comité scientifique chargé d'en dessiner le programme. Il était animé par André Green et Pearl King, de Londres, pour l'Europe, et Edward Weinsbell, pour l'Amérique. Serge et moi n'étions pas censés nous en occuper ; il nous fallait nous en tenir à l'aménagement matériel ! Un autre comité était chargé d'organiser un précongrès consacré aux questions de formation. Évelyne Kestemberg, censée le présider avec un collègue hollandais, Treurniet, fut rapidement tancée pour utiliser le français aux dépens de l'anglais dans ses échanges écrits et oraux, langue que malheureusement peu de collègues étaient en mesure de lire, et encore moins de parler ! Je compris aussi très vite que je venais d'entrer dans un cercle d'une centaine d'analystes qui avaient l'habitude de participer à tous les échanges internationaux et, il faut le dire, de donner beaucoup de leur temps et un grand enthousiasme pour une cause, celle de la diffusion psychanalytique dans le monde. Ce cénacle laissait le reste des deux à trois mille membres de l'Association dans un désintérêt et une indifférence notoires. D'un autre côté, je venais d'être introduit *de facto* et accueilli avec beaucoup de chaleur. Contrairement à certains préjugés selon lesquels la gestion de l'IPA était entre les mains d'un groupe jaloux de son pouvoir, fier de ses prétentions scientifiques et rigide dans ses convictions dogmatiques, ce cercle allait s'ouvrir très largement, grâce en partie aux efforts de notre « administration », toujours heureuse d'accueillir de nouveaux participants, très tolérante quant aux orientations scientifiques, mais reposant sur la confiance que chacun participait de la même pratique et des mêmes références freudiennes de base. La taille en plus, le climat s'apparentait davantage à celui du club qu'à celui d'une corporation syndicale ou universitaire.

Du point de vue de l'organisation matérielle et sociale, le congrès fut de l'avis de tous un succès. Les congressistes eurent droit bien entendu à une visite guidée de la Salpêtrière ! Les festivités furent élégantes, parisiennes à souhait, organisées par Micheline Castaigne, psychanalyste de la SPP et épouse du doyen. De la partie scientifique je ne dirai rien, étant resté toujours dans les coulisses de l'organisation. C'est d'ailleurs une situation que j'ai souvent rencontrée par la suite. Heureusement d'ailleurs, car j'ai toujours tiré un bien plus grand profit à lire les livres et articles de mes collègues qu'à participer aux conférences.

L'événement de la semaine fut, pour moi, l'élection du nouveau conseil. Leo Rangell ne pouvait se présenter à nouveau, ayant accompli les deux mandats autorisés, saine mesure qui avait été adoptée après les présidences sans fin de Jones et de Hartmann. J'ignorais tout de cette question, mais Serge, qui était alors l'un des vice-présidents et membre du conseil, devait être très au courant. J'appris ainsi brusquement de lui que le choix était ouvert et qu'il était lui-même candidat potentiel. On me croira ou pas, mais je n'y avais jamais pensé, du moins consciemment ! L'autre candidat était Mitscherlich, qui avait fait renaître la société allemande de ses cendres corrompues par le nazisme. Anna Freud devait lui être favorable, mais nombreux semblaient être ceux qui jugeaient une présidence allemande bien prématurée. Dans l'indécision, on envisageait sérieusement que William Gillespie puisse reprendre du service avec l'aide de Hildebrand comme secrétaire général. Je connaissais ce dernier, qui était vice-président de la Fédération européenne. C'était un homme agréable et mystérieux. Et ses propos provocants me faisaient penser qu'il était un brin « gauchiste ». On m'affirma que c'était le contraire et qu'il était très conservateur. C'est lui qui m'avait dit, quelques semaines auparavant, que nous aurions un jour à payer pour pouvoir pratiquer une psychanalyse avec un patient. N'oublions pas que nos amis d'outre-Manche pratiquaient au rythme de quatre à cinq séances par semaine et savaient fort bien que nous en restions à trois, différence qui devait soulever les difficultés que nous savons vingt ans plus tard. En tant que responsable avec Smirnoff du bulletin de la Fédération, il m'avait quelque peu agacé : tous deux considéraient cette fonction comme une chasse gardée, disposition que j'ai par la suite retrouvée chez tous ceux à qui on confie la responsabilité d'un bulletin ou d'une revue.

Gillespie avait été le président « européen » de l'IPA dix ans auparavant et il s'était gagné une réputation de sage négociateur en calmant le conflit entre Anna Freud (et la

Hampstead Clinic) et la Société britannique, querelle qui avait failli provoquer une scission au sein de cette dernière. Finalement, Serge Lebovici décide de se présenter et Gillespie se retire. Hildebrand, qui visiblement n'aimait pas Lebovici, est furieux, mais Gillespie soutient sa candidature. On connaît la suite et ma nomination comme secrétaire général. Lors de l'assemblée générale, l'élection est une formalité. Tout le monde s'attendait à celle d'Évelyne Kestemberg, qui m'accepte pourtant, avec beaucoup d'amitié et de *fair-play*. À l'APF, on me congratule. Mes collègues semblent fiers de voir leur président décrocher cette place à l'IPA. Et Castaigne me donne son aval alors que je prends les charges hospitalo-universitaires à la Salpêtrière.

Le nouveau conseil se réunit. Je retrouve comme président « sortant » Leo Rangell, comme vice-président Frances Gitelson. Les autres me sont inconnus : Edward Joseph, le trésorier (américain, comme il est d'usage), les autres vice-présidents (deux par région) et les secrétaires associés, nommés également par le président. On notera que, dans la composition de l'époque, huit membres étaient élus et quatre nommés par le président. Il est vrai que ne participaient à l'élection que ceux qui assistaient au congrès. C'est dire qu'à l'époque, le président de l'IPA jouissait d'une très grande autorité. Rangell, un fidèle d'Anna Freud, très attaché à la psychologie du moi, avait sans trop de difficultés suivi une politique paternaliste et tranquillement conservatrice. Le nouveau conseil n'avait aucune raison de s'attendre à un changement. Très vite, cependant, Lebovici prit l'habitude de le consulter pour toute décision importante. La première fut la préparation du congrès de 1975, qui se tint à Londres. Cela allait permettre à Anna Freud de se préparer à une présence active dont elle ne nous avait pas gratifiés à Paris (ou du moins lui enlever toute raison de ne pas le faire...). Le comité chargé du programme a accueilli favorablement le thème de

« L'avenir de la psychanalyse ». Un débat centré sur ce sujet devait avoir lieu entre Rangell et Green. Mon intérêt pour les débats vifs se faisait déjà jour. La joute fut à la mesure de nos attentes et du narcissisme des deux orateurs.

Le congrès de Paris ayant été largement bénéficiaire, nous étions assez riches pour lancer des invitations, et d'autant plus libres que nous pouvions nous vanter d'avoir gagné cet argent par notre propre travail. L'habitude fut aussi prise de tenir chaque année une réunion de quelques jours rassemblant tous ceux qui travaillaient pour l'administration de l'Association dans les différents « comités ». Une quarantaine de personnes venant des trois continents (Europe, Amérique du Nord, Amérique latine) participaient ainsi à des colloques sur des thèmes touchant la vie de la psychanalyse dans la société en changement ; ils assuraient une claire confrontation entre points de vue divers. Nous voulions ainsi montrer que ce cercle de représentants actifs de l'IPA était le fondement non seulement de sa vie institutionnelle, mais aussi de son questionnement intellectuel. Des publications annuelles devaient assurer la diffusion des travaux. Si le cercle dont je parle n'existait au départ que dans mon imagination (ce que je ne pense pas), du moins a-t-il réellement pris corps du temps de la présidence de Lebovici. Nous n'avons pas à rougir d'être des « ipéistes » !

Une question délicate ne manque pas de surgir dès l'automne 1973 : comment concilier gestion de l'IPA et activités hospitalo-universitaires ? Elle se posait autant pour Serge que pour moi. Mais, après tout, nous venions d'en faire l'épreuve durant les deux années de préparation du congrès. Nous avions l'un et l'autre d'assez bonnes capacités de travail et notre étroite collaboration avait beaucoup facilité les choses. Pour ma part, je dus veiller sur le plan hospitalier à rassembler les unités éparses dans les deux hôpitaux jumeaux de la Pitié et de la Salpêtrière. Des équipes soignantes qui appartenaient à des services différents de neurologie et de psychiatrie durent fusionner, se connaître d'abord, échanger entre elles soins et entretien du service.

Il ne s'agissait pas seulement d'assurer la bonne marche de l'institution, mais aussi de développer la théorie et la clinique nécessaires à une réelle qualité des soins. J'en étonnai et scandalisai plus d'un en m'intéressant aux recherches portant sur le médicament ou en aidant au développement des thérapies comportementales. Combien j'ai été critiqué d'avoir accepté, au moment de sa formation, de succéder à Pichot et à Zazzo, comme président de l'Association de thérapie comportementale, thérapie dont je n'ai jamais eu la pratique, mais dont j'ai toujours reconnu l'utilité !

Q : À la lumière des débats actuels, vous ne regrettez pas ce parrainage ?

DW : Dans le cadre de mes intérêts interdisciplinaires, j'avais toujours pris au sérieux la place du processus d'apprentissage dans le cadre de la formation de la personnalité et de l'organisation du caractère. Que des pratiques ciblées sur des conduites précises puissent en modifier l'exécution ne me choquait pas. Freud n'avait-il pas illustré ce retour du « cuivre de la suggestion » par une pratique de déshabituation d'un comportement phobique ? Que des psychologues s'engagent dans ces pratiques de soin ne me choquait pas et, de par mes fonctions, j'acceptais de soutenir ce petit groupe de praticiens et leurs pratiques. Sans y recourir, j'ai pu au fil du temps en voir l'utilité et même, dans certains cas, constater leur complémentarité avec la psychanalyse. Mais ce soutien m'a été vivement reproché par de nombreux psychanalystes qui ont dénoncé ces méthodes comme une agression contre la psychanalyse. Dans mon enseignement, j'ai toujours veillé à montrer la différence radicale entre les deux méthodes, mais aussi la nécessité de se dégager d'un débat idéologique. Ainsi, plus tard, quand la situation s'est inversée et que j'ai vu les « comportementalistes » critiquer la méthode psychanalytique et collaborer à des controverses polémiques, à l'occasion du *Livre noir de la psychanalyse*, j'ai très fermement adressé une protestation à la Société de thérapie comportementale et donné ma démission de membre honoraire. Décidément, les querelles corporatistes et leurs habits idéologiques rendent difficile le véritable débat interdisciplinaire.

Heureusement, entre l'hôpital et l'IPA, il y avait l'enseignement. Celui-ci assurait une cohérence intellectuelle grâce à la psychopathologie et la psychanalyse. J'enseignais la psychiatrie aux étudiants en médecine en donnant une large place à l'approche psychanalytique. Et ce, en étroite collaboration avec Lebovici et le Centre de santé mentale du XIIIe arrondissement. J'enseignais aussi la psychopathologie aux étudiants de l'Institut de psychologie en accordant une large place aux apports transdisciplinaires. Au moment où le département des sciences humaines cliniques, sous la direction de Jeanne Favez-Boutonier, préparait ce qui allait constituer l'amorce du département de psychanalyse de Paris-VII, avec Hélène Gratiot et Claude Lévy-Leboyer, nous préparions avec les équipes restantes de la Sorbonne, celles de Paul Fraisse et de Colette Chiland, ce qui allait devenir la psychologie à Paris-V.

J'étais très conscient de l'importance des tâches qui m'attendaient dans les domaines hospitaliers et universitaires, mais je pensais que celles du secrétariat de l'IPA seraient moindres. Ce fut le cas quant à la gestion proprement dite. Le secrétariat administratif de Londres était très efficace et nous ne trouvions guère de dossier embarrassant sur le plan général. La question pendante était celle de la psychanalyse de l'enfant, qui avait déjà largement mis à mal les relations entre Anna Freud et la Société britannique. Anna

Freud avait créé à la Hampstead Clinic un véritable centre de formation de psychanalystes d'enfants. Elle aurait souhaité qu'il constitue une société indépendante au sein de l'IPA, uniquement spécialisée dans la psychanalyse des enfants. La Société britannique s'y est vigoureusement opposée et le projet n'a pas été retenu. La querelle s'était poursuivie par une initiative de la Société hollandaise demandant un cursus propre aux psychanalystes d'enfants. Souvenons-nous qu'après la mort de Freud, l'héritage du *leadership* de l'institution incombait à Ernest Jones, qui maintenait un certain équilibre entre le groupe vienno-américain et la Société britannique, très puissamment influencée par le groupe kleinnien. Mais à l'arrière de la scène se trouvaient la famille et les amis proches, autour d'Anna Freud. Il faudrait d'ailleurs dire plutôt les amies, en particulier Marie Bonaparte à Paris et Jeanne Lampl-De Groot à Amsterdam. C'est autour de cette dernière qu'un groupe d'analystes hollandais très liés à la Hampstead Clinic allait reprendre le flambeau d'une relative autonomie pour la psychanalyse de l'enfant. Ni Serge ni moi ne pouvions demeurer insensibles à cette question et à la place particulière tenue par l'analyse de l'enfant et plus largement la clinique du développement. Mais nous savions qu'il s'agissait encore là d'un *casus belli* avec les Américains et qu'une brisure de l'IPA était à craindre, comme on l'avait évitée avant la guerre (et grâce à elle !) à propos de l'analyse par les non-médecins. Il nous fallut donc nous employer à calmer le jeu, à persuader Anna Freud du risque encouru. Ce qui bien vite retint notre attention, c'est le travail à mener avec les sociétés composantes et la nécessité de nous rendre auprès d'elles. Nous avions assez d'argent pour multiplier les voyages. Il nous fallait seulement trouver le temps.

6

Une matinée à Rio

L'endroit était sinistre : une pièce de taille moyenne, occupée pour l'occasion par deux longues tables disposées en angle et cinq ou six chaises en matière plastique. Aucune décoration, aucune lumière du jour, une lampe néon pour tout éclairage. C'était là la salle de réunion qui avait été réservée aux membres du conseil de l'IPA à l'occasion du dixième congrès de psychanalyse, qui devait se tenir en Amérique latine. Au sous-sol de l'hôtel « international » récemment construit à l'extrémité de la ville et accroché entre la mer et la montagne, nous y avions accès seulement côté mer, par une sortie de service. Nous pouvions ainsi nous rendre aux piscines jouxtant la plage, mais il fallait traverser de vastes poubelles où les habitants du voisinage venaient trouver leur pitance.

En cette fin de juillet 1974, nous avons tenu réunion, Serge Lebovici, notre trésorier Edward Joseph et moi, avec nos collègues latino-américains membres du conseil. À cette occasion, nous avons examiné la situation générale de la psychanalyse dans ce continent fortement troublé par la lutte entre les dictatures militaires et les mouvements révolutionnaires d'inspiration castriste. A été évoqué plus spécialement le conflit créé entre les deux sociétés de psychanalyse de Rio de Janeiro, autour d'une accusation de complicité avec des opérations de torture policière. L'affaire avait commencé à l'automne 1973, peu de temps après le début de notre mandat. Serge avait alors reçu une lettre du président de l'une de ces sociétés : il évoquait la délation dont était victime l'un de ses candidats à partir d'une lettre anonyme, suspectée venir d'un membre de l'autre société. Un quiproquo avait suivi. Lebovici avait répondu non pas au président de la Société psychanalytique de Rio de Janeiro, le docteur Cabernite, auteur de la lettre, mais à celui de l'autre, la Société brésilienne de psychanalyse de Rio de Janeiro, le docteur Walderedo. Il avait assuré son interlocuteur que, lors d'une visite prochaine, il ne manquerait pas d'examiner avec soin cette question après avoir pris tous les renseignements nécessaires ; il veillerait à ce qu'aucun membre ni élève de l'association ne puisse être victime d'une dénonciation calomnieuse.

L'accusation était grave : il était dit que cet élève servait, au titre de médecin militaire, dans un centre de la police d'État, où on pratiquait la torture sur les prisonniers accusés de « militantisme révolutionnaire ». L'idée de se renseigner par courrier était assez naïve, compte tenu de la nature des faits invoqués et de la situation politique au Brésil. Nos interlocuteurs étaient évasifs, plutôt rassurants. C'est dans ces conditions que nous avons décidé de consacrer nos réunions des deux jours suivants, lors du congrès, à nous saisir de l'affaire en présence des deux présidents de Rio. Ce qui nous frappait, c'était que la question de la délation semblait plus importante que celle des actes imputés au « suspect ». Cabernite se posait en accusateur et Walderedo en défenseur gêné de la « délatrice ». Le premier nous a longuement expliqué que, si les faits étaient avérés, c'était contre la volonté du candidat qu'il avait été impliqué dans ces opérations de police. Il l'a décrit comme « pris au piège » et a expliqué qu'il avait cherché à dénoncer les activités de ce centre. Témoin gênant des basses œuvres de la police, il se retrouvait même menacé dans sa vie. Par ailleurs, Cabernite a exhibé une expertise graphologique permettant d'identifier la dénonciatrice et a proposé de la « neutraliser ». Il nous a fallu de nombreuses heures pour arriver à clarifier cette situation et surtout pour obtenir de Cabernite qu'il fasse comprendre à son analysant qu'il était radicalement exclu qu'il puisse devenir un jour psychanalyste.

Beaucoup de temps a aussi été nécessaire pour obtenir qu'il renonce à identifier la personne qui avait été à l'origine de cette information, puisqu'elle se serait retrouvée menacée par le régime en raison de ses activités de résistance. Finalement, il a promis solennellement d'appliquer ces deux recommandations, promesse orale devant le groupe de témoins dont je suis le seul à pouvoir apporter aujourd'hui le témoignage. Par la suite, Serge Lebovici a rencontré en ma présence la candidate ; c'était à Londres en 1975. Nous ne savions pas ce qu'il était advenu de l'affaire. La dictature laissait peser une chape de plomb sur la vie politique brésilienne. Serge Lebovici, probablement à tort, a préféré garder une totale réserve vis-à-vis de cette collègue, qui lui en a beaucoup voulu par la suite. Ce n'est qu'après la fin de son mandat que j'ai découvert que le nom du candidat restait inscrit sur une liste des élèves de la Société de Rio I. Nous avons immédiatement protesté auprès d'Edward Joseph, alors président de l'IPA, en lui rappelant les engagements de Cabernite, dont lui-même avait d'ailleurs été témoin.

Si je précise ces faits en détail, c'est que Serge Lebovici, par la suite, a été profondément affecté des reproches qui lui ont été adressés et du peu de cas qui a été fait de son témoignage. Il a, bien entendu, en toutes circonstances, soutenu ensuite les différentes tentatives effectuées auprès de la Société de Rio, à laquelle participait ce candidat, pour obtenir son expulsion, puis pour mettre en cause le comportement dépourvu d'éthique de Cabernite. Depuis, le candidat est mort après avoir été radié de l'ordre des médecins et son analyste a démissionné de la Société de Rio, à laquelle il appartenait.

Je dois dire que, malgré mes efforts, nous n'avons, Serge et moi, jamais pu nous laver de l'accusation d'avoir manqué de rectitude en cette affaire. La lettre que nous avions adressée à Cabernite a été brandie par lui-même en même temps qu'il a nié les mesures que nous l'avions « sommé » de prendre au cours de ces journées demeurées secrètes.

J'en garde deux impressions dominantes. Nous apprenions que gérer une association scientifique ne nous empêchait pas d'être confrontés à de difficiles problèmes éthiques (mais aussi à des situations politiques à l'écart desquelles la psychanalyse ne pouvait pas être tenue). Je découvrais aussi que ces dictatures latino-américaines ne répondaient pas au modèle totalitaire dont l'Europe nous avait dramatiquement donné l'image, mais à une sorte de dépolitisation imposée aux citoyens, masquant (voire déniant) le secret d'une hiérarchie nouvelle. Le politique s'abritait derrière le militaire, lequel se réfugiait à son tour derrière le policier pour dispenser le citoyen de toute responsabilité. Nouveau modèle dont nous n'avons pas fini de voir des exemples. La dictature « technique » est-elle le moyen, le seul, de se protéger contre le totalitarisme, même religieux ?

L'autre impression, je la tiens de la longue promenade que Serge et moi avons faite le soir de ces journées dans le magnifique jardin botanique où, à l'écart de toute écoute suspecte, nous sommes revenus sur les dits et non-dits de ces journées. Les institutions psychanalytiques ne sont pas à l'abri des conflits internes, du jeu entre transgression et délation, et de ses effets dévastateurs.

Notre première visite importante, c'est à nos collègues américains que nous l'avons rendue. Très vite, nous avons appris par leurs représentants au conseil que les relations entre l'American Psychoanalytic Association (APA) et l'IPA étaient mauvaises. C'était d'autant plus étonnant que deux récents présidents de cette dernière, Max Gitelson et les

Rangell, étaient américains. Comme beaucoup de Français, je pensais que l'IPA était sous forte influence américaine, idée renforcée par les polémiques qui accompagnaient le conflit avec Lacan. Il m'est apparu au contraire que la présence d'Américains à la présidence et dans les instances de l'IPA, loin d'arranger les choses avec l'APA, entretenait un malaise mutuel. Ceux de l'IPA n'étaient plus tout à fait de vrais Américains et devenaient objet de méfiance de la part de l'*establishment* de l'APA.

Le *Fall Meeting* de cette dernière, en décembre 1973, à New York, avait été l'occasion d'une rencontre très officielle. Les sources du litige n'étaient pas très claires, les cotisations à l'IPA sans doute, qui étaient trop lourdes, mais surtout qui s'ajoutaient à celles que réclamait l'APA à ses membres. Mais ce n'était pas tout. Pour maintenir les Américains dans l'IPA, Jones et son administration avaient dû créer avant guerre le statut d'association régionale. L'APA était la seule association régionale au sein de l'IPA et on ne voyait plus guère ce qui motivait son statut particulier. Cependant, elle regroupait un grand nombre de sociétés locales disséminées sur le sol des États-Unis. Chacune avait la taille d'une société composante de l'IPA et son propre institut de formation ; elle entendait donc bien garder le maximum d'autonomie vis-à-vis de l'APA. Celle-ci avait eu le plus grand mal pour instaurer une instance de contrôle de la formation. Le Board of Professional Standards et son conseil d'administration coiffaient ainsi celui de chaque société locale. Bref, dans l'esprit de la plupart des Américains, il existait deux IPA, l'une sur le territoire des États-Unis, l'autre pour le reste du monde. La question des cotisations devenait un symbole.

Autre conflit en germe, l'APA, société régionale de l'IPA, avait le monopole de la représentativité : on ne pouvait donc reconnaître une société de l'IPA sur le territoire américain. Or il existait nombre de sociétés hors de l'APA, en général ouvertes aux non-médecins, qui souhaitaient rejoindre l'IPA. D'ailleurs, au cours de notre séjour, l'une d'entre elles, qui siégeait à New York, nous avait invités. Il avait fallu dissimuler à nos hôtes de l'APA cette visite très amicale rendue à un groupe issu de Theodor Reik auquel nous avons dû indiquer, malgré notre estime, notre impossibilité de les accueillir dans l'IPA.

Cependant, avec l'APA, le climat s'est détendu. Nous avons compris qu'il fallait traiter ses membres comme des associés et leur faire partager nos projets et nos problèmes de manière à respecter leur position d'intermédiaire. Pour autant, il a fallu un certain temps pour pouvoir envisager des contacts directs entre représentants de l'IPA et responsables des sociétés locales. Quant aux rapports avec les responsables de leurs instituts de formation, n'en parlons pas... En fin de compte, c'était plus un état d'esprit qu'il s'agissait de créer et, à condition de respecter les particularités des règles institutionnelles et les sensibilités de groupe, nous n'avons guère éprouvé de difficultés à nous faire accepter dans un climat de confiance et de cordialité. Que ceux qui dénoncent sans cesse la soumission des « ipéistes » à la « psychanalyse à l'américaine » veuillent bien, un instant, prendre en compte ces nuances. Je pense même que nos amis américains n'étaient pas fâchés de voir la psychanalyse de l'autre continent représentée par autre chose que la tradition britannique. Tant qu'à faire avec des étrangers, les Français amusaient plus que les orgueilleux détenteurs de l'orthodoxie londonienne ; du moins jusqu'à un certain point. Un jeu à trois amuse plus qu'à deux.

Je crois que le terme « ipéistes » remonte à la scission de 1964. Les fidèles à Lacan ne voulaient pas reconnaître que notre mouvement était d'abord une réaction contre la manière dont il exerçait un pouvoir insupportable sur l'institution. Être en analyse avec lui, c'était être son élève, donc suivre (au double sens du terme) son enseignement et participer à la propagation de sa doctrine. D'élève, on devenait militant, mobilisé pour la « cause ». Nos collègues savaient très bien sur quoi portaient nos critiques, d'autant qu'ils en reconnaissaient le bien-fondé. Il leur fallait donc expliquer notre geste collectif par des raisons d'une autre nature. On nous accusait de soulever ce débat en vue de rejoindre l'Association internationale, alors que nous avions le sentiment que c'était parce que nous nous détachions de l'emprise du militantisme lacanien que, naturellement, nous nous retrouvions dans l'Association internationale. Ils inventèrent donc le terme « ipéistes » pour justifier leur explication et ne pas voir les raisons authentiques de notre mouvement.

New York n'était pas notre première visite à l'étranger. Aller à Londres était depuis notre entrée en fonction une routine. Le siège administratif de l'IPA s'y trouvait et j'avais à mener un travail quotidien avec Irène Auletta, notre secrétaire administrative. Elle connaissait l'institution mieux que personne et tous les secrets de son histoire depuis une dizaine d'années ! Tous les membres du cercle, les « ipéistes », lui étaient connus, de Buenos Aires à Stockholm. J'ai même fait la connaissance de sa famille et, grâce à son gentil mari, cuisinier dans un restaurant italien de Londres, appris à confectionner le meilleur *vitello tonato* de toute la Lombardie. Je tiens encore une copie de la recette pour qui le souhaiterait. Il y avait aussi Anne-Marie et Joe Sandler, chez qui, durant des décennies, j'ai résidé chaque fois que je me rendais dans la capitale anglaise. Avec eux, nous parlions « ipéisme » bien sûr, histoire locale, mais aussi psychanalyse et clinique. Qu'est-ce qui séparait nos pratiques ? Des nuances, un style, un fond de croyance plus appuyé chez eux et un zeste de doute chez moi, toujours à l'affût de mises en question. Leur psychanalyse était celle de leurs maîtres, les freudiens viennois de la Hampstead Clinic ; la mienne était toujours celle que j'avais trouvée chez Freud lui-même pour me dégager du gourouisme lacanien ! Derrière eux, il y avait évidemment Anna Freud.

Mais le cercle des relations s'était élargi. Du côté du Middle Group, il y avait l'ami Klauber, celui qui devait saisir que si les Américains, tels les jésuites, faisaient confiance aux œuvres, mon jansénisme me faisait tenir davantage à la grâce. Il y avait aussi Adam Limentani, les Laufer. Masud Khan m'a mis en rapport avec Winnicott. Khan était, quant à lui, très désireux de lier des relations avec l'APF. Plus tard d'ailleurs, il a rêvé d'en faire partie.

J'entretenais aussi les meilleurs rapports avec les kleiniens, parmi lesquels, depuis Genève, je connaissais déjà Betty Joseph et Hanna Segal. Littéralement adopté par un groupe de dames, j'appris de leur bouche comment on pouvait allier le langage kleinien technique le plus cru et l'anglais mondain le plus distingué. Bref, à Londres, la psychanalyse internationale était désormais représentée par un jeune *Frenchie* curieux de tout !

Sur le continent, nous avons évidemment eu à régler, ou du moins à faire se dérouler au mieux, quelques situations de crise, en particulier celle qui a conduit à la scission au sein de la Société espagnole et à la création de la Société de Madrid, alors que la première s'est retirée à Barcelone. Je me souviens du jour où avec Serge, je me suis employé à consoler tout le petit groupe qui venait de se déchirer et de décider la rupture. L'avenir devait montrer que cette décision n'était pas une erreur ; tout faisait pression, les divergences liées à la langue (entre le castillan et le catalan), la politique générale et le particularisme des régions, mais aussi les orientations théoriques plus freudiennes à Madrid et plus kleiniennes à Barcelone. Ailleurs, au contraire, il a fallu songer sinon à ressouder ce qui avait été brisé, du moins à accueillir au sein de l'IPA des groupes qui s'en étaient séparés. Tel fut le cas aux Pays-Bas, où les querelles d'après-guerre persistaient entre le groupe « orthodoxe », autour de Jeanne Lampl-De Groot, et celui de Westerman Holstein, qui souhaitait rejoindre l'IPA. Quinze années ont été nécessaires pour que le rapprochement puisse se réaliser. Par la suite, de nouveaux groupes qui étaient restés hors de l'IPA ont rejoint notre association (en Allemagne, en Autriche, en Suède, en Grande-Bretagne, etc.). L'exemple de notre APF a été largement suivi. J'ai toujours considéré avec sympathie ces retours au sein de l'association mère. Il n'y avait d'ailleurs aucune contradiction entre cette disposition accueillante et le sentiment que mieux vaut une bonne scission qu'une querelle destructrice.

Le moment est peut-être venu de parler de l'Europe de l'Est et du lent et patient travail mené bien avant l'effondrement du totalitarisme communiste. C'est peu de temps après le Printemps de Prague que je me suis rendu en Tchécoslovaquie avant de retrouver nos amis de Budapest, que je connaissais de plus longue date. En Tchécoslovaquie, deux figures comptaient particulièrement : Dozuskov et Kucera, deux personnalités d'avant-guerre qui se détestaient mutuellement. Ils devaient avoir dans les 70 ou 75 ans et avaient formé deux générations de psychanalystes. Convaincus d'avoir joué un grand rôle dans l'isolement total, ils ne s'intéressaient nullement à ce qui se passait à l'extérieur. L'absence de livres ne comptait pas pour eux : ils avaient leur Freud d'avant-guerre en allemand et les textes qu'ils avaient eux-mêmes écrits. Ils n'avaient pas d'argent, c'était évident, mais ils étaient l'objet d'un véritable culte de la part des plus jeunes. On avait affaire là à des momies psychanalytiques. Ils m'ont reçu avec courtoisie, mais avec hauteur comme pour dire : « Nous sommes la psychanalyse tchèque. Il y a eu Freud, il y a eu Vienne, il y a eu Berlin, Londres, et il y a, paraît-il, quelque chose en Amérique. Mais nous, nous sommes à Prague et nous avons survécu. » J'ai retrouvé la même attitude en Hongrie.

La génération suivante, elle, était pleine de respect pour eux, mais avait en même temps le sentiment d'être complètement coupée de la vie psychanalytique. Sa demande d'articles, de livres était forte. Et les questions étaient nombreuses, ce qui a joué un rôle important dans mes rapports avec les Tchèques.

Il faut dire qu'en cette année 1974 l'ambiance à Prague était au plus noir. Les contrôles policiers à l'entrée n'invitaient guère à une chaude hospitalité. Nos amis m'ont vite appris qu'il ne fallait pas que je téléphone de ma chambre, que je me serve de taxis et que je devais marcher dans les rues quelque temps avant de prendre le tramway pour les rejoindre discrètement. Mais la chaleur et l'enthousiasme de l'accueil et le souci de nouer contact avec l'extérieur redonnaient confiance.

Tout autre était l'atmosphère à Budapest. Je connaissais déjà la ville et je savais que l'état d'esprit n'était pas le même. Le Parti communiste hongrois avait tenu compte de la révolte de 1956, déjà ancienne. La politique s'apparentait plutôt à celle du régime de Tito. Je connaissais déjà un peu le pays. Je m'y étais rendu en 1958, au titre de pédopsychiatre invité par Mme Demschak, une pédopsychiatre de nationalité hongroise qui travaillait à la Salpêtrière alors que son mari était directeur de la banque de Hongrie en France. En pratique, il s'occupait des relations économiques entre notre pays et le sien. Elle m'avait proposé d'organiser un voyage d'étude. Et, vu la position de son mari, elle avait de nombreuses relations. Cela ne les empêchait d'ailleurs pas d'être très ouverts. Lors d'un dîner avec le couple et Michaux, ce dernier avait tout à coup déclaré : « Qu'est-ce que vous voulez, la grosse erreur que nous avons faite, c'est de supprimer l'Autriche-Hongrie en 1918 ! » Ce n'était pas chose à dire à un communiste important de l'Est. Mais lui de répondre : « Vous avez tout à fait raison. C'est la grande catastrophe de notre pays. »

L'idée de ce voyage était de visiter des services de psychiatrie. En réalité, il était surtout touristique, car je savais bien que je n'allais pas apprendre des choses extraordinaires dans les hôpitaux. En revanche, elle avait pris contact avec des psychanalystes que j'ai pu rencontrer. Et, dès mon arrivée, j'ai été pris en main par un jeune homme chargé de me guider, un passionné d'Édith Piaf, qui n'hésitait pas à chanter en français quand nous arpentions les rues. Mme Demschak m'a révélé que c'était le fils d'un ministre.

Petit à petit, le jeune homme a commencé à me poser des questions sur Paris et la France, à me confier combien il aurait aimé y aller. Évidemment, je ne me voyais pas lui dire que c'était une horreur capitaliste. Je me contentais d'observer que chaque régime avait ses inconvénients. Mais nous, nous avions des voitures, tout le monde pouvait en acheter une, alors qu'en Hongrie, il fallait une autorisation spéciale, insistait-il. Oui, mais il n'y avait pas que l'argent qui comptait, ajoutais-je, prudent. Un jour, il a fini par exploser : il en avait assez, le régime était impossible. Il ne rêvait que d'une chose : que le pays change vraiment. Toujours est-il que nous sommes devenus très amis et que je lui ai promis de l'accueillir le jour où il viendrait à Paris. Mais je n'ai jamais eu de nouvelles de lui.

Dans les hôpitaux, j'ai découvert que les psychiatres, quoique médecins très officiels du régime, avaient été formés à l'allemande. Même avant la domination nazie, il y avait eu le régime fasciste de l'amiral Horty. Le pays était profondément imprégné de culture germanique. La psychiatrie qu'ils pratiquaient était celle de Kraepelin, très classificatoire, et les soins étaient des plus traditionnels. Leur approche n'avait rien de marxiste. J'avais beau les titiller, rien ne sortait. Pas grand-chose à voir en psychiatrie, donc. Sauf concernant l'enfant. Les services étaient assez classiques, mais ils adoptaient une approche humaniste dans les jeux et le contact avec l'enfant qu'on ne trouvait pas vraiment en France. En particulier, ils prenaient en charge les enfants qui allaient se faire opérer dans les jours qui suivaient en jouant avec eux l'anesthésie et l'opération pour les aider à surmonter leur angoisse. Une touche de sensibilité hongroise sur un fond germanique, en somme ! Et peut-être l'influence de Ferenczi.

Ce premier voyage a duré une semaine. Mon ami Demschak m'a proposé d'aller chasser le sanglier avec lui sur les hauteurs au bord du Danube. En chemin, tandis que nous discutions, je me suis risqué à lui demander où donc étaient les Russes. Dans les rues, on ne voyait aucun soldat soviétique. Et nous étions tout de même au début des années 1960. « Nos grands amis ? m'a-t-il répondu. Vous ne les verrez pas, ils sont dans leurs casernes. Ils sont bien là. Après 1956, même si j'étais du Parti, j'ai eu peur. Maintenant, je me tiens à carreau. » Voilà qui traduisait bien l'ambiance dans le pays à l'époque.

Quelques années après, Mme Demschak, qui était très admirative et très intéressée par ce que faisait Serge Lebovici, nous a proposé à tous les deux un autre voyage officiel. À Loczy, j'ai retrouvé l'approche très humaniste et ouverte pratiquée à la Hampstead Clinic et chez Mme Roudinesco à Ambroise-Paré, où Myriam David et Geneviève Appell travaillaient avec des enfants. Le grand moment a été la visite à Imre Hermann, l'élève de Ferenczi, homme de 80 ans passés, très expansif, qui vivait dans une grande et belle demeure ancienne, dont il sera question plus tard.

Q : Quelle était l'influence réelle de Ferenczi alors ? Était-il lu et traduit ?

DW : Pas tellement, et même en France d'ailleurs. De toute façon, dans les années 1950 et 1960, nous avions peu de choses à nous mettre sous la dent. Quelques livres de Freud seulement étaient traduits en français : *L'Interprétation des rêves* par Meyerson, *Le Moi et le Ça*, plus quelques articles toujours regroupés ensemble, la *Métapsychologie* par Anne Berman... Nous n'avions que des traductions partielles, dont Lacan s'était employé à montrer qu'elles étaient mauvaises par bien des côtés. À cela il fallait ajouter les livres de Marie Bonaparte ou encore *La Psychanalyse d'aujourd'hui* publié par Nacht et Lebovici au moment de la scission avec la Société française, en 1955-1956. Le premier texte de Ferenczi en français, le fameux article sur la confusion des langues, c'est Granoff qui l'a publié dans *La Psychanalyse* en 1957-1958. Karl Abraham non plus n'était pas lu. C'est Rosolato et moi qui avons été chargés de le présenter dans un article de notre revue. Chacun des six numéros qu'elle a connus était d'ailleurs assez remarquable de ce point de vue : il comprenait toujours une traduction de ce type. De Melanie Klein ou de Susan Isaacs, par exemple.

Au total, de ces voyages à l'Est, dont trois en Hongrie, j'ai gardé l'impression d'une grande diversité de culture, non seulement nationale, mais même politique. Budapest n'était pas Prague, ni Bucarest ou Varsovie. Chez Tito, c'était encore plus marqué.

Mais revenons au troisième continent, à l'Amérique latine (car il faut adjoindre aux grandes puissances de l'Amérique du Sud, celles, hispanophones, d'Amérique centrale et le Mexique). Les années 1950 et 1960 avaient été marquées par un formidable développement de la psychanalyse sur tout le continent. Leo Rangell avait beaucoup fait pour renforcer la présence de cette troisième nébuleuse dans l'Association internationale. Serge Lebovici allait poursuivre ces échanges. Ils étaient facilités par le fait que le nouveau continent bénéficiait d'une grande homogénéité culturelle due au bilinguisme luso-espagnol et à l'influence de la pensée kleinienne. Une fédération régionale active et assez interventionniste dans la vie des sociétés locales assurait un lien facile entre nous. Un Brésilien de Porto Alegre, David Zimmerman s'y est employé auprès de nous de manière chaleureuse et efficace.

À deux reprises, nous avons dû intervenir à Caracas pour aider le groupe vénézuélien à surmonter de difficiles conflits de personnes. Nous avons d'ailleurs été amenés à prendre une mesure qui, bien que fort réglementaire, n'a été à ma connaissance jamais appliquée depuis : elle consistait à priver l'association de toute activité de formation et de sélection de nouveaux membres tant qu'elle ne surmonterait pas ses déchirements internes. À Bogota et à Lima, nos interventions ont heureusement été plus pacifiques et je suis très fier d'avoir été, plus tard, nommé professeur honoraire de l'Université pontificale de Lima et membre d'honneur de la Société psychanalytique péruvienne.

Nous allions cependant être bientôt confrontés à des événements de politique générale qui, affectant la vie sociale, allaient peser gravement sur la psychanalyse. En 1974, c'est au Brésil que nous découvrons le poids de la dictature. Plus précisément, nous prenons la mesure d'un système à trois étages, une façade civile et « démocratique » tenue étroitement sous les fers de l'armée, elle-même laissant à sa police le soin de veiller à l'ordre. Ce type de régime totalitaire visait à dépolitiser de manière radicale les citoyens au profit d'une gestion militaro-policière de l'État. Tel a été le cadre dans lequel nous avons été confrontés à Rio à l'affaire Lobo.

En Argentine, les militaires ne s'encombraient pas des mêmes scrupules et occupaient de la manière la plus radicale le pouvoir civil. Nous nous y sommes rendus dès la première année de notre mandat et, si le pays était en guerre civile larvée. Mais notre attention était surtout portée sur la situation de la noble Association psychanalytique argentine, l'APA.

Traditionnellement kleinienne, elle reposait sur des règles de pratique et de formation très rigides. Or, depuis quelques années, elle avait eu à subir des influences révolutionnaires marxistes et celles, plus spécifiquement psychanalytiques et venues de France, de l'école lacanienne, qui remettaient en cause les principes de l'orthodoxie kleinienne. Cette dernière influence s'exerçait bien sûr sur un plan théorique, mais aussi sur les règles de formation. Quand nous avons demandé aux responsables de cette formation comment et quand étaient évalués les candidats, ils nous ont répondu que le secrétaire n'avait qu'à récapituler les feuilles de présence aux différents ateliers et séminaires. Nous avons compris – situation que j'avais connue avec Lacan – que les quelques analystes didacticiens étaient submergés par le nombre de candidats et qu'ils entendaient bien répondre à toutes les demandes sans trop se préoccuper du temps qu'ils pouvaient consacrer à chacun. À une liste « raisonnable » de candidats, il fallait ajouter une liste de « précandidats », en réalité déjà reconnus analystes. Il y avait même un fonds difficilement chiffrable de « préprécandidats » ! L'engouement pour la psychanalyse incitait à offrir à tous une formation très légère.

Il est évident que cet état de choses ne convenait pas à tous les membres et que les germes d'une scission étaient dans l'air. La rupture s'est d'ailleurs concrétisée quelques années plus tard, en même temps, il est vrai, que la société première est revenue à une politique plus mesurée alors que la situation politique générale tournait au tragique. Lors d'un deuxième voyage, à l'occasion d'un congrès de la Fédération d'Amérique latine, nous avons été informés, dès notre arrivée, du fait que le pouvoir exigeait qu'un officier supérieur assiste à nos débats. Une discussion tendue entre collègues de la Fédération a précédé l'ouverture du congrès, les uns voulant l'annuler, les autres jugeant cette mesure impossible et dangereuse. C'est ainsi que Serge et moi nous sommes retrouvés aux côtés d'un amiral de la flotte, muet et renfrogné. Il est vrai qu'il n'avait pas encore vécu les brillants débuts de la guerre des Malouines !

Contrairement aux Brésiliens, les psychanalystes argentins étaient nombreux à prendre le chemin de l'exil. Nous avons dû préparer les sociétés étrangères à les accueillir, comme pour nos collègues uruguayens. Or il n'est pas si facile pour les psychanalystes de s'insérer dans une société étrangère. On comprend mieux, au vu de ce qui s'est passé alors, les bavures et les maladresses commises par Jones avant et durant la guerre ! C'était et c'est toujours la formation des futurs psychanalystes qui constitue le domaine sensible. On écoute bien volontiers une conférence scientifique donnée par un étranger ; on tolère beaucoup moins bien qu'il s'immisce dans le parcours du futur collègue. Les malheureux collègues du Rio de la Plata ont dû en faire l'expérience, comme jadis les Viennois et les Berlinois à Londres et à New York.

7

Une visite chez Teddy Kollek

Juillet 1977. Le congrès au cours duquel doit se terminer notre mandat se tient à Jérusalem. Teddy Kollek, le prestigieux maire de la Ville sainte, a très volontiers accepté d'ouvrir la séance inaugurale par un brillant et chaleureux discours. Ephraïm Katzin, le président de l'État, a fait savoir à Serge Lebovici qu'il serait heureux de le recevoir avec moi à titre privé. Le jour venu, nous le retrouvons dans sa présidence, où il nous accueille avec toute la chaleur simple et affable qu'on lui connaît. Fait notable et rare de la part d'un homme politique, il nous parle fort peu de lui ou de ses affaires, mais, après nous avoir fait sentir qu'il connaissait aussi bien la France que la psychanalyse, il nous pose plutôt des questions fort pertinentes sur ce qui nous amène aujourd'hui dans sa ville. L'entretien durera plus d'une heure ; à son terme, Serge et moi aurons la même impression d'avoir dit beaucoup de choses qui éclairaient bien ce que nous avions entrepris depuis quatre ans et qui allait prendre fin.

C'est à Londres, deux ans plus tôt, que le choix de Jérusalem pour le congrès suivant avait été fait. Non sans quelques débats. Serge n'y était guère favorable pour des raisons qui semblaient obscures et qui touchaient des moments personnels que je pressentais, mais que je n'osais aborder directement avec lui. Ce que j'en supposais demeura entre nous. Il n'y a rien d'étonnant à ce que deux psychanalystes, en absolue confiance l'un avec l'autre et qui durant six ans se sont rencontrés chaque jour, aient tissé entre eux, entre les confidences et les non-dits, une connaissance intime réciproque. Les arguments avancés étaient la capacité du petit groupe israélien à recevoir un si vaste auditoire, les réticences de nature politique venant de certains et, bien entendu, la sécurité. J'étais personnellement très désireux de maintenir ce choix et trouvais dans les arguments avancés des raisons contraires pour accepter l'invitation qui nous était faite. La première fois que je me suis rendu à Jérusalem pour préparer la tenue du congrès, à mon réveil au petit matin, de ma chambre située au dernier étage du Hilton, où devait se tenir la rencontre, je fus ébloui par la vue du soleil levant sortant de la chaîne de montagne de Jordanie, de l'autre côté de la mer Morte en contrebas, comme si émergeait là le fantôme, le fantasme, de l'homme Moïse. Je devais bien à Freud d'être là.

Au cours des séjours que j'ai effectués là par la suite, j'ai eu le plaisir de rencontrer le vieil Éric Gumpel qui m'a raconté comment il avait traversé la pratique de la psychanalyse, entre quatre langues, l'allemand et le yiddish de Berlin, l'anglais de la Palestine et l'hébreu d'Israël. Nous avons parlé d'Eitingon et d'Abraham. Et j'ai été guidé par mon ami Ralph Moses, qui venait de quitter Londres pour rejoindre Jérusalem, et par bien d'autres collègues israéliens. On m'a invité à adhérer aux Amis d'Israël, que présidait en France mon ami Steeg, et on m'a même invité à planter un jeune arbre.

Bref, en quittant Kollek et le président Katzin nous avions, Serge et moi, l'impression que se clôturaient nos années de travail en commun. Sur le plan de l'institution psychanalytique, Serge avait le droit d'être fier et, je crois, content de ma collaboration. Il avait gagné la partie et le succès de son mandat, pourtant très discuté au début (il passait pour autoritaire et très french*), était reconnu de tous. Contrairement à la réputa-*

tion d'autocrate qu'on lui prêtait (et peut-être sous mon influence discrète), il a constamment consulté et informé des questions en débat le conseil des vice-présidents, les secrétaires associés et notre présidente d'honneur, Anna Freud (qui, je crois, a fini par beaucoup l'apprécier). Grâce au bénéfice financier tiré du congrès de Paris, il a eu l'idée d'organiser chaque année un symposium en Grande-Bretagne où se réunissaient tous ceux qui, d'une manière ou d'une autre, avaient une tâche administrative dans l'association, entourés de quelques invités. On y travaillait à la vie de l'association mais autour d'un thème scientifique (l'identité du psychanalyste, le malentendu, l'esprit de la formation).

Anna Freud m'a fait un jour remarquer que nous avions bien tort de tant épiloguer sur la formation, le seul garant du succès était la fidélité du psychanalyste à continuer de pratiquer la psychanalyse. Mais que signifiait pour chacun de nous la psychanalyse ? La question s'est à nouveau posée à Jérusalem. Une question de toujours, évidemment. Une certaine dose de scepticisme nous a sans doute permis de tolérer l'écart maintenu entre les pratiques de formation qui existaient en France et celles qui guidaient l'IPA. Nous avons été plus à l'aise pour « contourner » un débat qui revient sans cesse autour de la psychanalyse de l'enfant et qui alimente le souhait de certains que la formation des psychanalystes puisse, à part entière, porter sur la pratique analytique chez l'enfant. Il s'agissait d'éviter ce qui risquait de provoquer une scission dans l'association et de menacer son existence. Sa pérennité n'était-elle pas son but essentiel depuis sa création en 1912 ?

Il a été facile de montrer à Kollek l'extension que la psychanalyse connaissait dans nos pays d'Europe occidentale et des Amériques. La situation en France l'illustrait bien. Lebovici était conseiller du ministre de la Santé, Mme Simone Veil. Lebovici et moi venions d'être nommés professeurs des universités. Le Centre de santé mentale du XIIIe *arrondissement était un modèle largement suivi et la Salpêtrière s'était « convertie à la psychanalyse ». Lebovici a même cru devoir expliquer comment je menais mes activités de psychanalyste à côté de recherches pointues sur le mode d'action « psychique » des médicaments ou sur la dépression. Je dois dire, très sincèrement, que le maire de Jérusalem a écouté tout cela avec un intérêt non feint qui allait au-delà de la simple politesse.*

La présence de Teddy Kollek a d'ailleurs été chaleureuse et active tout long du congrès. Il en a fait l'ouverture devant un large public et, les jours suivants, nous avons eu le plaisir de le rencontrer à plusieurs reprises.

Q : À propos de Kollek, vous souvenez-vous que, lors de son intervention, il a raconté qu'il avait connu Freud autrement que nous puisqu'il avait été son voisin de palier alors qu'il était enfant à Vienne ?

DW : Non, je ne m'en rappelle pas. J'imagine l'effet que cette annonce a dû produire.

Serge et moi étions émus de voir ce bilan dont nous étions fiers, il faut l'avouer, coïncider avec la fin de notre collaboration et de notre présence dans l'histoire de l'IPA. Du moins savions-nous qu'il n'y avait pas de terre promise et que, pour maintenir la psychanalyse vivante, le défrichage restait toujours à faire.

Le secrétariat de l'IPA ne consistait pas seulement en voyages. Entre-temps, il fallait suivre l'évolution des sociétés locales et les tensions qui les poussaient à recourir à l'arbitrage du président. Ce dernier conservait dans le milieu une aura très vive et Lebovici savait fort bien conjuguer cordialité et sens de l'autorité. Mon rôle, qui me convenait plutôt bien, était celui de conseiller. J'observais les interlocuteurs, leurs intentions ouvertes ou cachées. Et j'en faisais part à Serge, qui m'écoutait avec beaucoup d'attention. Dans l'ensemble, il était très sensible à mes jugements, mais plus ferme dans ses actions que je ne l'aurais été. Aussi nous complétions-nous fort bien. S'il faut résumer ce que nous avons réalisé durant ces quatre années, outre les tâches de gestion, je dirais que c'est un style de présidence nouveau que nous avons instauré, rompant avec le climat de confidentialité et de secret que nos récents prédécesseurs avaient malgré eux conservé.

Nous avons toujours informé les autres membres du conseil des questions traitées. Notre mode de contact avec les sociétés composantes a toujours été de les aviser des problèmes qui se posaient à la communauté tout entière. Nous avons pris l'initiative de réunir aussi souvent que possible tous leurs présidents et de solliciter leur avis. À l'inverse, j'ai parfois eu le sentiment que c'étaient les membres de nos sociétés françaises qui nous témoignaient le moins d'intérêt. Ils étaient satisfaits de notre présence à l'échelle internationale, mais ne faisaient rien pour mieux s'y intégrer.

J'ai eu un seul différend avec Serge Lebovici. Au cours de la quatrième et dernière année de son mandat, je lui ai fait remarquer qu'il n'était plus temps de prendre de nouvelles initiatives. Ce qui était pour moi la fin d'une mission était pour lui une occasion encore bonne pour tenter de prendre de nouvelles mesures, en particulier en matière de « libéralisation » des règles de formation.

Ce mandat devait se clore au congrès de Jérusalem. Le choix du lieu n'avait pas été facile. Sous des prétextes divers, des réticences s'étaient manifestées. Serge Lebovici lui-même n'avait pas exprimé un grand enthousiasme. Je dois dire cependant que j'ai fait preuve d'une très grande détermination dans sa préparation, et il a été une réussite tant par le nombre de participants que par la qualité des échanges.

Ces quatre années de secrétariat avaient beaucoup mobilisé mon temps. Cela ne m'empêchait pourtant pas de poursuivre l'organisation du service de psychiatrie de la Salpêtrière et de continuer à enseigner à l'Institut de psychologie de la rue Serpente et à la faculté de médecine de la Pitié-Salpêtrière. Cette activité me permettait aussi d'approfondir mes lectures et de suivre le développement des recherches dans les domaines qui soutenaient mon intérêt. Si depuis bientôt vingt ans, j'assurais un enseignement de la psychanalyse dans le cadre de la psychologie clinique et de la psychopathologie, je pouvais me réjouir de voir que cette présence de la psychanalyse trouvait un intérêt grandissant dans les milieux de la psychologie. Dans les années 1960, fidèle à Lagache, mon souci de maintenir l'idée d'unité de la psychologie m'exposait à la tâche difficile de mettre en rapport une clinique « psychodynamique » et une psychologie dominée par le béhaviorisme. Dans ce contexte, la découverte dans les années qui ont suivi de l'apport des sciences cognitives et de l'intelligence artificielle a été un véritable éblouissement.

J'ai alors consacré ce qui me restait de temps libre à une exploration de ce vaste mouvement de recherche permettant de dégager la psychologie du champ étroit du béhaviorisme. Car je commençais à me lasser d'une ouverture interdisciplinaire limitée au développement piagétien de l'enfant et à la psychologie expérimentale strictement comportementaliste. Le plaisir d'enseigner a toujours été pour moi de transmettre non des connaissances, mais le goût de la découverte. Encore faut-il avoir une découverte à transmettre. Je ne me sentais pas très à l'aise entre une connaissance psychanalytique, une psychologie scientifique et une psychopathologie toutes quelque peu figées. Enseigner la découverte freudienne à des jeunes qui n'en ont nulle pratique risque toujours de virer au catéchisme. Quant aux jeunes médecins, ils se suffisaient d'une nosographie absurde et de prescriptions thérapeutiques élémentaires.

Une stimulation nouvelle est venue lorsque, à la suite de la démission de Didier Anzieu (pour des raisons que j'ignore),

Paul Fraisse m'a proposé en 1969 à la section de psychologie du CNRS. Il n'était d'ailleurs pas très content que ce choix lui soit imposé mais, renseignements pris, je suppose, il l'a accepté, d'autant qu'entre-temps, il m'avait confié l'enseignement de la psychanalyse à l'Institut de psychologie. Durant plus de quinze ans, j'ai ainsi siégé dans cet organisme gérant la recherche française en psychologie et psychophysiologie. Un temps, j'ai même présidé la section, preuve que ma casquette de psychiatre-psychanalyste n'effarouchait pas trop mes collègues. J'ai pu ainsi évaluer les recherches menées dans de nombreux domaines et mieux connaître, de l'intérieur, la psychologie moderne.

Deux champs de recherche devaient retenir particulièrement mon attention, l'éthologie et la psychologie expérimentale. Grâce à Rémy Chauvin, j'ai pu participer à des colloques nationaux et internationaux sur l'éthologie et contribuer à une réflexion interdisciplinaire avec la psychanalyse dont on va voir les effets. Grâce à de nombreux psychologues (Reuchlin, Le Ny, entre autres), j'ai mieux compris la pluralité des niveaux d'analyse des données. Ainsi, cette ouverture vers la nouvelle psychologie et la philosophie de l'esprit m'a apporté un souffle d'air dans un temps consacré largement aux problèmes institutionnels de la psychanalyse. Cela a renouvelé mes activités d'enseignement.

On comprend pourquoi les principaux courants de la psychologie, au déclin du béhaviorisme, ont cherché à accorder plus de place à l'action et à ses motivations. Il serait aisé d'en faire la démonstration tant chez Piaget que dans le courant de l'éthologie animale. Du premier, on retiendra l'idée de schèmes d'action se construisant à mesure que les capacités cognitives se développent ; du second, celle de répertoire d'actions potentielles, propre à chaque espèce (éthogramme).

G. Miller, E. Galanteer et K. Pribrams ont véritablement rédigé, sous le titre *Plans and the Structures of Behavior*

(1960), le manifeste constitutif de ce que l'on peut appeler la théorie de l'action ou le modèle de l'action. Dans une perspective cognitive résolument antibéhavioriste, cette théorie repose sur l'idée que l'organisme dispose d'un ensemble fini d'actions potentielles (ou programmes moteurs) qui s'actualisent quand des situations ou des objets agissent comme agents déclencheurs. Le modèle est donc constitué par l'organisation du répertoire, les conditions de déclenchement et le contrôle de l'exécution des plans.

On peut d'ailleurs se demander si une telle théorie se situe à l'intérieur du champ des sciences cognitives ou en dehors de lui. Cette dernière position est généralement défendue par ceux qui reprochent (non sans raison, parfois) au « cognitivisme » de ne s'intéresser qu'au traitement de l'information et de laisser hors de son champ de préoccupation le domaine des motivations et des affects. La première, qui me semble plus ouverte à une réflexion interdisciplinaire, n'exclut pas au contraire ces domaines du champ des sciences cognitives, dans la mesure où l'initiation, la régulation et la mémorisation des actions résultent d'opérations tout autant « cognitives » que l'identification et la mémorisation des situations. La théorie de l'action peut donc être rangée à l'intérieur ou en dehors des sciences cognitives, selon que l'on donne à ce terme une acceptation large ou étroite.

Autre découverte, celle de la philosophie de l'action, après la lecture d'un rapport de Francis Jacques, lors d'un congrès de l'Association de psychologie de langue française, et le séminaire publié par Paul Ricœur. C'est alors que je me suis lancé dans la lecture de Daniel Dennett, de Jerry Fodor, de John Searle et de bien d'autres. L'action n'était plus le comportement, ni même la conduite (concept cher à Laplanche), mais un état mental, une attitude dotée de sens.

Toute cette littérature, je l'ai lue en psychanalyste, en clinicien, frustré d'avoir si peu de temps à consacrer à la pratique (tôt le matin et tard le soir). C'est ainsi que j'ai tenté de montrer que l'action est l'objet commun de toutes ces approches, de la décision au passage à l'action, et que la psychanalyse s'inscrit, au niveau d'observation qui est le sien, dans cette « nouvelle » philosophie de l'esprit.

Surtout, jusqu'alors, on n'avait pu construire une théorie matérialiste de l'appareil psychique prenant en considération l'intentionnalité. Celle-ci était mise au compte d'une espèce de subjectivité idéaliste. Ces travaux récents semblaient le permettre, eux, et ils rejoignaient mon intérêt de longue date pour l'éthologie. L'idée de programme d'action m'a beaucoup servi. Nous avons des programmes pour être quelque chose, pour penser quelque chose, pour faire quelque chose. Ils sont en partie innés, bien entendu, mais ils sont très vite organisés dans notre vie psychique, et la psychanalyse est une manière d'explorer leur développement. C'est cet apport de la psychologie de l'action à la psychanalyse qui m'a paru tout à fait intéressant. Et c'est à cette époque que j'ai écrit le livre que je préfère, mais qui a peut-être été le moins lu : *Métapsychologie du sens*.

Mais ce terme est mauvais ; il vaudrait mieux dire « métapsychologie de l'action », car c'est une description de la vie psychique qu'elle propose, tout simplement. Pas une théorie de l'être humain. Je voulais montrer que les psychanalystes s'enferraient dans une théorie biologique de la pulsion et que cela les condamnait à un dualisme où ils étaient, d'un côté, préoccupés de l'être qui pense et, de l'autre, de l'appareil psychique. La mentalisation de l'excitation corporelle reste encore le dogme au moins pour un très grand nombre de nos collègues français. C'est, selon moi, un enfermement de la pensée psychanalytique.

De son côté, la phénoménologie m'a permis, en ce qui concerne la dépression en particulier, d'avoir une saisie beaucoup plus humaine du ralentissement psychomoteur : ce n'était plus simplement une espèce de faiblesse de la vie psychique du déprimé ; cela devenait véritablement une manière de penser, une manière d'être. Ce n'était pas simplement une base neurophysiologique à corriger par les antidépresseurs, mais un rapport au monde, que la phénoménologie avait bien étudié, en particulier la psychiatrique phénoménologique allemande. Je m'en suis beaucoup servi à ce moment, et cela m'a permis de revenir à un homme que j'avais beaucoup admiré : Karl Jaspers. Il m'avait beaucoup influencé dans ma jeunesse et je trouvais sa pensée philosophique de psychologue extrêmement intéressante, avis que Lagache partageait avec moi, d'ailleurs. Je réalisais à l'époque combien je gardais en mémoire les traces de l'intérêt que j'avais porté aussi à Merleau-Ponty et, particulièrement, à ses *Structures du comportement*. J'y avais trouvé une phénoménologie qui ne se détournait pas d'un certain naturalisme et ouvrait aussi la voie à un dualisme que je retrouvais chez Jaspers. La lecture de Brentano m'avait fait découvrir les sources historiques de cette perspective, dont je devais retrouver la marque dans la philosophie de l'esprit, les textes de Wittgenstein et l'œuvre de Ricœur. Je me trouvais ainsi plus éloigné du courant phénoménologique « pur », celui de Binswanger et que développait Henri Maldiney à Lyon. Bref, je tenais à une phénoménologie confrontée à la réalité du biologique et non à une philosophie insérée dans une mise entre parenthèses du réel, philosophie que je retrouvais chez Tellenbach, Blankenburg et Kimura, comme chez mes amis Tatossian et Pélicier. Je demeurais résolument dualiste.

Ce renouvellement interdisciplinaire a eu d'évidentes conséquences dans les domaines où je travaillais. En psychologie, je me suis senti à l'aise pour montrer que, si un trop facile parallélisme risquait de conduire à l'impasse en allant sans circonspection ni prudence, d'un monde à l'autre, la proposition mise en acte dans l'inconscient pouvait se décomposer en constituants involontaires et non représentables et, à partir d'un double *insight* (celui de l'amont et celui de la psychologie), permettre de saisir le travail de l'inconscient. En psychopathologie, il me semblait nécessaire d'opter pour une démarche résolument transnosographique et de jeter un pont entre l'action des médicaments et la clinique du changement dans une perspective pluridimensionnelle.

Si une démarche interdisciplinaire permet en effet d'établir un lien entre l'intentionnalité du « neuro-psychodynamique » et celle du neuropsychologique, en passant par les mécanismes élémentaires de l'approche cognitive, c'est en reconnaissant le pluralisme des niveaux d'évolution et ce que j'ai appelé l'impossibilité d'un parallélisme de langage. Passer d'un niveau de référence à l'autre, c'est utiliser des langages différents. On ne retrouve pas le concept de refoulement au niveau des processus cognitifs. Il faut alors se référer à des mécanismes élémentaires divers. C'est vrai aussi si on veut utiliser le langage de la physiologie.

La psychanalyse, au même titre que toute forme d'observation clinique, se donne pour objet de connaissance des états intentionnels. La démarche clinique qui la caractérise diffère des autres par l'usage de l'interprétation qui, à partir des états intentionnels conscients, permet de construire des hypothèses sur les états intentionnels inconscients. La clinique psychanalytique permet de décrire des processus et des mécanismes qui peuvent expliquer la production et l'organisation de ces états intentionnels inconscients. À leur tour, ces processus et les mécanismes doivent être expliqués par des opérations plus élémentaires, repérables selon des méthodes différentes et correspondant à d'autres niveaux d'observation.

On peut dire que tout mon travail de recherche a trouvé son origine au moment même où je me suis engagé dans tant de charges hospitalières, universitaires et institutionnelles. Il a été l'effet d'une sorte de dérive de ma curiosité intellectuelle et de mon souci de la protéger des tâches du quotidien à un moment où je devais limiter ma pratique clinique. Ce travail a trouvé ensuite son application dans les différents champs de ma pratique. En psychiatrie, il m'a aidé à développer une perspective prônant la démarche pluridisciplinaire et la critique antinosographique, perspective que j'ai essayé de transmettre dans mon enseignement clinique et en lançant des recherches sur la dépression et la psychose. Telle a été l'origine de travaux sur le ralentissement psychomoteur dans la dépression et sur les troubles cognitifs dans les états schizophréniques, ce dont témoignent les *Logiques de la dépression* et le travail mené avec M.-C. Hardy-Baylé. Si, au cours des années 1970, mes publications sont restées rares, celles qui ont suivi ont trouvé leur socle dans le travail de réflexion et de lecture accompli durant cette période.

C'est aussi dans le domaine de la psychanalyse que ces conséquences se sont fait sentir, notamment à propos du concept de pulsion. Depuis mes débuts, je ne me sentais guère à l'aise avec la théorie classique selon laquelle la pulsion trouvait sa source dans des excitations corporelles mettant en mouvement le corps et, par un effet de mentalisation, l'esprit. *Métapsychologie du sens* est d'ailleurs essentiellement une sorte de démantèlement de l'exploitation biologique de la pulsion. C'était parallèle au travail de Laplanche, quoique avec des références très différentes. Cependant, la question n'était pas de « critiquer » la pulsion. Le pulsionnel existe. Elle était de savoir ce qu'il était. La théorie française – mais pas seulement puisqu'elle est aussi celle de Freud – voulait que le pulsionnel soit du somatique, du somatique perçu, et que ce soit notre manière de mentaliser ces excitations somatiques qui en fasse du pulsionnel. Cette mentalisation était ce qui nous poussait à agir, à être en conflit. C'était donc l'objet fondamental de l'analyse.

Pour moi, au contraire, il n'y a pas de somatique dans la pulsion. Ce qui est somatique, ce sont les excitations qui déclenchent du pulsionnel, c'est-à-dire un mouvement. Si, tout à coup, quelque chose me brûle, je vais faire un geste, mais on ne peut dire que celui-ci est l'expression de la brûlure. Elle me brûle, et j'ai dans mon programme, dans ma manière d'être, dans mon patrimoine corporel psychomoteur, en quelque sorte, le geste de fuir. Nous avons un patrimoine de pensée, d'affect, de représentation et d'action, et c'est lui qui s'organise depuis le premier âge pour petit à petit se différencier. C'est lui qui se manifeste dans l'analyse. Même si cela n'apparaît pas encore dans *Métapsychologie du sens*, cela m'a amené à l'idée que le fantasme inconscient est cet « agir » inconscient qui n'est pas une représentation. André Green a raison quand il dit que l'inconscient, la pensée inconsciente, n'est pas de l'ordre de la représentation, que c'est un « agir », un mode d'être qui, en quelque sorte, s'impose sans qu'on en connaisse même l'existence.

C'est la connaissance que j'ai acquise de l'intelligence artificielle dès le début des ordinateurs qui m'a conduit à cette notion de programmation. Le cerveau est fondamentalement un système de connexion d'informations qui circulent et qui se contrôlent mutuellement bien au-delà de toutes les localisations cérébrales. Selon ce modèle, nous sommes des êtres mobilisés pour des « agir ». Et d'abord purement intrapsychiques.

Mais revenons à mes obligations institutionnelles. À Jérusalem, en 1979, c'est donc la fin du mandat de Lebovici. Edward Joseph, notre trésorier, lui succède sans difficulté. Nous savions qu'Anna Freud lui aurait préféré Edward Weinshell de San Francisco. Mais le milieu nord-américain penchait pour le New-Yorkais Joseph, qui nommera secrétaire Francis McLaughlin de Philadelphie. Bref, la côte Est l'emporte. En réalité, pas d'enjeu sérieux dans cette élection. Des questions de personnes, mais dans un non-dit bien habituel chez nos collègues américains. Je ne cherche guère à conserver des responsabilités au sein de l'IPA. C'est donc un ticket présidentiel américain qui la gère sagement et de manière fort traditionnelle.

C'est de la Fédération européenne que me vient une nouvelle « offre d'emploi ». Sandler vient me chercher avec Janice de Saussure pour me demander de lui succéder comme président. Je rempile donc.

Il a modifié d'une manière excellente la Fédération européenne, il faut le dire. Avant lui et du temps où j'étais secrétaire, dans les années 1971-1973, elle était construite un peu sur le modèle de l'IPA : il y avait un président, un trésorier, un secrétaire général et puis un conseil, dont les membres étaient élus. C'étaient eux qui gouvernaient. Et puis il se tenait une assemblée générale à laquelle il fallait se rendre tous les ans. Sandler a supprimé le conseil et a fait de l'ensemble des présidents de sociétés européennes les gestionnaires.

Le président, le secrétaire général et le trésorier ont eu à rendre compte devant les présidents des sociétés et non pas devant des vice-présidents élus et devant une assemblée générale. C'était très justifié car la Fédération européenne regroupe des sociétés alors que l'IPA est une association de membres. Cette dernière a été créée par Freud en tant qu'association des psychanalystes du monde. Les sociétés locales étaient en quelque sorte les représentantes de cette instance internationale. L'IPA leur déléguait la gestion de la psychanalyse, mais c'était elle qui regroupait les membres. La Fédération européenne, elle, a été conçue comme une association scientifique de sociétés. De plus, elle est volontaire, ce qui signifie qu'une société de l'IPA qui ne se plairait pas dans la Fédération européenne est parfaitement en droit de rompre avec elle.

Cependant, un début de conflit est apparu, parce que certains voulaient en faire une simple branche régionale de l'IPA, au motif que celle-ci était trop importante et comptait trop de membres, trop dispersés. Mais, dans cette association de sociétés, l'important, c'étaient leurs présidents – une quinzaine à l'époque, beaucoup plus aujourd'hui. C'était à eux que je devais rendre compte. Car c'étaient eux qui m'avaient élu pour gérer la politique scientifique. Dans ce cadre, je n'avais donc rien à voir avec l'IPA, même si j'en étais membre à titre personnel. Dans cette fonction, je n'ai pas le sentiment d'avoir eu une vie aussi active que comme secrétaire, puis plus tard comme président de l'IPA. Il s'agissait surtout d'organiser des réunions scientifiques et, tous les deux ans, un congrès, à Rome puis à Jérusalem, en ce qui me concerne. Le thème était choisi avec les présidents.

J'ai pris deux initiatives pendant cette période. Avec Lebovici, lors du congrès de Paris, nous avions gagné de l'argent. Nous avions beaucoup travaillé, économisé beaucoup de frais. Cela nous avait ensuite donné une grande liberté de manœuvre. Quand j'ai été élu président de la Fédération européenne, la situation était identique : elle avait de l'argent parce que les sociétés cotisaient beaucoup et dépensaient peu. C'était une chance que j'ai mise à profit.

La première initiative a été, semble-t-il, une réussite puisqu'elle se poursuit : c'était de tenir des réunions réservées aux jeunes membres des sociétés qui devaient chacun présenter un cas, lors d'une ou deux séances en petits groupes, en présence d'un senior. La discussion générale qui suivait représentait ainsi un travail clinique international. Nous avons simplement demandé aux sociétés de veiller à ce que nous ne soyons pas trop nombreux : l'idée était de réunir une quarantaine de jeunes membres avec quatre ou cinq seniors animant les groupes.

Cela a très bien fonctionné, et c'est toujours le cas. Cette formule a l'avantage considérable d'une part de sensibiliser les jeunes membres à la psychanalyse des autres – les Français entendent parler des Anglais, des Suédois, des Allemands et vice versa – et d'autre part de permettre aux collègues de se connaître. S'ensuit un lien européen un peu amical entre les sociétés qui n'existait pas auparavant.

La seconde aventure, elle, a échoué : je voulais que des groupes se réunissent pour débattre sur un sujet donné, quatre ou cinq personnes parmi les plus compétentes et les plus impliquées dans la question. C'est dans ce but que j'ai organisé à Marseille un colloque sur l'instinct de mort. Je voulais que des analystes européens viennent expliquer comment ils voyaient ce concept et qu'il y ait débat entre eux. J'ai donc demandé à Ikonen, un collègue finlandais qui avait beaucoup travaillé sur cette notion, à Hanna Segal, à André Green et à Jean Laplanche de bien vouloir débattre de cette question pour qu'on puisse ensuite publier un ouvrage. Ce congrès a eu lieu. Chacun a fait son exposé et j'ai animé la table ronde qui a suivi. La difficulté était de créer la discussion, de les inciter à admettre que leurs positions étaient différentes et à réfléchir sur cette divergence. Ce que je voulais, c'était un vrai débat, pas des accords de façade. Le livre est finalement paru ; il s'appelle *La Pulsion de mort*. Il a été édité par la Fédération européenne, mais on ne peut pas dire qu'il permette vraiment de comprendre les enjeux du débat. L'expérience s'est renouvelée une fois ou deux, mais elle n'a guère eu d'écho après la fin de ma présidence. Il n'y a pas assez de lieux de controverse sur le plan théorique. Et c'est fort dommage.

J'avais sollicité pour assurer le secrétariat de la Fédération une collègue de l'Association allemande de psychanalyse, Gemma Jappe, psychologue de grande culture philosophique et praticienne expérimentée qui fut auprès de moi une collaboratrice très fidèle et très efficace. L'axe franco-allemand pour maintenir une Europe indépendante ! On ne refait pas la politique.

Toutefois, un problème se posait : j'étais très engagé sur le plan universitaire ; je ne pouvais donc pas consacrer à la Fédération européenne autant de temps qu'à l'Association internationale auparavant. C'est ce qui explique que je n'aie pas fait énormément de choses. La preuve en est que, quand il a fallu aller à Jérusalem pour organiser le congrès que je devais présider, mon deuxième après Rome, j'ai trouvé le moyen d'oublier de réserver mes vols et mon hôtel, alors que j'étais appelé en urgence à une mission au ministère de la Santé. Si bien que j'ai baissé les bras : j'ai renoncé à aller à Jérusalem alors que c'était la fin de ma présidence. Le congrès a été géré par les soins de Gemma et s'est déroulé sans moi ! Il faut dire que j'étais déjà assez impliqué sur le plan de la politique générale en France. Et la succession à la tête de la Fédération était assurée par Anne-Marie Sandler.

8

Une invitation chez le ministre

Nous sommes fin novembre 1982. Un appel téléphonique d'Olivier Sabouraud vient bouleverser ma vie pour plus de deux années. Un nouveau cabinet Mauroy a été constitué. Le socialiste Edmond Hervé, maire de Rennes, remplace le communiste Ralite au ministère de la Santé. Des grèves ont éclaté dans le milieu médico-hospitalier. Afin de supprimer l'élitisme du concours d'internat, Ralite a proposé de le remplacer par un examen « validant et classant » de fin d'études. Les internes y voient la fin d'une sélection qui leur assurait une position privilégiée pour leur avenir, et les étudiants l'introduction d'un nouvel examen terminal, alors que le concours de l'internat reposait sur le volontariat. Edmond Hervé hérite donc d'une situation tendue. Savary demeure à l'Éducation nationale, d'où est partie la réforme qui suscite, pour des raisons finalement opposées, le même effet de turbulence. C'est à ce moment qu'Olivier Sabouraud me demande de devenir le chargé de mission d'Hervé pour les questions hospitalo-universitaires, bref, de dénouer la crise. Le Quotidien du médecin *titrera : « Un psychiatre-psychanalyste au secours du gouvernement. » Ancien de la Salpêtrière, Sabouraud est professeur de neurologie à Rennes et (je l'apprends alors) grand ami d'Hervé. Dès le lendemain, je suis reçu par le ministre. Je prendrai officiellement mes fonctions la semaine suivante avec la constitution officielle de l'ensemble du cabinet.*

La veille de cet appel, j'avais, avec tous mes collègues chefs de service déguisés en bagnards, défilé sur une charrette dans les allées de la Salpêtrière et, au cours du dîner des patrons qui avait suivi, on m'avait demandé de faire cours à mes internes à l'aide d'un micro truqué qui faisait entendre au public hilare le bégaiement d'un imbécile !

Soyons plus sérieux. Le soir du 10 mai 1981, à 20 heures, lorsqu'on a appris l'élection de François Mitterrand, les clameurs de la foule ont résonné dans le faubourg Saint-Antoine sur lequel donnaient nos fenêtres. En famille, nous avons décidé de suivre le flot et de nous rendre à la Bastille pour fêter l'événement. Pourtant, je n'ai jamais aimé les mouvements de foule, même pour partager son élan. D'ailleurs, tout en marchant vers la place, je songeais que, compte tenu de mes convictions et de mes fonctions, je risquais d'être appelé à collaborer avec le nouveau gouvernement et, connaissant le milieu hospitalier que je fréquentais, j'imaginais déjà les difficultés que nous allions rencontrer. La mine un peu sombre, je fus brusquement tiré de mes pensées par un jeune militant qui m'interpella : « Alors, papa, ne fais pas cette tête-là, on a gagné ! » Effectivement, dès la rentrée universitaire de septembre, mon ami Seligmann (proche de Savary) me demanda de participer à un groupe de réflexion pour bâtir le programme de réforme de l'enseignement de la médecine, à la demande du ministre. Durant plusieurs mois, nous avons repensé cet enseignement, oscillant entre des entreprises hardies, quelque peu utopiques, et des mesures de bon sens qui devaient convenir à tous. Cependant, à la Santé et sans concertation avec nous, Jack Ralite a lancé un vaste plan de réforme des structures hospitalières, de quoi faire très peur à un milieu traditionnellement très conservateur. Plongé dans ce milieu, je voyais bien les difficultés. Notre travail achevé, Savary nous a remerciés et m'a fait décorer de la Légion d'honneur !

C'est dans ce contexte que, quelques mois plus tard, Bérégovoy, devenant ministre des Affaires sociales, a pris le contrôle de la Santé avec l'aide d'Hervé comme secrétaire d'État. J'apprends très vite beaucoup de choses. Quand Gaston Rimareix, directeur de cabinet d'Hervé, nous réunit à la Santé, j'entends Jean-Charles Naouri, directeur de cabinet aux Affaires sociales, lui lancer au téléphone : « N'oublie pas que, maintenant, c'est nous qui commandons. » Je suis nommé chargé de mission auprès du secrétaire d'État ; je n'ai donc en principe de compte à rendre qu'à Hervé. Mais très vite Bérégovoy attachera à mes basques une charmante collaboratrice, censée contrôler mes actions. Ma collaboration avec elle et Bérégovoy lui-même s'avérera d'ailleurs des plus faciles.

J'apprends également qu'une page est tournée. À ses interlocuteurs, Hervé fera toujours clairement remarquer qu'il n'a pas de « rétroviseur ». Et j'entends encore Gaston Defferre, venu nous voir quelques jours après notre emménagement, s'écrier : « Alors, le Cosaque est parti ? » Quelques semaines plus tard, Bérégovoy me dira en privé que, puisque nous nous sommes séparés des ministres communistes, demain c'est le PCF lui-même qui va nous lâcher et que nous aurons, durant des mois, à gouverner en étant minoritaires dans le pays. Et d'ajouter : « Il ne faut pas que les médecins deviennent nos camionneurs », faisant allusion à la chute d'Allende au Chili. Il faut négocier. L'Élysée veut que nous nous arrangions à tout prix pour apaiser les conflits. Seuls Savary et ses conseillers Seligmann et Sabouraud tiennent bon sur les réformes. Ils savent que les étudiants en médecine, et surtout les internes, sont très soutenus par les milieux médicaux hospitaliers, qui les poussent très directement à la grève, conscients que, par ce biais, ils se protègent contre des réformes hospitalières que le ministère de la Santé entend bien appliquer. En me propulsant à la Santé, je pense maintenant que mes amis Seligmann et Sabouraud espéraient que je soutiendrais plus activement leur jusqu'au-boutisme. Mais j'avais à tenir compte de Bérégovoy et des conseillers de l'Élysée, en dépit de la grande admiration que j'avais pour Savary.

Cette expérience, qui m'a coûté nombre d'efforts et de sacrifices, me semble, après coup, m'avoir apporté beaucoup, non par des apparences de pouvoir au fond bien illusoires, mais par la découverte d'un milieu nouveau dont j'ignorais tout et sur lequel j'ai beaucoup appris. Ce qui me rendait si disponible à des tâches d'autorité et de responsabilité que je n'avais pas cherchées, c'était non un quelconque goût du pouvoir, mais une insatiable curiosité à découvrir des microcosmes nouveaux, la chambre des parents sans doute, un lieu secret dont on m'offrait la clef. Comme pour les situations précédentes, je croyais en avoir fini. Mais il ne suffit pas de savoir pour ne pas répéter.

À l'heure du changement de majorité, bon nombre de mes collègues, même si je ne faisais pas de « politique », au sens politicien du terme, connaissaient mes sympathies pour la gauche socialiste. Si bien qu'en 1981-1982 Alain Savary, qui était ministre de l'Éducation nationale, m'a demandé de faire partie, en tant que psychiatre, du groupe de réflexion qu'il avait constitué pour étudier la réforme des études médicales. C'est ainsi que nous avons posé les bases de la réforme de l'internat, ce qui m'a valu beaucoup d'hostilité de la part de mes collègues psychiatres. J'avais en effet soutenu l'idée de rompre avec la dualité d'un internat spécialisé différent de l'internat général et de replacer la psychiatrie dans le cadre global. Ce n'était pas qu'une question d'administration, de structure ou de cursus. Pour moi, la psychiatrie devait d'une manière générale s'intégrer le plus possible dans la médecine, puisque c'était une partie de la thérapeutique médicale. Et de même pour la psychanalyse dans la psychiatrie. À l'opposé,

André Green, par exemple, voulait quant à lui sortir la psychiatrie de la médecine pour en faire une science humaine. Vers 1968, d'ailleurs, avec Jean Laplanche, il avait lancé un mouvement en ce sens. Et je leur avais fait part de ma position dès cette époque. La psychiatrie devait être intégrée dans les soins de santé mentale et la psychanalyse devait aussi, sinon être absorbée dans la médecine, du moins y trouver une place. Posture un peu minoritaire, mais pour laquelle j'ai activement milité. Les réformes menées à bien sous Savary et son collègue à la Santé, le communiste Jack Ralite, sont heureusement allées dans ce sens.

C'est alors que les grandes grèves hospitalo-universitaires ont éclaté.

Grand amateur de théâtre et d'art, Ralite m'avait invité un jour dans sa mairie d'Aubervilliers pour que je parle de mes travaux sur le dessin des enfants. Il y avait là beaucoup d'éducateurs, d'enseignants, de psychologues scolaires, etc. À la fin de la conférence, quelqu'un a déploré le fait qu'ils n'avaient pas assez d'heures pour véritablement aider les enfants à s'exprimer ainsi. Ralite a enchaîné : il fallait absolument que l'État ouvre un champ particulier de développement de l'activité de dessin chez les jeunes enfants. Une autre personne a aussitôt réagi : « Mais, monsieur, à la mairie, ne pourrait-on faire quelque chose, au moins pour notre commune ? » « Et avec quels sous, mes amis ? Je n'ai pas d'argent pour cela », s'est plaint le maire. Épisode symbolique.

Tandis que nous réfléchissions, du côté du ministère de l'Éducation nationale, aux réformes universitaires, le ministère de la Santé se penchait sur les hôpitaux. Jack Ralite souhaitait deux choses, je crois, qui lui ont valu beaucoup d'adversaires : d'une part, il voulait que la structure hospitalière ne soit plus patriarcale. Au fond, il voulait la mort des chefs de service patrons à vie, des mandarins, au bénéfice de services, de départements où on aurait élu le responsable dans une logique qui correspondait à son idéologie personnelle. D'autre part, il avait le projet de supprimer l'activité privée des psychiatres des hôpitaux et des médecins des hôpitaux en général.

Bien entendu, sur le premier point, il s'est heurté au refus de la grande majorité des responsables hospitaliers et surtout hospitalo-universitaires. « Si ton ministre ne touche pas à notre statut de chef de service, nous lui foutrons la paix » : voilà très explicitement le message que, plus tard, mes collègues m'envoyèrent.

Sa deuxième erreur a été de supprimer l'activité privée des hospitaliers. Il visait en premier lieu celle des grands patrons, en particulier les chirurgiens. Il y avait certes des abus : certains consacraient un temps excessif à leur activité privée et en tiraient des revenus considérables par rapport à leur traitement statutaire. Mais ce que Ralite a oublié, c'était la grande masse des hospitaliers non universitaires qui constituaient le gros du personnel de nos hôpitaux, pas seulement psychiatriques, mais surtout généraux. Il a affolé les populations. Parce que les salaires de ces médecins n'étaient pas très importants. Les universitaires, eux, recevaient un salaire universitaire plus une indemnité hospitalière, ce qui doublait pratiquement leur revenu, au contraire des purs hospitaliers. En supprimant l'activité privée, on gênait un peu les uns, mais on menaçait surtout gravement les autres. D'où un grand mouvement de lutte, qui a abouti à une grève. Cela a commencé par les étudiants, puis cela a gagné les internes. Les étudiants étaient furieux parce qu'on voulait leur imposer un examen de fin d'année (il a d'ailleurs été mis en place et on n'en parle plus) ; les internes parce qu'on voulait une formation d'internat plus musclée qu'auparavant. Et d'autres catégories sont venues les rejoindre, jusqu'à ce que les hôpitaux soient bloqués. Comme d'autres secteurs étaient dans une situation difficile, c'est à ce moment-là qu'a éclaté une première crise ministérielle et que François Mitterrand a choisi Laurent Fabius comme Premier ministre à la place de Pierre Mauroy.

Pierre Bérégovoy a pris en charge un grand ministère de la Santé et de la Sécurité sociale. Il avait un secrétaire d'État chargé plus spécifiquement des problèmes de la santé, mais sous sa coupe. C'était Edmond Hervé. Dans sa ville de Rennes, celui-ci était très ami avec le neurologue Olivier Sabouraud, un ancien de la Salpêtrière qui avait aussi fait partie du comité Savary. Si bien que quelques semaines après la création de ce nouveau ministère, j'ai reçu un coup de téléphone de ce collègue : la situation à la santé était catastrophique ; il y avait des grèves partout, en particulier sur le plan hospitalo-universitaire ; tout allait très mal. Est-ce que j'acceptais d'être son chargé de mission pour examiner ces questions avec lui, autrement dit pour les régler, puisque le ministre était agrégé de droit et n'avait aucune formation médicale ? J'ai repensé à ce que je m'étais dit en me rendant à la Bastille au soir de l'élection de François Mitterrand. Bien que socialiste de cœur, je n'avais guère envie de me mouiller en politique. Et voilà que ça y était. Il allait bel et bien falloir le faire. J'étais « embêté », mais d'un autre côté, chargé de mission auprès d'un ministre pour régler un problème difficile, voilà qui était grisant, flatteur. J'ai donc accepté, et je me suis engagé pour plus d'un an.

L'attitude prise par Edmond Hervé consistait à dire : je n'ai pas de rétroviseur, je ne m'occupe pas de la politique de mon prédécesseur, je vais voir ce que vous voulez. C'était un négociateur. Je me sentais très à l'aise dans cette démarche. Il fallait faire des compromis, voir comment on pouvait arranger les choses, ce qui n'allait pas, etc. Du coup, pendant des semaines, j'ai eu droit à maintes assemblées générales, moi qui croyais avoir payé mon écot en subissant celles de Nanterre pendant trois mois en 1968. Mais non, j'ai dû m'y recoller, qui plus est dans une position de responsabilité, tant vis-à-vis des étudiants que des internes et des médecins des hôpitaux.

Du côté des premiers, cela s'est calmé assez vite, mais il a quand même fallu négocier trois ou quatre mois. L'examen : ils n'étaient plus à un concours près. C'était un problème qui intéressait surtout Bérégovoy et Savary. Et c'était ce dernier, très rigide, qui était à l'origine d'un concours dont les étudiants ne voulaient pas. Ils n'étaient pas internes, il fallait leur « foutre la paix », au lieu de leur imposer un concours alors qu'ils venaient d'être collés à un autre. Mieux valait procéder à un examen terminal dans des conditions relativement faciles.

Savary avait été gouverneur de Saint-Pierre-et-Miquelon du temps de la France libre. Il avait un passé politique de socialiste modéré et je l'avais toujours beaucoup admiré. À la Santé, nous étions favorables à la négociation. Car c'était la pagaille dans les hôpitaux, où les externes ne venaient plus. Mais Savary tenait bon. Alors que j'avais été de son côté, je me retrouvais en opposition avec lui. Hervé se comportait un peu trop de façon déférente vis-à-vis de lui, à mon goût. Il faut dire qu'il ne connaissait pas grand-chose à la médecine, alors que Savary maîtrisait mieux son dossier. Il était soutenu par des amis à moi, y compris ceux qui m'avaient fait venir auprès d'Hervé mais qui étaient ses conseillers. Quant à Bérégovoy, il voulait apaiser très rapidement cette affaire.

C'est dans ce contexte que j'ai dû me battre contre Savary. Un jour, lors d'une réunion dans l'appartement du ministre, rue de Grenelle, me voilà qui casse un verre et renverse du champagne sur la nappe. Savary me regarde et me dit : « Ça s'analyse, mon cher ! Vous qui êtes psychanalyste, vous devez savoir pourquoi vous venez de casser un verre dans cette réunion. » Tout le monde a ri, mais cela traduit bien la tension, l'atmosphère qui régnaient. Heureusement, cela s'est arrangé avec les étudiants en médecine, mais il a tout de même fallu un petit « Grenelle ».

Un jour, Pierre Bérégovoy me fait appeler au ministère des Affaires sociales – qui coiffait la Santé. « Nous allons avoir une discussion pour en finir avec les étudiants », m'explique-t-il. Il avait pris les choses en main. À la réunion, pas de Savary. Furieux qu'on cède aux étudiants, il avait préféré se faire représenter par ses conseillers. Hervé, lui, était là, mais il me faisait confiance, j'étais son porte-parole. Et Bérégovoy était au milieu.

Alors on négocie, on avance et, au bout de quelques heures, Bérégovoy s'adresse aux étudiants en médecine : « Écoutez, j'ai l'impression que nous avons accompli un gros travail. Des concessions importantes ont été faites. Maintenant, je crois que nous pourrions nous accorder pour en rester là. » Une voix délicieuse de jeune fille se fait alors entendre : « Oui, monsieur Bérégovoy, nous avons la moitié, mais vous avez encore l'autre à nous donner. » Interruption de séance. En aparté, le ministre m'a dit : « Ils sont épouvantables, dites donc. Avec des syndicalistes, ça ne se passe jamais comme ça. Quand c'est la moitié, on s'arrête. Comment peut-on négocier avec des jeunes comme ça s'ils veulent tout ? Il n'y a pas de négociation possible. » Je lui ai répondu : « Je ne sais pas, on va voir, on va attendre, on va revenir. De toute façon, il faut que ça dure. » Avec les syndicats non plus, il ne fallait pas qu'une réunion se termine avant 2 heures du matin. Si leurs représentants revenaient devant leurs troupes à minuit, ils donnaient l'impression de ne pas avoir obtenu assez. La réunion devait se terminer plus tard, même si on savait dès 22 heures sur quoi on allait se mettre d'accord. Vis-à-vis des syndiqués, il fallait donner le sentiment d'avoir fait le maximum. Et c'est ce qui s'est passé.

Bérégovoy, à l'époque, était dans l'embarras. « Vous comprenez, m'a-t-il confié, nous n'avons plus la majorité dans le pays, nous le savons bien, même si, pendant trois ans, l'assemblée votera pour nous. » Voilà qui m'a appris qu'un gouvernement qui se sait non majoritaire, même s'il a les parlementaires pour lui, a quand même une position faible. Par conséquent, en 1982, il fallait faire très attention à ne pas créer de situation gravissime et négocier en position de faiblesse, même si ce n'était pas dit, puisque, en apparence, la gauche était toute-puissante à l'Assemblée.

Avec les internes, les négociations ont été plus dures. Souvent, le ministre allait d'un côté et moi d'un autre. Un jour, il s'agissait de négocier avec les chefs de clinique assistants. Il y avait deux syndicats : l'un de droite et l'autre de gauche. Celui de droite était le plus puissant, bien entendu. Il représentait le plus grand nombre des hospitaliers. Hervé s'est occupé de discuter avec celui de droite, tandis que je me suis chargé de faire attendre les syndicalistes de gauche, parmi lesquels je comptais des amis. Je leur annonce : « Voilà, le ministre est avec... – Quoi ? Avec ces salauds-là ? – Euh oui, il faut bien négocier. C'est eux le "gros" syndicat. – Comment ça ? Il va se faire avoir, ton ministre ! » Je me suis fait engueuler par les gens de ma tendance parce qu'il fallait négocier avec des adversaires. Autre leçon de politique !

Avec les professeurs aussi, il fallait négocier. Ils me faisaient dans l'ensemble confiance, même mes collègues de droite, qui étaient très majoritaires. Ils savaient que je n'étais pas un boutefeu, que je voulais arranger les choses, mais ils voulaient des assurances : nous ne devions pas toucher à leur statut de chef de service.

Heureusement, dans le feu de la bataille, il y avait tout de même quelques ministres, quelques hommes publics pour nous aider. Un jour, j'ai vu arriver Gaston Defferre, en tant que maire de Marseille, avec un groupe d'internes et d'étudiants en médecine, plus jeunes. Il se proposait d'arranger la situation. Tout le monde s'est installé dans la salle de réception du ministre. Edmond Hervé l'a remercié et a expliqué que j'étais là pour répondre aux questions. J'écoute donc, et je commence à répondre. Tout à coup, quelqu'un m'interrompt : « Oui, mais quand même, monsieur... » Defferre, alors, s'écrie : « Dis donc petit, arrête. Tu parles à un professeur et tu parles devant un ministre. Alors, s'il te plaît, tu te tais et tu écoutes. » Je me suis dit que la négociation allait capoter. Mais tout le monde a ri en douce. Et j'ai adressé un clin d'œil aux internes : après tout, c'étaient de jeunes collègues. L'affaire s'est assez bien arrangée.

La vie publique n'est pas rythmée comme celle de n'importe qui. On commence à travailler à midi et on s'arrête à minuit ou 2 heures du matin. Jusqu'à midi, les ministères dorment ou bien on lit le journal, on a une petite réunion de service. Les affaires sérieuses commencent à 15 ou 16 heures. Quant à moi, j'avais deux occupations. Le matin, je retrouvais à l'hôpital mes plus proches collaborateurs, J.-F. Allilaire et M.-C. Hardy, qui m'avaient « autorisé » à accepter cette fonction, et je débarquais vers 13 ou 14 heures pour travailler jusque tard dans la nuit, parfois. C'était dur physiquement, mais surtout moralement face à nos adversaires de droite. La majorité n'avait pas envie de voir les hôpitaux en pagaille. Ils sentaient aussi qu'ils avaient en face d'eux des gens souhaitant négocier et parvenir à des solutions non seulement acceptables mais positives pour eux. Mais nombreux étaient aussi ceux qui étaient résolus à faire la politique du pire. D'où l'atmosphère très tendue des réunions. Et puis, il y en avait tout le temps, avec les étudiants, avec les professeurs, avec les chefs de service, avec les responsables des commissions médicales consultatives, c'est-à-dire les patrons des patrons des hôpitaux, etc. Tout cela me stressait énormément.

Ce qui me frappait, c'était que les politiques, dans l'équipe qui entourait le ministre, savaient conserver face à cela une sorte de solidité. Un jour que je demandais au directeur de cabinet, Gaston Rimareix, comment il parvenait à garder son sang-froid et même à rire avant une réunion très incertaine, il m'a répondu : « Mon vieux, en politique, c'est comme ça tout le temps, tu comprends. Si on commence à se stresser parce qu'on va affronter des adversaires, on ne s'en sortira pas. » Mais moi, je souffrais beaucoup.

Qu'est-ce que le psychanalyste retient de l'exercice du pouvoir ? Un grand respect pour les uns et une piètre opinion pour d'autres. Le politique est confronté à deux exigences : la réussite de son action et les rivalités qu'il doit affronter. Le poids respectif de ces deux aspects m'a paru représenter le principal critère pour juger de la respectabilité des uns ou des autres. D'où mon hostilité à l'égard des syndicats. « Je ne m'intéresse pas aux dîners en ville », me disait Hervé. Un de ses prédécesseurs se faisait donner la liste des convives avant d'accepter une invitation. L'homme d'État doit posséder une forme d'indifférence, que l'on retrouve chez le psychanalyste, à l'égard de toute gratification narcissique. Ce n'est sans doute pas facile ! Il est difficile en effet de ne pas séduire pour négocier. Du moins faut-il ne pas se laisser prendre au jeu. Je l'ai appris à mes dépens quand, au cours d'une réunion, je me suis laissé aller à accepter quelques avancées, vite reprises par mes interlocuteurs et qui ne pouvaient engager que moi. J'ai appris d'Edmond Hervé que la parole d'un chargé de mission engageait toujours son ministre ! La langue de bois est parfois nécessaire. Elle diffère du discours du psychanalyste, mais moins qu'il n'y paraît. Car, même si les intentions diffèrent, il s'agit toujours de se demander quel usage il sera fait par l'autre des propos que l'on tient. L'écoute de l'autre est essentielle à l'homme politique, même s'il délègue parfois cette tâche à ses conseillers, exposés quant à eux aux feux du débat. Parler pour rendre compte de son honnêteté, mais ne pas trop bavarder pour noyer le poisson !

Du côté des ministres, Edmond Hervé est vite devenu un ami : nous nous tutoyions, nous appelions par nos prénoms, étions tout le temps ensemble. Et je dois dire qu'il écoutait avec sympathie mon avis et il s'est rarement opposé à ce que je pouvais proposer. C'était un homme très ouvert. Alain Savary, lui, m'a déçu. Je l'ai trouvé rigide, cassant. Malgré le respect que j'avais pour lui depuis des années en tant qu'homme public, je ne me suis pas senti à l'aise avec lui.

Quant à Pierre Bérégovoy, drôle, sympathique, il m'a fasciné. Nous passions des heures ensemble à parler des rapports entre les médecins et les hommes politiques, de la vie politique, de ses rapports avec les communistes, de l'avenir de la gauche, etc. C'était un homme de grand talent. Sa manière de réfléchir aux choses, de les présenter me faisait penser qu'il pouvait être appelé à de plus hautes fonctions. Et il l'a été, mais dans des conditions malheureuses, puisque cela a entraîné la chute de la majorité socialiste et son suicide quelques semaines plus tard. Il m'a confié un jour : « Vous savez, Widlöcher, les médecins ont un énorme pouvoir sur les hommes politiques. Vous ne vous en rendez pas compte, mais tout homme politique a au moins un ou deux médecins qui s'occupent de lui. Et ces gens ont une énorme influence sur leur patient. Qu'il soit de droite ou de gauche, quand vous avez un homme politique, tâchez de trouver quels sont ses médecins et dans quel sens ils interviennent. Vous avez une influence très grande, beaucoup plus grande que bien des influences visibles. » J'y ai souvent repensé depuis.

Les syndicalistes, en revanche, m'ont dégoûté, comme je m'y attendais. Qu'ils fussent de droite ou de gauche, c'étaient des pantins qui voulaient plaire à leurs adhérents et surtout nuire à leurs rivaux. L'un des gros problèmes de la France est d'avoir toujours un syndicat qui veut ce que l'autre ne veut pas, ce qui entraîne concurrence et maintes hypocrisies et doubles jeux. Je me souviens encore de responsables syndicaux médicaux venant me dire : « Tu sais, finalement, on est d'accord. Ce que tu dis est très bien et le ministre va pouvoir faire cette déclaration sans aucun problème. Mais ne t'étonne pas : demain matin, dans tel journal, nous afficherons une réaction cinglante. Il le faut vis-à-vis de nos troupes, tu comprends... »

Parmi les hommes que j'ai rencontrés pendant cette période au ministère, certains revenaient tout le temps, d'ailleurs sympathiques. Il y avait le cancérologue Léon Schwartzenberg, qui était sans cesse à me faire la leçon : il fallait que j'aide mon ministre à faire ceci ou cela. Jean-Jacques Servan-Schreiber venait aussi, mais c'était surtout l'informatique qu'il voulait développer. Alexandre Minkowski était encore très actif. D'autres accouraient parce qu'ils voulaient avoir un poste hospitalo-universitaire en plus, un poste en moins, comme si j'étais censé décider des postes ! En réalité, les fonctions que nous avions ne nous permettaient pas de faire des choses extraordinaires. Mais il fallait que la Santé et l'Éducation nationale s'entendent au niveau local et national. Quand, dans une ville, les hôpitaux voulaient M. X dans telle discipline et que la faculté voulait M. Z dans une autre discipline et qu'ils avaient voté différemment, comme par hasard, je défendais les hôpitaux et mon collègue conseiller de Savary défendait l'Éducation. Pourquoi ? Parce que chacun avait ses raisons, qui tenaient l'un à l'enseignement universitaire, l'autre à la vie hospitalière. Et moi, je défendais l'hôpital, j'étais là pour cela.

Je n'ai vécu que deux cas de pression politique. Pierre Bérégovoy n'a tenté qu'une unique fois d'exercer une pression. « Écoutez, m'a-t-il annoncé, dans ma ville, M. X est un homme que j'estime beaucoup, il est candidat. J'aimerais vraiment beaucoup, si c'était possible, qu'il soit nommé professeur. » En réalité, c'était facile, car l'accord s'était fait autour de lui à l'échelon local. L'autre cas est venu de l'Élysée, je n'en ai pas beaucoup parlé jusqu'ici. Un émissaire venait parfois me faire part des souhaits du président au regard de notre action. François Mitterrand était d'ailleurs très favorable à la négociation, car il voulait à tout prix que les troubles se tassent. Un jour, des conseillers de l'Élysée m'ont dit : « M. X est quand même une grande lumière médicale. Comment se fait-il qu'il ne soit pas professeur ? Le président aimerait beaucoup qu'il puisse bénéficier d'une chaire quelque part. Vous devriez vous débrouiller pour lui avoir un poste. » J'ai donc effectué quelques sondages en ce sens. Le problème, c'était que personne ne voulait de ce M. X ! J'ai donc répondu : « Désolé, je n'ai trouvé aucune faculté prête à voter pour lui et même à l'accepter comme candidat. Si j'en trouvais une, j'en serais heureux, mais j'ai vraiment exploré beaucoup de facultés et personne n'en veut. » Le conseiller m'a rétorqué : « Mais le président de la République peut nommer professeur quelqu'un qui n'a pas été demandé par sa faculté ! » C'était vrai, c'était légal. Cela avait d'ailleurs été fait une fois, il y avait longtemps, du temps de… Napoléon III. Voilà ce que j'ai répondu, à la consternation de mon interlocuteur, qui est reparti un peu déçu. Je m'étais renseigné : c'était ainsi que Conneau, médecin de l'empereur, est devenu le professeur Conneau. Il a sa plaque à Ajaccio sur sa maison de naissance.

Jusqu'alors et depuis le Consulat de 1802, il existait dans les hôpitaux de Paris un concours de recrutement qui sélectionnait les meilleurs étudiants pour leur conférer des responsabilités de soin dans les services de médecine et de chirurgie. Depuis près de deux siècles, des concours avaient lieu dans chaque ville universitaire ; outre la qualité de la formation donnée, ils permettaient aux médecins de se prévaloir du titre d'« ancien interne des hôpitaux de la ville de X ». Bien sûr, le plus grand nombre de candidats se présentait aux concours de la ville dont les hôpitaux étaient censés être un lieu de formation prestigieux. Le prestige était donc renforcé par le nombre de candidats qui se présentaient au regard de ceux qui étaient retenus.

La réforme était inspirée par un souci égalitaire (l'internat pour tous) et aussi celui d'offrir à tous les étudiants une activité de soins dans les hôpitaux universitaires qui leur assure une formation clinique de qualité. Les internes en titre avaient fait grève pour s'opposer à cette mesure, jugée trop égalitaire, et les étudiants qui n'étaient pas internes étaient hostiles, nous l'avons vu, au concours. Finalement, nous avons négocié un accord, toujours en vigueur, aux termes duquel les étudiants qui ne souhaitaient pas se présenter au concours ou qui n'étaient pas nommés pourraient exercer un internat de médecine générale de deux ans, lequel ne donnerait pas droit au titre d'ancien interne et surtout ne permettrait pas de choisir une filière de spécialité. Le concours traditionnel d'internat de ville de faculté devenait le concours de sélection des spécialistes. Qui allait payer, et sur quel budget, les fonctions hospitalières ainsi confiées aux futurs médecins généralistes ? La Santé voyait là une charge budgétaire nouvelle très importante, mais l'Éducation nationale tenait à appliquer cet accord au plus vite. La Santé a dû céder devant l'Éducation nationale. Celle-ci faisait des réformes, mais c'était la Santé qui payait, et il en va toujours ainsi. Qui allait payer ces internes ? L'Éducation nationale ne s'occupait pas des salaires des hospitaliers. Donc, il nous fallait trouver l'argent. Mais où ?

Et quand nous avions un tel conflit, il fallait aller devant le Premier ministre. Pas Laurent Fabius personnellement, mais ses conseillers. Tout se passait entre chargés de mission. C'est ainsi que je me suis retrouvé à une réunion interministérielle à Matignon présidée par un représentant du Premier ministre, en présence de représentants des Finances. Il fallait absolument placer dans les hôpitaux tous les étudiants en médecine de sixième année comme résidants ou comme internes de médecine générale, ai-je expliqué. Les Finances me demandent : avec quoi allez-vous les payer ? Je me retourne vers les conseillers et les fonctionnaires de mon ministère : qu'avaient-ils prévu ? Je vois avec horreur qu'ils n'avaient absolument pas déterminé sur quelle enveloppe pouvaient être payés des milliers d'internes en médecine générale, chose qui d'ailleurs inquiétait beaucoup le milieu. Car on redoutait qu'ils ne viennent prendre les postes d'attachés dans les services alors qu'ils étaient moins compétents. Les hôpitaux grondaient. Et moi, je disais de ne pas s'inquiéter et que ce serait étudié par nos services. Mais rien n'avait été fait !

Les Finances ont donc répliqué que, tant que nous ne saurions pas sur quelle ligne budgétaire prendre ces salaires, la mesure ne serait pas mise en place. À ce moment-là, j'ai eu une idée : combien coûtait à la Sécurité sociale un jeune médecin qui s'installait ? Oui, on le savait, m'ont répondu les gens des Finances, très informés. Alors, pourquoi ne pas imaginer que ces jeunes médecins soient payés comme internes au lieu d'exercer deux ans dans le privé ? Quel était l'écart ? Ils m'ont alors regardé. Ils avaient déjà fait leur compte. Quelques petites manipulations sur leurs machines à calculer, et ils ont accepté un internat payé de deux ans.

Q : N'est-ce pas cet internat de spécialité qui a eu pour conséquence de ramener la psychiatrie dans le cadre des disciplines médicales, alors qu'il existait jusque-là un internat à part, celui des hôpitaux psychiatriques, qui assurait la formation pratique et la qualification des psychiatres ?

DW : Précisons d'abord que la qualification de psychiatre pouvait être obtenue comme toute qualification sans qu'on ait été interne. En outre, certains internes des hôpitaux de villes de faculté (internat général) choisissaient la psychiatrie ou, comme moi, certains étudiants désireux de devenir psychiatres se portaient toujours candidats à l'internat des hôpitaux généraux pour bénéficier d'une formation plus approfondie en neurologie, en médecine ou, comme ce fut mon cas, en pédiatrie. Les psychiatres ont été nombreux à protester contre cette réunification des deux internats. En posant la psychiatrie comme une spécialité parmi d'autres, ils voyaient le risque d'une sélection qui prendrait plus à cœur la vocation psychanalytique initiale et, disons-le, exclusive. Nous avons tenu bon dans le souci de maintenir la psychiatrie dans le champ de la médecine et précisément d'éviter une ségrégation abusive. Je note que, près de trente ans après, on ne remet plus en question cette réforme. Mais tout cela a demandé beaucoup de temps pour que nous parvenions à un accord.

Voilà comment se règlent les problèmes politiques. Et c'est encore le cas, sûrement, pour des centaines de questions, entre conseillers, au sein de commissions.

Depuis 1984, la situation dans le milieu hospitalo-universitaire s'est apaisée. La création d'un internat de médecine générale de deux ans a satisfait les étudiants. Comme toujours, l'Éducation nationale décide, la Santé paye et les Finances contrôlent le tout. Après quoi Matignon endosse, sous l'œil attentif de l'Élysée. En l'occurrence, les opposants avaient bien essayé de faire croire que l'on allait de ce fait diminuer le nombre de praticiens dans les services pour faire face à ces nouvelles obligations hospitalières. Il est vrai que l'administration de la Santé n'avait guère préparé son dossier quand il a fallu le défendre face aux représentants des Finances qui, eux, avaient bien mesuré le coût de l'opération. Il a fallu que je demande à ces derniers de calculer l'économie de budget social que créait le retard de deux ans dans l'installation dans le secteur privé de ces nouveaux prescripteurs. Le calcul a été rapide et convaincant au cours d'une réunion interministérielle et l'accord obtenu. Il n'était plus question de toucher aux privilèges des chefs de service et à l'autonomie des services hospitaliers. Enfin, internes et chefs de clinique ont reçu les garanties légitimes que, d'ailleurs, personne ne leur contestait. Bref, une fois de plus, le mouvement provoqué par des soupçons plus ou moins fondés sur des mesures que personne n'était vraiment décidé à prendre est retombé. Si des réformes devaient néanmoins être envisagées, elles ont été remises à plus tard et, pourquoi pas, laissées à une autre majorité. L'Élysée s'est montré satisfait de la manière mesurée dont l'affaire a été traitée. Les observateurs avisés, de droite comme de gauche, me l'avaient bien dit : en matière d'enseignement (médical ou autre), rien ne peut être tenté en France qui soit une réforme d'envergure.

À vrai dire, cependant, je commençais à trouver le temps long qui me séparait de ma pratique. Certes, à l'hôpital comme à la faculté et à l'APF, on semblait bien se passer de ma présence active, mais je n'y trouvais pas mon compte. En outre, le dossier que nous avions préparé avec Pierre Simon pour demander la création d'une unité de recherche Inserm autour de l'approche psychopathologique du médicament psychotrope était en bonne voie et il semblait approprié que j'en assure la direction. Je fis donc part à Edmond Hervé de mes états d'âme. Et il les comprit parfaitement. Il convenait de maintenir une complète séparation entre un projet préparé depuis plusieurs années et ma mission auprès de lui. Lui-même, me confia-t-il, avait le sentiment qu'il n'avait guère favorisé sa ville depuis qu'il avait ajouté à son mandat municipal ses responsabilités ministérielles. Nouvelle marque de l'extrême amitié de l'homme politique auprès duquel j'avais eu le plaisir de travailler durant un an dans des circonstances difficiles. J'avais jadis subi passivement le chaos de 1968 ; je venais de gérer auprès de lui celui de 1983.

Mais, car il y avait un « mais », il fallait être prudent. Partir tout simplement, du jour au lendemain, risquait d'être interprété comme l'expression d'un désaccord d'opinion, d'un conflit entre nous. Il a donc fallu durant deux mois faire apparaître mon départ prochain et l'arrivée annoncée de mon successeur comme une convenance personnelle, dans un parfait accord de fond. Est-il si facile pour un homme politique d'être à la fois honnête et prudent ? De cette prudence nécessaire, j'ai d'ailleurs fait l'expérience *a contrario* quelque temps après mon départ, à l'occasion d'une pétition étudiante. On s'est en effet servi de ma signature pour en déduire que je m'opposais à la politique de « mon » ministre et j'ai dû m'expliquer par écrit dans certains journaux pour dénoncer une telle rumeur. Il ne suffit pas, en politique, d'être prudent. Il faut encore être terriblement méfiant. Depuis, je comprends mieux bien des moments peu reluisants de la vie politique. Mais cela n'est rien à côté des bénéfices que j'ai pu tirer de cette année vécue au sein d'une instance ministérielle. La connaissance acquise par expérience des rouages de la vie politique m'a permis de comprendre par la suite bien des événements. L'équilibre subtil entre l'Élysée et Matignon (ainsi que le rôle des conseillers de chacun), les conflits interministériels, la place d'exception du ministre des Finances me sont devenus plus lisibles. Quant aux pressions extérieures, des parlementaires comme de ces personnalités qu'on retrouve à chaque instant dans les corridors des cabinets ministériels, et à l'hypocrisie des syndicats de tous bords, attachés à leur posture combattante, alors même qu'ils conviennent en privé du poids pesé par certaines contraintes, c'est là, me semble-t-il, le quotidien de la vie d'un cabinet ministériel. Au demeurant, on ne manque pas de noter au passage la qualité du travail accompli en commun avec des personnalités d'exception et, dans le cas de mon expérience personnelle, avec Edmond Hervé, dans le cadre d'une équipe qui a, par la suite, été touchée injustement et de manière scandaleuse dans l'affaire du VIH.

Q : Aviez-vous des patients en psychanalyse pendant ce temps ?
DW : Très peu. Un ou deux, que je suivais tous les matins de bonne heure. Cela a été le creux de mon activité, c'est évident. Cela ne m'a pas empêché de continuer à mener quelques travaux et à publier quelques articles. Quand est arrivé l'été 1983, je n'en pouvais plus.
Q : Fatigue ?
DW : Pas seulement. J'en avais assez, ce n'était pas mon métier. Lors des réunions de cabinet toutes les semaines, des collègues, des amis m'incitaient à « faire de la politique » : « Tu pourrais être député ou même sénateur », me disaient-ils. Mais cela ne m'intéressait pas.
Q : Edmond Hervé a été très attaqué dans l'affaire du sang contaminé.
DW : Il faut se rappeler qu'alors, nous découvrions l'existence du sida. On n'avait pas bien conscience des conséquences de la séropositivité. Ni des voies de contamination. Quand j'en parlais avec des collègues hématologues, y compris Jean Bernard, ou des représentants de l'Institut Pasteur, leur discours se voulait rassurant : le sida est une maladie comme les autres, vous verrez, un vaccin va vite être créé. Une partie du ministère s'est compromise à ce moment-là, pas dans des malversations, plutôt en ne faisant pas bien les choses. Mais je continue à penser que le corps médical ne les a pas bien informés. C'est ensuite qu'on a mieux perçu le danger.

9

Une visite chez le président de la République

Printemps 1986. J'ai repris depuis trois ans le chemin de l'hôpital et de la faculté. Ma présence à l'Association psychanalytique de France est redevenue celle d'un titulaire parmi les plus anciens. Il en sera ainsi jusqu'à la fin des années 1990. Mais toutes ces années, émaillées de maints événements familiaux, sont aussi occupées par des voyages scientifiques, des congrès de psychanalyse et des missions professionnelles.

Un beau jour, je me retrouve sur le trottoir du faubourg Saint-Honoré. Je suis en retard et cours le long des murs, quand un garde républicain m'arrête : je longe le palais de l'Élysée. Tout essoufflé, je réussis à lui expliquer que j'ai rendez-vous avec... le président de la République. Et que je vais arriver en retard. Impressionné sans doute par ma sincérité, il me laisse passer. Je retrouve François Gros et Jacques Glowinski. Ensemble, nous devons rendre compte de la mission qui nous a été confiée à Bonn.

Un groupe européen avait été convoqué par Kohl et Mitterrand pour réfléchir sur les conditions éthiques des recherches sur le cerveau. J'ai toujours copie de la lettre que le président français avait adressée à son homologue : « Cher Helmut, je suis heureux de t'adresser trois éminents représentants... etc., ton François. » En somme, comme les psychanalystes, les hommes politiques savent se traiter amicalement en simples collègues.

La conférence avait été pleine d'intérêt. Promenés le long du Rhin dans de puissantes BMW à 180 km/h, escortés de motocyclistes, nous avions été reçus par le président de la RFA, Richard von Weizsäcker, et nous avions eu droit à un agréable dîner donné par le chancelier. J'étais bien entendu le psychiatre-psychanalyste de service, chargé de réfléchir sur les liens entre l'esprit et le cerveau, comme si souvent par la suite.

À notre retour à Paris, François Mitterrand s'est montré amical et respectueux. Il nous a longuement interrogés sur nos travaux. En particulier, il m'a demandé de lui expliquer pourquoi il y avait tant de déprimés. J'ai pu lui expliquer que c'était la détection et la reconnaissance des troubles qui avaient progressé en qualité, mais que rien ne laissait penser à une augmentation des cas de dépression. Mais lorsque nous avons tenté de plaider la cause de la recherche à l'université, il a soudain pris un air lointain. Il faut dire que c'était le temps de la cohabitation et du gouvernement Chirac. Il nous a expliqué d'un ton exagérément emphatique à quel point il avait des relations amicales avec le Premier ministre et combien M. Devaquet, précisément responsable des universités, était un homme charmant avec qui on avait plaisir à bavarder. Bref, on ne pouvait mieux nous signifier qu'il n'avait rien à dire sur ces sujets et qu'il valait mieux arrêter là nos considérations « politiques ». Belle leçon de maintien que je me suis plu à imiter.

Ce chapitre évoque plusieurs rencontres, au fil du temps, avec des pionniers de la psychanalyse avant l'invasion nazie de leur pays et restés ensuite dans une semi- (voire totale) clandestinité sous des régimes communistes. Pourquoi l'ouvrir par cette audience à l'Élysée ? Quels liens entre ces vieux psychiatres, dignes et pauvres témoins de décennies de vie difficile, mais entourés de respect, de vénération presque, par des quadragénaires qu'ils avaient formés au cours des années terribles, et le président Mitterrand ? Un même mélange d'orgueil et d'impuissance peut-être, que j'ai ressenti chez eux comme chez lui, alors.

Quand j'ai accompagné Serge Lebovici rendre visite à Imre Hermann, j'avais déjà passé deux séjours dans la capitale hongroise. Lors de ces deux visites, j'avais pu constater le contraste entre une psychiatrie adulte très conservatrice et un courant très innovant en pédopsychiatrie. On sentait là l'influence d'Imre Hermann et, à travers lui, de l'école hongroise d'avant-guerre, dont les plus brillants représentants s'étaient exilés en Grande-Bretagne ou aux États-Unis. Le souci de Hermann était de maintenir vivante cette tradition face aux courants « occidentaux ».

Il n'avait pas arrêté ses activités de psychanalyste et en particulier de formateur. Sur le plan théorique, dans une mouvance qui venait de Ferenczi, il avait développé avec sa femme et quelques élèves, en particulier les Balint, une théorie de l'amour primaire qui se voulait alternative à celle de l'étayage, avancée par Freud. Pour ce dernier, la sexualité infantile prend ses origines en se greffant sur les pulsions biologiques originaires : le plaisir sexuel que le nourrisson éprouve par la tétée et la succion du pouce (érotisme objectal et autoérotisme) se développe à partir du besoin alimentaire et de la nécessité de le satisfaire. Pour Hermann et ses élèves, tant l'étude du comportement du jeune enfant que celle du développement comparé entre les primates et l'homme, montraient que l'« érotisme » était bien une pulsion primaire. Puis devait naître la théorie de l'attachement qui a connu, après Bowlby, le succès que l'on sait. Mais avant que Balint exporte en Grande-Bretagne la théorie de l'amour primaire, celle-ci était restée le propre de l'école hongroise. Hermann considérait que seuls les événements historiques avaient empêché la diffusion de ses idées sur l'agrippement, forme primaire selon lui de l'attachement du jeune primate à sa mère. Il est mort peu de temps après sans avoir eu le temps de voir le renouveau et le succès de son point de vue.

Sur un autre plan, plus clinique, Imre Hermann devait se sentir « oublié ». Dans l'école hongroise, son propre courant de transmission, la règle voulait que le futur psychanalyste, à un stade avancé de son expérience personnelle, entame la psychanalyse d'un patient et rende compte de sa pratique à son propre psychanalyste, comme un simple prolongement de la cure. Si, dans le reste du monde, les psychanalystes distinguaient très soigneusement analyse personnelle et supervision, la tradition hongroise devait être maintenue et diffusée, selon lui. C'était un grand homme, solitaire et amer, heureux de retrouver une communauté plus large, mais jaloux de son propre cheminement.

C'était avant mon deuxième passage à Budapest en 1969-1970 que je m'étais rendu à Prague, peu de temps avant le printemps. Pour rencontrer des psychanalystes, je devais sortir incognito de mon hôtel de luxe réservé aux étrangers, marcher longtemps dans les rues, prendre le tram. Kucera me reçut le premier jour, Dosuskov le deuxième. Chacun semblait ignorer l'autre. Leurs élèves semblaient tout autant s'ignorer. Que s'était-il passé depuis 1938 ? Tout se déroulait dans le secret, d'autant que l'on suspectait un de leurs élèves d'être un espion du Parti. Quand je retrouvais le petit groupe des élèves, si la clandestinité demeurait la règle, l'esprit était différent. Le passé était laissé de côté. L'arrivée d'un émissaire occidental était un gage d'ouverture vers l'avenir, espoir que n'avait pas détruit l'intervention des Russes. Avec eux, point de nostalgie chauvine, plutôt une grande attente. La prudence s'imposait cependant. Je dus ainsi, pour rencontrer un émissaire venu de Varsovie, marcher avec lui durant deux heures sur les quais de la Moldau en feignant d'admirer les rives du fleuve.

Tout autre était l'atmosphère lorsque, beaucoup plus tard, j'ai rencontré à Belgrade le professeur Matic, lui aussi formé avant la guerre. Après la chute du nazisme, le régime de Tito n'avait guère fait de difficultés à ses convictions psychanalytiques, mais il avait surveillé de près sa pratique privée. Matic avait ainsi pu reprendre ses activités de professeur de psychiatrie de l'enfant et plus discrètement ses activités de psychanalyste. Certains élèves, au fil des ans, avaient assuré la transmission.

Quant au régime de Milosevic, aussi détestable et détesté qu'il fût par les psychanalystes, il leur a permis d'exercer en toute liberté leur pratique. Ma première rencontre avec ce régime ne fut toutefois pas très agréable. À ma première venue, pour prendre contact au nom de l'IPA, en compagnie du Zurichois Alexandre Moser, je n'avais pas été informé que les Français, par mesure de rétorsion, devaient être dotés d'un visa d'entrée. Je passai donc des heures à l'aéroport, condamné à être rapatrié à mes frais à Paris le lendemain ou le surlendemain. Expérience édifiante que de se retrouver sans papiers.

Je pus toutefois informer de la situation les collègues qui m'attendaient. Ils durent courir d'un bureau de police à l'autre, d'une relation de l'un à une connaissance de l'autre pour obtenir qu'on m'accorde un visa. L'accueil qui me fut réservé, la cordialité et l'estime qui marquèrent nos relations ont ensuite fait que, durant près de dix ans, j'ai pu revenir travailler avec le groupe dont beaucoup sont devenus des amis. Matic nous a encouragés, poussant ses élèves à s'ouvrir vers l'extérieur. Curieusement, seuls les analystes formés durant la guerre et qui avaient pratiqué tout au long de l'occupation nazie et des premières années du communisme sont restés en dehors de ce qui constitue désormais la Société psychanalytique de Belgrade.

Tous les « vieux chefs » ont disparu. Quelle a été la qualité de leur psychanalyse ? On ne le sait. Mais, donnant raison au principe d'Anna Freud, leur pratique a continué, comme la fidélité de leur attachement à la « cause » ou plutôt à ce que j'appelle aujourd'hui le « goût de la psychanalyse ».

Si, d'un mot, il fallait résumer ce qui a marqué ces années, je dirais : recherche. La recherche psychiatrique était à l'ordre du jour. L'Inserm m'avait déjà accordé des crédits pour étudier les cibles cliniques des antidépresseurs. Un projet de créer un comité de recherche associant les départements de pharmacologie et de psychiatrie de la Salpêtrière était envisagé et, avec Pierre Simon, nous avions déjà formulé une demande officielle. Nous comptions sur lui pour en assurer la direction, mais des rumeurs vinrent de l'Inserm selon lesquelles on préférerait une direction psychiatrique que pharmacologique. Mes relations d'amitié avec Pierre étaient telles que cela ne créa pas de difficulté, même si je sentais bien qu'il était quelque peu déçu, mais prêt à sacrifier cette fonction de directeur d'unité de recherche pour la réussite de l'entreprise ! C'est d'ailleurs dans cette perspective que j'avais demandé à Edmond Hervé de me libérer de mes fonctions auprès de lui. Il eût été difficile que l'unité soit créée sous ma direction alors que j'appartenais au cabinet du ministre de tutelle. Edmond aurait sincèrement souhaité que je reste, mais il avait compris mes raisons. Il fallut tout de même annoncer mon départ de manière telle que personne ne puisse l'interpréter comme un signe de mésentente ou de désaccord politique ! Je fus surpris de cette préoccupation, mais me pliai aux usages, et nous avons pris un certain temps et quelques précautions diplomatiques pour l'annoncer. Non sans quelques péripéties, toutefois. C'est ainsi que, quelques semaines plus tard, j'ai signé à l'hôpital, avec Pierre Simon, sans trop réfléchir d'ailleurs, une pétition que nos externes adressaient à l'administration pour protester contre une mesure administrative… dont j'avais bien évidemment oublié la nature. Aussitôt, *Le Quotidien du médecin* a titré un article : « Un ancien conseiller du ministère signe la pétition des étudiants en médecine. »

Le thème de la recherche que j'avais dû mettre en avant pour expliquer la nécessité de me retirer du ministère, en avril 1984, n'était pas venu par hasard. Il avait pris une place croissante dans les perspectives que tous nourrissaient, à droite comme à gauche, à propos de la politique de santé et de celle de l'enseignement. Ayant eu à m'occuper des deux, j'avais été doublement confronté à la question. Du côté de la santé, il fallait financer son coût. Les programmes de l'Inserm satisfaisaient-ils ces exigences ? Bien sûr, nous assurait le directeur de l'époque, Philippe Lazar, mais il fallait tenir compte des moyens techniques et des champs de compétence de nos chercheurs. On ne pouvait répondre à tout à la fois. Certes, rétorquait-on au ministre, mais qui ordonne les choix, les besoins de la santé ou la compétence des laboratoires ? Question que je tiens pour toujours irrésolue. On ne peut demander n'importe quoi à nos chercheurs, mais on ne peut pour autant faire fi des besoins du terrain. Du côté de l'enseignement, une exigence était aussi forte : l'enseignant devait être chercheur. On ne parlait que d'« enseignants-chercheurs » et, quand il s'agissait de la médecine des centres hospitalo-universitaires, il fallait de plus être médecin. Cette « philosophie » était déjà implicite dans les réformes qui avaient accompagné la loi Debré. Elle avait trouvé toute sa légitimité après les réformes post-68. Ses conséquences étaient évidentes dans la définition des cursus universitaires et les règles de promotion hospitalière. Les disciplines médicales avaient aisément jeté les passerelles nécessaires entre clinique et sciences fondamentales, même si la chirurgie s'y prêtait moins. Quant à la psychiatrie, elle semblait ignorer qu'elle se trouvait impliquée. Il était pourtant inévitable, si on voulait lui conserver une place à part égale dans le champ de la médecine avec les autres disciplines, de l'adapter à de nouvelles expériences. La pression était d'autant plus forte qu'il ne s'agissait pas seulement de « philosophie » médicale. L'esprit du temps, en effet, était à la validation scientifique des pratiques et des savoirs.

Je me demande aujourd'hui comment il se fait que je me sois trouvé, en quelques années, plongé dans un champ de recherche auquel j'ai consacré une part importante de mon activité, tant à l'hôpital qu'à l'université, tant dans les organismes de recherche que dans le cadre de la psychanalyse. Ai-je été happé dans un tourbillon social et scientifique dont je n'avais pas, jusqu'alors, pris la mesure ? Ai-je contribué plus activement qu'il n'a paru à me lancer dans ces aventures multiples ? Si j'essaie de me souvenir de ce que j'ai pu vivre à l'époque en présence de ce mouvement, il me semble que j'y ai vu le constat d'une modernité nouvelle, affectant pratiques scientifiques et enseignement, sans bien évaluer l'ampleur de l'évolution et la convergence des pressions exercées dans des domaines d'activité qui restaient pour moi très distincts les uns des autres. Peut-être étais-je particulièrement sensible à une sorte d'enchaînement en vertu duquel la pression exercée dans un domaine avait des effets sur un champ voisin, de la médecine en général à la psychiatrie, de la pratique à l'enseignement, de la clinique à la recherche, du biologique au psychologique et, finalement, de la science médico-psychologique à la psychanalyse !

L'idée de recherche gagne donc alors une place en psychiatrie. En médecine, elle occupe depuis les années 1950 une position dont il faut tenir compte tant dans l'enseignement que dans la politique de soins. C'est en effet dans les années d'après-guerre que la médecine connaît un essor nouveau grâce aux progrès accomplis aux États-Unis, qui se sont traduits par des avancées spectaculaires dans le domaine du soin. Jusqu'alors, elle progressait en développant ses pratiques. De l'expérience clinique, complétée par les données d'examens complémentaires et biologiques, naissait l'avancée des connaissances. Les découvertes américaines sont venues, elles, d'une politique de recherche et de pas en avant technologiques dépassant le terrain de la pratique clinique. Des laboratoires de recherche, mais aussi de vastes enquêtes statistiques et des études contrôlées ont renouvelé la démarche médicale.

En France, toutefois, cela n'a pas toujours suscité l'enthousiasme de nos maîtres. J'entends encore l'un d'eux répondre, agacé, à son assistant qui faisait référence à des revues nouvelles : « Je sais ! Moi aussi, je lis l'anglais ! » Nombre de nos anciens tenaient au privilège que leur conférait leur expérience clinique. Heureusement, dans les années qui ont suivi, un changement d'état d'esprit chez les cadets a bouleversé la donne. Nombreux parmi mes contemporains sont allés passer une ou plusieurs années aux États-Unis et ont adhéré à cet esprit de recherche. Celui-ci reposait sur trois principes : définir une aire d'étude ; construire une hypothèse et un modèle réalisable de vérification ; s'appuyer sur des données quantitatives réfutables.

La psychiatrie, quant à elle, demeurait à côté de ce mouvement. Mon analyse personnelle m'avait tenu lieu de stage à l'étranger, en quelque sorte ! Les psychiatres en restaient aux essais thérapeutiques contrôlés dans le champ des médicaments. Les psychanalystes suivaient l'évolution des théories de leurs aînés. Sous l'impulsion de Simone Veil et des responsables de l'enseignement et de la recherche médicale, à l'initiative de Jean Scherrer, mon collègue neurophysiologiste de la Salpêtrière, et de Serge Lebovici, un mouvement s'est cependant dessiné pour aller au-delà des essais pharmacothérapeutiques. Un vaste programme d'épidémiologie a été lancé. La dimension sociale du soin a été reconnue et des moyens ont été offerts à la psychiatrie pour sortir de son isolement. C'est à ce mouvement que je me suis rattaché, tant sur un plan général, dans la formation à la recherche et à la sensibilisation des jeunes psychiatres ou encore par mon intérêt pour l'épidémiologie, que sur le terrain clinique.

En psychiatrie aussi, les résistances étaient vives, les psychiatres tenant plus à affirmer et à diffuser leurs convictions qu'à les soumettre à une quelconque vérification. Qu'avez-vous donc à « chercher » ? demandaient en ricanant les esprits sceptiques. D'autant que le milieu médical hospitalier n'était pas encore acquis à cette politique nouvelle. J'ai pu en faire l'expérience en créant et présidant à l'époque le comité d'éthique du groupe hospitalier où j'exerçais et en occupant plus tard la présidence du conseil scientifique de la faculté. Que diable allait faire un psychiatre, qui plus est psychanalyste, dans cette nouvelle armada ? Je ne pense pas que mon écoute analytique ait été tout à fait absente lors des nombreux remous.

Le plus proche de ma pratique hospitalo-universitaire fut la création de l'unité de recherche de l'Inserm dont l'intitulé était, de manière significative, « Psychopathologie et neurobiologie des comportements ». Elle réunissait des pharmacologues et des psychiatres, des biologistes spécialistes du comportement animal, mais tous intéressés par la clinique humaine. Une très grande partie des études menées sur le mode d'action des médicaments psychotropes porte sur le substrat chimique du cerveau ou, au mieux, sur des mécanismes neurophysiologiques et des cibles neuroanatomiques élémentaires. À l'opposé, la recherche clinique pure concerne des entités pathologiques définies comme des maladies ou des syndromes. D'un côté, le mécanisme physiologique ; de l'autre, l'effet thérapeutique. Mon ambition était de développer des recherches sur un maillon intermédiaire, un ensemble de conduites élémentaires déterminées par des mécanismes physiologiques complexes, mais repérables et constituant un ensemble symptomatique ou syndromique participant à une ou plusieurs « maladies » observables en clinique. C'est ainsi que nous avons été amenés à étudier le mécanisme du ralentissement psychomoteur. Notre hypothèse était que ce « syndrome » était une cible privilégiée des médicaments réputés antidépresseurs et que, du point de vue de la psychopathologie, c'était une réponse de base intervenant dans la dépression due à des causes organiques ou psychogènes, indépendantes du mécanisme neurophysiologique. Si la question soulevée demeure toujours en débat, le principe de ce type de recherche occupe aujourd'hui une part importante de la recherche en psychiatrie ; il nous libère du postulat simpliste selon lequel l'action clinique ou physique sur le cerveau ne peut que corriger des troubles d'origine organique, génétique ou acquise. Cette perspective de recherche nous affranchit d'une opposition de principe entre l'organique et le psychologique. C'est cette perspective non dualiste qui a animé toute notre pratique clinique.

Que des psychiatres puissent se plier à des règles strictes pour mener des recherches appliquées utiles était une surprise pour beaucoup. Elle choque d'ailleurs bien des psychanalystes qui tiennent au dualisme cerveau/esprit. Le débat n'est pas encore clos, mais il le sera sans doute dans les prochaines décennies, grâce aux jeunes générations de psychiatres intéressés tout autant par la psychanalyse que par le rôle de la psychogenèse. Cela nous a valu en tout cas un certain respect de la part de nos collègues médecins et même des neurologues ! Et j'en ai vu une preuve lorsqu'on m'a demandé de présider le comité d'éthique du groupe hospitalier et, quelques années plus tard, le conseil scientifique de la faculté.

En créant notre unité, l'Inserm m'avait demandé d'y intégrer des équipes d'épidémiologie qui avaient travaillé précédemment dans différentes unités de recherche, celles que dirigeaient à Sainte-Anne mon ami Sadoun et au centre Inserm du Vésinet Mme Davidson. Ainsi, notre formation de recherche devenait bien l'unité de recherche de psychiatrie que de nombreux collègues appelaient de leurs vœux depuis que celle de mon maître Pierre Pichot, ancien assistant de Delay, avait été dissoute. En tant que foyer d'activité intellectuelle et centre de formation à la recherche pour les jeunes cliniciens, psychologues et médecins, elle a joué un rôle utile tout le long de ces années 1980. Certes, nous ne pouvons pas nous targuer de brillantes découvertes, mais le domaine ne s'y prête guère. Nous avons toutefois joué un rôle utile dans le progrès du soin et de la prévention. Pensons ici à la question de l'échange des seringues pour les toxicomanes, à la prévention mieux assurée des risques de récidive chez les suicidaires ou aux recherches sur de nouvelles molécules. J'aurais voulu en développer dans le domaine de l'évaluation des effets des traitements psychothérapeutiques, mais nous avons dû nous contenter d'études modestes et ponctuelles, faute de moyens. Et nous n'étions aidés ni par les fonds publics ou privés ni par l'intérêt des psychothérapeutes, méfiants à l'égard de ces méthodes.

Il en fut de même dans le domaine de la psychologie. Depuis une quinzaine d'années, je participais à la commission de psychologie et de psychopathologie du CNRS. J'avais remplacé Anzieu et représenté le domaine de la recherche psychopathologique et en particulier celui de la psychanalyse, qui tenait, à dire vrai, une place réduite dans les domaines gérés par la commission. Là encore, il a fallu défendre des pratiques et des cadres théoriques, plaider pour l'intérêt que présentaient les recherches interdisciplinaires, bref, veiller à ce que travaillent ensemble, pour le meilleur du progrès commun, psychophysiologistes et psychologues, depuis la biochimie du neurone jusqu'aux sciences de l'action individuelle de l'être humain en société, de la neurobiologie jusqu'à la psychologie sociale. On a fini par me confier la présidence de la commission, là encore ! Et à ce titre, il m'a fallu défendre l'unité du domaine et nous protéger d'un éclatement qui, fidèle à la doctrine d'Auguste Comte, aurait noyé la psychologie dans les sciences de la société et la psychophysiologie dans la biologie fondamentale. L'autorité que m'apportait ma position de médecin, porte-parole donc des impératifs de la santé mentale, m'a valu d'être sollicité pour devenir, dans l'administration du CNRS, le directeur du secteur des sciences de la vie, proposition flatteuse que j'ai su refuser à temps !

Il est évident que mon enseignement à la faculté de médecine Pitié-Salpêtrière, dans l'université Pierre-et-Marie-Curie et à l'Institut de psychologie de Paris-V-René-Descartes s'est inspiré de ces ouvertures. Il s'agissait avant tout de montrer quelle pouvait être la place de la psychanalyse dans le domaine du soin et dans la connaissance de la vie mentale.

Ma surprise fut plus grande quand ce vent de la recherche me parut envahir la psychanalyse proprement dite. Si, en France, mes engagements sur des terrains pluridisciplinaires ne me valaient pas que des éloges, tant s'en faut, sur un plan international, je me suis rapidement senti moins isolé. Sandler a organisé chaque année à l'University College de Londres une conférence à laquelle j'ai assidûment participé. Ce qui m'intéressait à titre personnel, c'était l'étude des critères et des conduites des praticiens. J'ai d'ailleurs animé, au cours de ces années, une étude sur les critères d'évaluation lors des entretiens préliminaires qui a donné lieu à une thèse (S. Lathrop) et à un article (S. Kosmadakis et coll.), publiée dans les *Annales médico-psychologiques,* mais refusée dans les revues internationales (trop « statistique » pour les uns, pas assez « quantitative » pour les autres).

Cela ne m'empêchait pas de développer mes études cliniques et mes recherches conceptuelles, outre mes lectures régulières de la littérature psychanalytique internationale. (Granoff m'avait dit un jour que nous étions les seuls Français à suivre ces écrits. C'était exagéré, mais assez vrai au moins pour ceux de notre groupe.) Surtout, mes fréquentations du milieu psychologique m'avaient valu de m'engager de manière assidue dans la découverte de tout un champ de recherches, allant de la philosophie de l'action à la psychologie expérimentale des fonctions cognitives élémentaires, thèmes qui me soutenaient dans mes ouvertures personnelles pour la recherche et l'enseignement. Georges Politzer m'avait jadis entraîné dans une critique du dogmatisme métapsychologique et de la théorie biologique de la pulsion, au sens que lui donnaient les psychanalystes. Wittgenstein, après Merleau-Ponty, m'avait préparé à la lecture de Searle, de Dennett, de Fodor. Les travaux parallèles de Roy Schaffer, annoncés par ceux de Hans Loewald, et de bien d'autres collègues américains que j'avais appris à connaître m'assuraient l'ouverture dont j'avais besoin. J'en ai tiré un large parti dans *Métapsychologie du sens* (1986), ouvrage centré sur la théorie de la pulsion en action.

Tenir la représentation inconsciente pour un « agir » subjectivement vécu comme une hallucination de rêve m'a conduit à travailler la question de l'écoute psychanalytique et celle de l'empathie sous un jour nouveau. Dix ans après *Métapsychologie du sens*, j'ai réussi à développer *Les Nouvelles Cartes de la psychanalyse*, où j'ai achevé de mettre en place le concept de copensée. Et quelques années plus tard, j'ai poursuivi ce parcours en reprenant le concept d'étayage pour proposer de concevoir la sexualité infantile comme un étayage fondé non sur la biologie corporelle de l'excitation, mais sur les conduites d'attachement revenant aussi à la notion d'amour primaire. Je n'avais pas oublié mon intérêt de jadis pour l'éthologie, la psychologie comparée et les travaux de Bowlby. Cela m'a permis de répondre à la question des origines de la « libido » freudienne, question qui me troublait depuis l'origine de mes lectures en psychanalyse.

C'est dans le même esprit d'ouverture à la recherche que j'ai été amené à représenter le pôle de la psychopathologie dans le cadre plus général des neurosciences et à participer à des études sur les localisations dans le champ nerveux de l'imagerie cérébrale. Mon identité de chercheur en psychanalyse et de spécialiste en psychopathologie était clairement reconnue et respectée par mes collègues neurologues et neurophysiologistes. Ils m'ont ainsi demandé de soutenir le dialogue dans le cadre de la Société des neurosciences dont j'ai été l'un des administrateurs. Et c'est à ce titre que le président Mitterrand, sur le conseil sans doute de François Gros et de Jacques Glowinski, m'a désigné pour participer à un colloque européen intergouvernemental sur les questions d'éthique en relation avec les études sur le cerveau. Entre le réductionnisme sectaire de nombre de nos collègues neurophysiologistes (j'ai de très bons amis qui n'y échappent pas) et les préjugés de nombreux « psys » tout aussi soucieux de leur chasse gardée (je compte aussi des amis parmi eux), il fallait mener une réflexion ouverte. Heureusement je ne me trouvais pas seul dans cette position inconfortable.

Qu'est-ce qui alimentait ce refus du débat chez les « psys », en particulier ? Un idéalisme, voire un spiritualisme dualiste chez certains ; chez d'autres, plutôt la crainte de voir la recherche sur l'esprit humain se perdre dans le positivisme et aussi se fermer à l'art, à l'esthétique, à l'humain. À tous ceux-là, il fallait faire entendre que la psychanalyse n'avait rien à perdre d'une ouverture renouvelée vers le cerveau, à condition de se dégager des modèles du passé ou du moins de ce qu'en avaient retenu bien des psychanalystes. Par ailleurs, il fallait aussi revisiter la conception même du cerveau pour se dégager des présupposés liés au modèle du réflexe et de la mécanique sensation-mouvement pour penser le fantasme et l'inconscient autrement que comme une mentalisation du somatique. Ce que j'avais accumulé au cours des années précédentes en me familiarisant avec la philosophie de l'action, le fonctionnalisme, les logiques de l'intelligence artificielle m'a permis de me faire entendre (et parfois) lire.

J'ai aussi trouvé en Pierre Fédida, qui était pourtant d'une sensibilité très différente de la mienne, un soutien précieux tant il s'est montré intéressé par ma démarche, sans nécessairement la suivre. C'est ainsi qu'il m'a associé à son projet de créer une revue interdisciplinaire : la *Revue internationale de psychopathologie,* qui a pris naissance quelques années plus tard. Son terreau a été un séminaire interdisciplinaire commun à Paris-VII et à Paris-VI que nous avons animé durant les années 1980. Il a organisé aussi à Lyon un colloque sur l'événement en 1985, où j'ai été invité et où j'ai présenté une conférence sur l'acte mental comme événement. C'est là que j'ai fait la connaissance de Julia Kristeva, très surprise et heureuse de m'entendre exposer des vues assez dégagées de la métapsychologie du moi. Ce jour-là est née entre nous une durable complicité, même si nous avons poursuivi des carrières très différentes. Nous avons peu d'occasions de nous rencontrer, mais quand c'est possible, j'apprécie toujours notre grande proximité dans l'ouverture. Elle s'est d'ailleurs développée grâce à Pierre Fédida, qui l'a invitée à se joindre à nous pour animer le séminaire de la Salpêtrière. C'est là en tout cas que nos réflexions, fondées sur notre commune pratique de l'écoute psychanalytique, se sont nourries et vivifiées de nos formations et de nos approches différentes. Ceux qui ont participé à ce séminaire en gardent un bon souvenir. Julia, elle, a toujours un grand talent pour écouter autrui, lui faire préciser et développer sa pensée, parfois même l'enrichir. Quant à Pierre, depuis cette date, notre collaboration est restée étroite jusqu'à son décès. C'est lui qui m'a fait connaître le milieu des jeunes philosophes psychanalystes. Ce fut un heureux alliage que celui qui rassemblait de jeunes psychanalystes et psychologues de formation et des philosophes rassemblés autour de Pierre Fédida et les jeunes médecins psychiatres avec lesquels je travaillais. En outre, les nombreux échanges que j'avais développés au sein du CNRS et de l'Inserm avec des chercheurs dans les domaines les plus divers de la psychologie et de la psychophysiologie m'ont permis d'associer certains d'entre eux à notre entreprise, en particulier Jean-Didier Vincent et Alain Prochiantz.

Et c'est tous ensemble que nous avons bâti la revue, en 1991-1992. Dans mon esprit, elle devait reprendre la voie tracée avant guerre par la *Revue de psychologie normale et pathologique* fondée par Pierre Janet et qu'avait animée, avant et après la guerre, Ignace Meyerson, disparu peu de temps après. Cette revue avait été publiée par Félix Alcan, puis reprise par les Presses universitaires de France, mais elle avait disparu. Mon goût pour la psychologie me poussait vers elle. Je m'étais donc rapproché des PUF pour voir si l'on ne pouvait pas récupérer le titre, c'est-à-dire obtenir l'autorisation de la relance. Je n'ai jamais réussi. Il me semblait manquer une revue de psychologie normale et pathologique en France. De son côté, pour des raisons qui sont pour moi restées toujours très obscures, Pierre Fédida avait l'idée d'une revue qu'il appelait de psychopathologie « fondamentale ». Je n'ai jamais très bien compris ce qu'il entendait par là, mais il s'agissait en tout cas d'ouvrir la psychanalyse aux sciences de l'homme. J'étais plutôt intéressé par la psychologie et lui par la philosophie, mais nous sommes tombés d'accord sur un projet qui pouvait correspondre à des objectifs un peu différents mais complémentaires, en tout cas pas opposés.

Très vite, cette revue est passée pour être une sorte d'*Évolution psychiatrique* « bis ». Or celle-ci était écrite par des médecins thérapeutes qui n'avaient aucune ouverture à la psychologie et à une culture plus générale. Nous, nous voulions quelque chose de différent, plutôt une revue de psychologie psychanalytique ouverte à tout le champ interdisciplinaire. C'est ce que nous avons essayé de faire pendant dix à quinze ans à peu près, avec des coopérations du côté des neurosciences, des sciences cognitives. Nous cherchions vraiment l'interdisciplinaire au maximum.

Q : Combien a-t-elle eu de numéros ?

DW : Quatorze ou quinze.

Q : Et pourquoi s'est-elle arrêtée ?

DW : Elle a sombré car elle n'avait pas assez d'abonnés. Je me souviens d'avoir rencontré quelques mois après le lancement le responsable des revues aux PUF. « Elle n'est pas mal, votre revue de psychiatrie », a-t-il observé. C'était vraiment le truc à ne pas dire ! J'ai été horrifié et j'ai protesté : « Mais ce n'est pas une revue de psychiatrie. Il y en a bien assez ! » Nous n'étions pas non plus une revue de psychologie ou de psychanalyse. Si nous n'avons pas eu d'abonnés, c'est peut-être parce que cette publication était trop interdisciplinaire. Les lecteurs, quand c'est le cas, achètent au numéro, en fonction du thème traité ; on ne peut pas les fidéliser.

Q : Les PUF n'ont pas fait non plus un travail extraordinaire. Elle tombait au début de leur crise...

DW : [...] et le titre était mauvais ! C'est Fédida qui me l'a imposé. Il y tenait énormément, mais ce n'était pas bon. J'aurais voulu un titre du style : Cassandre, Psyché, tout ce que l'on veut, mais Revue internationale de psychopathologie, c'était pesant.

Q : Cela avait aussi un petit côté « psychopathologie de la vie quotidienne ». D'où cela venait-il chez Fédida ? Cela ne lui ressemble guère. C'était une manière de se rapprocher de Freud, qui avait utilisé le terme ?

DW : En français, jadis, on ne disait pas « psychopathologie », mais « psychologie pathologique ». C'est un mot allemand qui a été traduit en anglais avant même la psychanalyse. Taine et Ribot parlaient eux de « psychologie normale et pathologique ». Le mot est arrivé en France à travers la psychanalyse.

Q : Et pourquoi « internationale » ? Quand on utilise ce terme, beaucoup de gens pensent « américaine ». Ça part mal.

DW : Peut-être justement pour montrer qu'on allait parler d'autre chose que de psychologie normale et pathologique.

Q : Finalement, « internationale » est venu à la place de « fondamentale ».

DW : Oui, il fallait bien un adjectif. Et surtout, nous voulions aussi drainer des auteurs étrangers – ce qui coûtait cher en frais de traduction – et un public international. Notre revue se voulait radicalement indépendante des revues de psychanalyse. Son champ était à la fois beaucoup plus étroit, la psychopathologie proprement dite, c'est-à-dire le mode de fonctionnement de l'esprit à partir de ses fluctuations et de ses déviances, et plus large, puisque ouvert à tous les domaines de recherche. Revue ni de psychiatrie ni de psychologie ni de sciences humaines, donc. Peut-être avons-nous visé un domaine trop étroit et qui ne répondait pas aux objectifs politiques du moment.

Q : Les temps ont-ils changé ?

DW : Je ne sais pas. Il me semble que trop de fermetures idéologiques et de compétitions intellectuelles laissaient peu de place au débat tel que nous le concevions.

C'est l'occasion de revenir sur la tradition française d'hostilité à la psychologie. Ses grands promoteurs récents ont été Canguilhem et Foucault, son élève, dont l'influence a été considérable jusqu'aux années 1990. Pour ce dernier, la psychiatrie était un instrument d'aliénation sociale du sujet. Il rejoignait en cela l'antipsychiatrie de Ronald Laing et David Cooper, ses contemporains anglais. De ce point de vue, la psychologie était en quelque sorte l'instrument au service de l'aliénation psychiatrique. Un instrument de normalisation de la liberté de l'individu. C'est le sens de l'*Histoire de la folie* et de *Naissance de la clinique*. Il s'agissait en quelque sorte déjà de « surveiller et punir » le sujet dans sa spontanéité, son authenticité, de l'enfermer dans un cadre conceptuel traduisant surtout la volonté de contrôle social, ce qu'il appellera le « biopouvoir ». En ce sens, même s'il n'appréciait guère le mot, trop empreint de spiritualisme peut-être pour lui, et même si la protestation antipsychiatrique n'en appelait pas à l'irréductibilité d'une « âme », c'était un humanisme.

Lacan, lui, n'appréciait guère Foucault au début. Il venait d'un autre horizon, mais ils avaient tout de même certaines références communes, en particulier Heidegger et Ludwig Binswanger, ce psychiatre suisse marqué aussi bien par Freud que par la phénoménologie. Lacan a embrayé là-dessus, ce qui a donné la théorie du sujet. Le sujet chez Lacan, bien entendu, est complètement « retourné », puisque ce n'est plus ce qui sous-tend le moi phénoménal, mais le contraire : l'inconscient, c'est-à-dire l'autre, l'altérité. Mais cela donne quand même une théorie de la subjectivité, du fondement, et même une subjectivité transcendante puisqu'elle n'est pas liée au fonctionnement de l'individu. Ce n'est pas un fonctionnement intérieur, un ensemble d'opérations, c'est un sens que l'individu reçoit du monde dans lequel il vit.

On aboutit ainsi à ce que j'appelle une « pastorale ». La psychanalyse devient une sorte d'expérience mystique, de quête de fondement, d'exercice spirituel. L'analyste aide le patient à découvrir son manque à être, en rapport avec le fait qu'il n'est simplement qu'une évocation du Grand Autre. On est absolument à cent coudées de toute psychologie, de toute tentative pour comprendre l'appareil psychique lui-même. Et derrière, il y a toute une philosophie de l'Homme avec un grand H, une néoreligion même, quoiqu'elle soit athée. Quand on cherche une entité ultime, un substrat définitif qui justifie et explique tout, hors de soi comme en soi, il s'agit toujours d'une démarche religieuse.

Q : Pourquoi une religion ?

DW : Parce qu'elle se veut salvatrice ; ce n'est pas seulement une théorie, c'est une pratique. Et l'analyste est le pasteur, celui qui prend soin de l'humain. On n'ose plus trop dire de son « âme », mais la structure est la même.

Q : Où placer la psychologie, alors ?

DW : D'un côté, il y a la psychanalyse comme technique de soin pur et simple, pour « guérir », et de l'autre la pastorale analytique, pour « aider l'homme à être lui-même ». C'est entre les deux que doit se tenir la psychologie, comme une ligne de crête. Aux deux extrêmes, on ne s'intéresse pas à la manière dont fonctionne l'appareil psychique. Qui veut devenir psychanalyste en France ? D'un côté, des médecins qui veulent être de bons soignants ; de l'autre côté, des philosophes qui se soucient de l'âme humaine. Voilà pourquoi la psychologie reste maltraitée.

Q : N'est-ce pas aussi dû au fait qu'à la fin du XIXe siècle, en Allemagne, mais aussi en France, elle était massivement hostile à l'introspection, qui avait été jusqu'alors son seul instrument ? Par une sorte de raccourci un peu navrant, les psychanalystes se seraient dit : la psychologie est contre l'introspection ; donc, la psychanalyse freudienne doit être contre la psychologie en général. En réalité, tout est lié au contexte dans lequel a débuté Freud.

DW : Absolument. Il voulait rétablir l'introspection à sa juste place. Une autre forme d'introspection que celle qui était déconsidérée par les méthodes expérimentales en psychologie. Il est clair que la forme de démarche introspective que Freud a utilisée comme méthode originale d'exploration du psychisme était très particulière. Il s'agissait, et il s'agit toujours, de développer une observation attentive et neutre de pensées qui émergent spontanément et à l'occasion dans certains cadres particuliers de communication. Repérage d'événements mentaux spontanés et non théorie explicative des mouvements de la pensée. Freud a toujours considéré qu'il s'agissait là d'une démarche de nature psychologique.

En 1985, en vue du congrès de l'IPA à Hambourg, on m'a demandé de préparer un rapport préliminaire sur les identifications. J'ai alors constaté avec plaisir que si certains collègues parisiens, à voir mon activité hospitalière et universitaire, concluaient que je n'étais plus psychanalyste, je ne rencontrais pas le même jugement au sein de la communauté internationale. J'ai donc préparé ce texte, qui est resté une référence sur l'identification hystérique et narcissique. Mais l'ouverture du congrès a été difficile, parce que beaucoup de psychanalystes, français en particulier, étaient très réticents au fait de venir. J'ai eu alors des échanges avec Janine Chasseguet-Smirgel, vice-présidente du comité scientifique : elle était très embarrassée. Heureusement, en ouverture, le maire de Hambourg a prononcé un discours extrêmement ouvert et apaisant qui a beaucoup calmé les esprits.

C'était le début des retrouvailles entre la culture psychanalytique germanique et les autres pays européens. Le successeur d'Adam Limentani était Robert Wallerstein, de San Francisco. L'Américain a proposé à Otto Kernberg de présider le comité des programmes en vue des congrès suivants, comme il est d'usage. Et Kernberg m'a demandé d'y participer.

À Hambourg, Wallerstein m'a demandé si je n'envisageais pas de devenir président de l'IPA. Quand un président vient d'être élu, il pense déjà à celui qui va lui succéder quatre ans plus tard ! Souhaitais-je lui succéder en 1989 ? Cette fois encore, j'ai refusé. Avec un peu de regret, mais cela ne me semblait vraiment pas possible.

En 1987, lors du congrès de Montréal, congrès intermédiaire dans sa présidence, Wallerstein a lancé le thème du *common ground* : tolérons la diversité théorique, mais reconnaissons que nous avons une seule pratique. Tout un débat a eu lieu autour de ce point, auquel je n'ai pas participé. Très absorbé par ailleurs, je me suis un peu coupé de l'IPA durant ces années.

C'est donc presque en inconnu que je me suis rendu au congrès de Rome en 1989. Très vite, le problème de la succession de Wallerstein s'est posé. À cette époque, les présidents étaient élus lors d'une assemblée générale qui se tenait au moment du congrès. C'était là que les controverses éclataient. Il y avait deux candidats, des Européens : Janine Chasseguet-Smirgel et Joseph Sandler. Janine était un petit peu la représentante de la francophonie, mais elle avait aussi beaucoup d'amis américains qui n'aimaient pas Sandler. Ce dernier était extrêmement connu aux États-Unis, mais il était le théoricien de l'école d'Anna Freud. Il incarnait le retour de la psychologie du moi. Mais c'était un excellent clinicien, un bon débatteur, un homme d'une intelligence tout à fait supérieure, qui plus est très suivi. Quant à ses ennemis, je n'ai jamais très bien su ce qu'ils lui reprochaient ; je crois que, plutôt que de différends théoriques, il s'agissait d'aspects humains. Quoique d'origine sud-africaine, Sandler était en effet très *british* et assez réservé vis-à-vis des Américains. L'Association américaine lui préférait donc Janine. Nous étions cependant un certain nombre à préférer Sandler, qui avait une bonne connaissance du milieu international – il avait été président de la Fédération européenne et vice-président de l'Association internationale. Il avait aussi une prudence dans la gestion des affaires qui pouvait faire de lui un bon président.

Sandler est venu me demander si je me présentais. Il ne souhaitait pas être candidat contre moi. Quant à Janine, elle s'est présentée sans demander l'avis de qui que ce soit. Si elle avait les faveurs des Américains anti-Sandler, elle n'était guère soutenue par le milieu français, la Société psychanalytique de Paris et André Green notamment ou encore Pierre Fédida, qui présidait alors l'APF. C'était une remarquable analyste, une intellectuelle brillante, mais peu taillée pour les questions d'institution, de gestion. Et elle n'avait aucune expérience internationale. Tous deux étaient des candidats tout aussi valables du point de vue intellectuel, mais Sandler paraissait plus compétent au plan politique.

Q : Le livre sur Mai 68 de Janine Chasseguet-Smirgel, *L'Univers constestationnaire*, n'a pas compté dans la balance ? Il avait fait un malheur à sa sortie, mais elle était aussi détestée pour cela. Et le fait qu'elle était une femme n'a pas pesé ?

DW : L'élection ne se passait pas entre les membres, mais seulement entre ceux qui étaient présents au *business meeting*. Si toutes les sociétés avaient voté, comme aujourd'hui, peut-être aurait-elle obtenu beaucoup plus de voix.

Q : Il n'y a pas de « préférence nationale » chez les psychanalystes ? Si on est français, on ne défend pas une Française ?

DW : En tout cas, ce jour-là à Rome, ni le petit groupe de l'APF – nous n'étions que quatre ou cinq peut-être – ni celui de la SPP – ils étaient peut-être une dizaine ou une quinzaine – n'avaient l'intention de la défendre pour cette raison.

Green s'est désolidarisé d'elle, Fédida a fait une campagne contre elle. Et quant à moi, si je m'étais désisté depuis quatre ans, ce n'était pas pour elle, mais pour Joseph Sandler. Il a donc été élu sans difficulté. Au cours de ses deux premières années de présidence, tous les trois mois, je le retrouvais pour passer un week-end. Nous avions des relations très étroites, mais nous n'avions pas de liens professionnels.

En 1991, le congrès se tient à Buenos Aires. La situation a un peu changé. Sandler avait demandé à Alain Gibeault d'être son secrétaire associé pour les affaires européennes. C'était très bien et je ne m'en étais pas du tout mêlé. En 1991, ambitionnant de devenir président de la Fédération européenne un peu plus tard, Gibeault a souhaité être dégagé de ses fonctions de secrétaire associé. Je me souviens d'une soirée où nous sommes allés dans un grand hôtel de Buenos Aires. Sandler m'accoste dans le parking et me dit : « Daniel, tu ne voudrais pas entrer dans le conseil ? La meilleure manière d'y arriver serait de remplacer Gibeault. »

Et c'est ainsi, une fois de plus, que j'ai repris le chemin de la psychanalyse internationale. Cependant, dans les années 1990, j'ai continué de jouer un rôle actif, voire combatif, dans l'APF avec Granoff, Fédida, Smirnoff, Marie Moscovici et Hélène Trivous-Widlöcher. Nous avons constitué un petit groupe de travail désireux de se libérer du conformisme et du dogmatisme – que nous jugions nuisibles à la vie de l'association. Mon expérience m'a montré que de tels groupes privés et confidentiels existent en très grand nombre autour des associations auxquelles leurs membres appartiennent. Besoin d'oxygène ou plaisir de la transgression ?

Mon impression personnelle est que ma participation active à la vie de l'Association psychanalytique de France a procédé en dents de scie, en rapport moins avec mes fonctions hospitalo-universitaires et politiques qu'en fonction de celles que j'ai tenues au sein des institutions internationales. En 1971, je m'engage dans la Fédération européenne, puis dans l'IPA jusqu'en 1977 et dans la FEP jusqu'en 1983. Je quitte ces institutions, mais pour rejoindre le ministère. En revanche, de 1983 à 1991, mon implication dans la vie de mon institution reste forte, pour la sélection et la formation des candidats, ainsi que pour l'administration. Entre-temps, l'Association évolue. Ses anciens disparaissent : Lagache, les Favez, Granoff et Anzieu. Une nouvelle génération prend la barre, mais chacun à sa manière : Jean Laplanche à l'université, J.-B. Pontalis dans l'édition et, il faut le dire, dans une participation très active à la vie de l'institution, J.-C. Lavie dans l'analyse ou la réanalyse des candidats (et des membres !). Mais c'est déjà une troisième génération qui se prépare à prendre la relève, aussi bien à Bordeaux et à Lyon qu'à Paris. Le groupe lui-même ne se modifie guère. Une cinquantaine de membres associés et d'élèves, dont la plupart ont validé un cursus moins rectiligne et ont déposé un mémoire pour préparer leur candidature après la validation de leur formation. Avec le temps, la sélection des candidats me semble équitable et mesurée, l'enseignement mettant plus l'accent sur la recherche que sur le suivi des transformations que l'on peut identifier dans ses programmes. Après tout, chacun est content : les enseignants de ce qu'ils enseignent et les élèves de ce qu'on leur transmet. En réalité, comme je l'ai dénoncé une dizaine d'années plus tard, tout semble tourner autour de la promotion des candidats, du moins de ceux qui acceptent de se plier au jeu. Nous avons supprimé la didactique, mais nous fonctionnons comme un institut de formation beaucoup plus que comme un groupe de cliniciens-chercheurs.

10

Une matinée à San Francisco

Un beau matin de juillet 1995, dans le grand hôtel où se terminait le congrès international de San Francisco, Bob Wallerstein, de très bonne heure, demande à me joindre en urgence. Ancien président, il est notre hôte dans sa ville et nous a reçus la veille dans son beau chalet, de l'autre côté du Golden Gate. Ce qu'il veut me demander, c'est de présenter ma candidature à la présidence de l'IPA, en 2001. Il s'agira de succéder à Otto Kernberg, qui vient d'être élu en 1997 pour remplacer l'actuel président, l'Argentin Horacio Etchegoyen. Quand l'élection avait lieu au cours du congrès, lors de l'assemblée générale – comme pour Lebovici en 1973 et encore pour Etchegoyen –, les candidatures pouvaient s'exprimer sur-le-champ. Aujourd'hui, le vote se fait par correspondance et la procédure dure en principe six ans avant qu'on entre en fonction ! Cette fois-ci, je ne dirais pas que ce fut une surprise. Je le craignais et l'espérais à la fois depuis un certain temps. Mais je ne me doutais pas qu'on me solliciterait ce jour-là et de cette manière.

Depuis de nombreuses années, à Londres, j'avais l'occasion de rencontrer un groupe d'amis chez les Sandler et, le soir, nous devisions ensemble de l'avenir de l'IPA. Il y avait là, outre notre hôte Joe Sandler, Bob Wallerstein et Otto Kernberg. Souvent, ils m'avaient demandé si je ne souhaitais pas devenir président. Mais, trop soucieux de développer mes activités psychanalytiques et hospitalo-universitaires à Paris, j'avais toujours refusé. Je pensais également que je serais trop vieux pour me lancer quand je prendrais ma retraite de l'Université. En 1989, à Rome, on m'avait contacté directement pour que je me présente. C'était un peu une manœuvre contre Sandler. Et j'avais refusé, d'autant que j'avais, outre une vive amitié, une très grande estime pour lui, qui fut d'ailleurs un très bon président. On le craignait autoritaire, et il le fut, mais sans excès. À qui ferai-je croire que je n'avais pas d'arrière-pensée quand j'avais accepté d'être son secrétaire associé en 1991, puis de me présenter comme vice-président en 1993 ?

Mes activités internationales avaient ainsi repris : très intéressantes, comme ma mission à Belgrade ; plus délicates, quand il s'est agi de résoudre des conflits internes à certaines sociétés, comme à Copenhague ou à Rome ; franchement ennuyeuses, quand il a fallu modifier les statuts pour donner plus d'autorité aux sociétés composantes et créer une « chambre des délégués » (sur le modèle de la Chambre des communes britannique), qui devait inspirer et contrôler la politique du président. Bref, j'ai négocié en tous sens. Heureusement, les travaux que j'avais entrepris après Métapsychologie du sens *continuaient aussi à m'occuper activement et m'ont aidé à ne pas apparaître seulement comme un « bon administratif ». J'ai pu m'en rendre compte en multipliant les voyages hors de France pour présenter ma candidature.*

Pour Wallerstein, en me poussant en avant, il s'agissait de clairement soutenir sa politique de promotion de la recherche dite empirique, à laquelle était consacrée depuis plusieurs années un budget important, la création d'une summer school *et des tâches d'évaluation des projets de recherche soumis à l'octroi de subventions, tâches auxquelles j'avais été tout naturellement associé. Ceux qui étaient impliqués dans ces programmes redoutaient que la candidate qui s'était déjà proclamée, Jacqueline Amati-Mehler (la sœur du neuropsychologue*

Jacques Mehler, l'auteur de Naître humain*), ne les soutienne pas. D'autres craignaient que cette dernière ne développe une politique rigide et autoritaire vis-à-vis des sociétés composantes. Rangell m'avait lui aussi poussé très activement à me présenter. Certains pensaient à une candidature d'André Green, qui ne s'était pas prononcé. Il était évident que ce dernier était plus connu de l'ensemble des membres que moi. Il jouissait d'un prestige scientifique que j'étais loin d'avoir et avait publié de nombreux travaux en langue anglaise. Sandler, lui, ne se prononçait pas, en raison des liens qui l'unissaient à Jackie.*

J'acceptai donc sans état d'âme de me présenter contre Jacqueline Amati-Mehler, en toute amitié, mais conscient que nous représentions deux orientations politiques différentes. En revanche, j'étais davantage gêné de me présenter contre Green. Je m'en suis expliqué avec lui de nombreuses fois dans l'année qui a suivi et j'étais prêt à me retirer s'il se décidait. Pour lui au contraire, je devais me présenter même s'il ne se prononçait pas encore. C'est, je crois, en 1997, à Barcelone, qu'il m'a fait part de son intention de ne pas se lancer dans la course.

Mes raisons personnelles d'entrer en lice étaient variées. Il n'était plus question de curiosité, car je connaissais comme peu de personnes les arcanes de l'association. J'y avais acquis au fil du temps de nombreux amis de par le monde, et j'étais content de renouer des contacts soutenus avec eux. Je sentais bien, aussi, ce que pouvait représenter ma candidature vis-à-vis de mes possibles concurrents. Enfin, plus profondément, je crois que j'étais « travaillé » par l'idée (ou le fantasme) que cette présidence serait l'achèvement légitime de mon parcours.

Horacio Etchegoyen m'a fait savoir qu'il ne voterait pas pour moi, pas plus que pour Jackie. À ses yeux, nous étions trop liés à Sandler. Un jour, à Buenos Aires, mon ami Reggy Serebriany a bien essayé, au cours d'une conversation à trois, de le persuader de renoncer à sa position de principe. Rien n'y a fait. Par la suite, il a pu constater que ma position libérale d'ouverture ne répondait pas à ses craintes ; il s'est donc montré très chaleureux avec moi. J'étais et suis toujours resté un grand ami de Sandler, mais j'ai suivi ma propre politique, à laquelle je suis sûr que Joe aurait souscrit, d'ailleurs.

Peut-on parler de campagne électorale ? En réalité, il s'agissait de se présenter comme personne, comme analyste et comme responsable, très informé des multiples questions qui se posaient dans la vie de l'institution. Devenu un ferme soutien, Kernberg m'a pressé de multiplier les voyages et les rencontres, ce qui a fini par me « fatiguer », mais était sans doute nécessaire. Et je l'ai emporté de quelques voix. Un grand hebdomadaire italien, qui soutenait ma rivale, avait eu beau annoncer que son adversaire était lacanien, universitaire et catholique, cette étiquette n'avait pas trop terni mon image !

De 1991 à 1993, j'ai été le secrétaire associé de Joseph Sandler, élu à Rome en 1989. Il avait alors l'intention de revenir sur la question des trois séances. À cette époque, dans la controverse qui impliquait beaucoup les États-Unis à propos de la situation des psychanalystes non médecins, l'un des points en jeu était la fréquence des séances. L'IPA défendait en Amérique le principe de quatre par semaine et Sandler y était très attaché. Il m'a donc demandé si je pouvais l'aider à inciter les Français à revenir sur leur position en faveur des trois séances. De leur côté, les Américains des sociétés de psychologues non affiliées à l'Association américaine de psychanalyse et qui souhaitaient adhérer à l'IPA pratiquaient les trois séances aussi. Ils se demandaient pourquoi nous voulions les forcer à passer à quatre, alors qu'en France on en pratiquait trois.

À quoi tenait cette différence de pratique qui devait susciter tant de querelles par la suite ? Pour le comprendre, il faut partir d'un point d'histoire. Après la Libération, quand la Société psychanalytique de Paris a repris ses activités, elle a dû faire face à une demande de formation venant de générations de psychiatres, de psychologues et de philosophes qui n'avaient pu entreprendre une psychanalyse au cours des années d'occupation. Très vite, ils ont été rejoints par de plus jeunes qui, après guerre, ont découvert l'intérêt de celle-ci. Tel a été mon cas dans les années 1948-1950, ce qui m'a conduit à m'adresser à Lacan sur le conseil de Mme Roudinesco. Or les psychanalystes en mesure d'assurer une analyse didactique étaient peu nombreux. On évoquait quatre noms au plus, et les candidats s'inscrivaient sur des listes d'attente et patientaient un ou deux ans avant de commencer. Ces « formateurs », ou didacticiens, comme on disait, avaient-ils pratiqué leur analyse personnelle avant guerre au rythme de trois ou de quatre séances ? En tout cas, pas cinq ! Quoi qu'il en soit, dès l'après-guerre, ils pratiquaient des cures à raison de trois séances par semaine. L'habitude avait été prise, non sans soulever très rapidement une certaine méfiance chez nos collègues anglais et américains.

Des raisons de nature plus théorique et technique sont aussi intervenues. La tradition viennoise suivait la pratique de Freud et tenait à l'analyse quotidienne. Celle qui était issue de l'Institut de Berlin allait dans le même sens. Dans les deux cas, quelles qu'aient été les différences techniques, la nécessité d'interpréter s'appuyait sur les effets obtenus par l'interprétation ; la fréquence des séances en facilitait donc l'observation. Nos amis anglais estimaient ainsi – Hanna Segal m'en a fait clairement la remarque – que, si les psychanalystes français se montraient avares d'interprétation, c'était aussi parce qu'ils n'avaient guère les moyens de mesurer les effets associatifs du fait de l'écart des séances. Si c'était supportable pour les cas « légers » – les analyses didactiques, précisément –, cela ne permettait pas aux Français de pratiquer des cures de patients gravement atteints, qui n'auraient pas supporté cet espacement des séances. Nos échanges cliniques avec nos collègues étrangers permettaient de prendre la mesure de cet écart, mais l'habitude avait été prise et, toutes les rationalisations théoriques aidant, il fallait prendre en compte cet écart et le tenir pour une différence à respecter.

La situation a été difficile pour moi, dans la mesure où je n'étais pas du tout convaincu du bien-fondé des trois séances. Du reste, à la fondation de l'APF, nous étions convenus avec l'IPA que les analyses de formation seraient de quatre séances par semaine. Et, avec Lagache, nous avions soutenu ce principe. Pendant plusieurs années, j'ai d'ailleurs cru que tous mes collègues le respectaient. Après quelque temps, j'ai toutefois fini par découvrir que je devais être l'un des rares à suivre le rythme de quatre séances par semaine pour les analyses de formation. Je suis donc revenu à trois. C'était ainsi qu'on procédait en France, on ne pouvait faire autrement. Mais je n'étais pas du tout un « dogmatique » de ce rythme.

Lorsque Sandler m'a demandé mon aide pour que l'analyse française ne se désolidarise pas de la pratique internationale, je me suis demandé si c'était pour renforcer la position de l'IPA aux États-Unis ou bien, considérant que quatre séances étaient vraiment nécessaires, pour forcer la France à plier. Je n'ai jamais connu la réponse. Peut-être se servait-il de l'affaire américaine pour réactiver une règle stricte. Il était extrêmement rigide sur les règles, les institutions, les fonctionnements. Mais, à force d'en parler, il a évolué et s'est moins crispé sur cette question.

C'est alors que sont arrivées ce que j'ai appelé les « années terribles ».

En 1991, lors du congrès de Buenos Aires, il avait été admis que l'IPA ne suivrait plus une valse à deux temps, avec tantôt un Européen tantôt un Américain du Nord à sa tête. Désormais, on intercalerait un Latino-Américain.

À Amsterdam, en 1993, deux Argentins se présentent. Il y a Horacio Etchegoyen, qui passe pour un kleinien très strict. Sa fille a été analysée en Angleterre et est psychanalyste à Londres. Par conséquent, il est très lié aux milieux anglais, mais il n'en est pas moins en très bons termes avec les Américains du Nord. Il représente une certaine orthodoxie kleinienne, mais n'est pas vraiment hostile aux lacaniens ou aux « anti-Yankees », si nombreux au Sud.

Son concurrent J. Garcia Badaracco est un homme charmant et appartient à l'autre courant local, l'Association psychanalytique argentine (APA). Très ouvert, il s'occupe beaucoup de thérapie familiale, de traitements de psychotiques. C'est un homme intéressant, intelligent, mais beaucoup moins impliqué dans l'administration des institutions que son rival. Il est très lié à la France et aux collègues français. Par chauvinisme ou presque, la quarantaine de représentants français qui sont présents – une trentaine de la SPP et une dizaine de l'APF à peine – a donc voté pour lui. Mais je dois avouer que, connaissant bien Etchegoyen et l'estimant plus au fait des questions internationales, j'ai en secret voté pour lui, sans pour autant avoir fait campagne en sa faveur. Et il a été élu.

Sandler s'est donc retrouvé pour la première fois avec un président sud-américain. S'il semblait en sympathie avec lui, il a cependant commencé à développer de grandes inquiétudes sur sa gestion à venir. Comment un Latino-Américain allait-il administrer l'IPA ? Avec les Français, rien n'était dramatique, on arrivait toujours à s'entendre... mais avec les Argentins, on ne sait jamais ! Et de fait, Horacio se présenta tout de suite comme le héraut de l'Amérique latine voulant dégager l'Association de l'axe nord-atlantique.

Sandler a alors arrangé une opération assez incroyable pour encadrer Etchegoyen. Pendant deux ans, l'ancien président devait assister aux réunions du conseil et le président qui serait élu deux ans plus tard devrait siéger aussi durant les deux ans précédant son mandat. Autrement dit, le président avait désormais deux ans « sur le dos » son prédécesseur puis pendant deux ans son successeur. Jusqu'alors au contraire, le sortant siégeait un ou deux ans dans le nouveau conseil et le nouvel élu ne siégeait qu'à partir du jour où il entrait en fonction. Désormais, au terme de deux ans d'exercice, Etchegoyen aurait un nouveau président américain pour venir le « contrôler ». C'est ainsi qu'il a dû « subir » d'abord Sandler, puis Kernberg, qui devait élu après lui. Inutile de dire qu'il a assez mal vécu cette situation. Les enjeux politiques étaient assez faibles. Horacio était un homme de bon sens et ne cherchait pas à introduire une révolution. Cependant, les querelles ont été nombreuses. Notamment parce qu'il s'est pris d'amour pour Jacques-Alain Miller. Il existait en effet en Argentine un milieu lacanien assez nombreux et actif, qui était sous l'emprise de ce dernier. Horacio avait négocié avec eux, comme on le voit d'ailleurs dans son beau livre consacré à la technique psychanalytique où il accorde une place importante à la position de Lacan. Plus tard d'ailleurs, quand on publiera la version française de son livre, il demandera à J.-A. Miller et à moi-même de rédiger deux avant-propos et nous serons tous deux invités à présenter l'ouvrage à sa parution, en présence d'Horacio.

Si j'ai qualifié la période 1993-1997 d'« années terribles », c'est parce que, à partir de cette date, le conflit n'a pas cessé entre Horacio avec son groupe de collègues argentins, d'un côté, et Sandler et le sien, de l'autre. Deux « comités secrets » visant à gérer l'IPA se sont ainsi créés... et, bien entendu, j'ai été du côté de Sandler. Avant chaque réunion du conseil, notre comité se réunissait. Tout comme celui d'Etchegoyen, dans l'hôtel d'en face.

Q : Sandler et Kernberg estimaient qu'Etchegoyen avait la folie des grandeurs. L'idée courait que les Argentins allaient faire n'importe quoi, qu'ils n'étaient pas organisés, et de plus mégalos.

DW : Oui, on reprochait à Etchegoyen de voyager en première classe, de dépenser énormément d'argent. Voilà ce qui se disait : « Ils sont désorganisés et ils vont nous ruiner. » Mais même si Etchegoyen voyait en moi un séide de Sandler, je dois dire que j'ai eu de bonnes relations avec lui et que je n'ai rien trouvé de choquant dans sa manière d'administrer l'Association.

Lors du congrès de 1995 à San Francisco, Kernberg est élu et va pouvoir « coacher » Etchegoyen pendant deux ans avant de lui succéder. C'est alors que Robert Wallerstein me propose à nouveau de me porter candidat. Le mandat de Kernberg devant commencer en 1997, il s'agissait de savoir qui serait le président européen de l'IPA en... 2001. Selon Wallerstein, un certain nombre de personnes souhaitaient ma candidature, dont Lebovici, bien sûr, et Rangel. Sans doute Sandler était-il un peu moins favorable que les autres, car Jacqueline Amati-Mehler, qui avait été sa secrétaire générale pendant quatre ans, voulait devenir présidente. Sandler était donc embarrassé d'avoir à choisir entre elle et moi.

Bien entendu, j'étais très sensible à cette invitation. J'avais déjà refusé, huit ans auparavant, au motif que j'étais trop vieux. Mais finalement, je ne me sentais plus si vieux ! Mon épouse Hélène se trouvait à mes côtés et, avant même de donner une réponse, c'est à elle que je me suis adressé. Membre titulaire de l'APF, elle m'avait accompagné depuis une dizaine d'années et savait tout le poids de mes responsabilités. Très généreusement (car elle n'ignorait pas, elle non plus, l'importance de la charge à venir), elle m'a encouragé à accepter si je me sentais prêt à assurer ces fonctions nouvelles. J'ai donc accepté de me déclarer candidat.

C'est alors que j'ai appris que deux autres noms circulaient : ceux de Jacqueline Amati-Mehler et d'André Green. J'ai bien senti que ma candidature était un peu contre eux deux. Rangel était très hostile à Green depuis leur fameux débat de 1975, au congrès de Londres, où ils s'étaient affrontés assez vivement.

> Q : Pourtant, les Sandler par exemple le recevaient chez eux.
>
> DW : Oui, ils s'invitaient mutuellement. Mais André n'a jamais bien perçu combien il peut blesser les gens. C'est ainsi qu'il est allé dire à Anne-Marie Sandler que ses interventions étaient bien meilleures que quelques années plus tôt, qu'elle avait beaucoup progressé. Ensuite, il s'étonne qu'on soit blessé !

Son caractère comptait, bien sûr, mais les motifs politiques tenaient au fait qu'il était très réservé à l'égard des recherches scientifiques et de leur évaluation, alors que Kernberg et Wallerstein y tenaient beaucoup. Green ne se gênait pas pour critiquer la psychanalyse américaine. Quant à moi, j'étais considéré comme bien plus ouvert, bien plus « arrangeant » que lui.

Sandler aussi était réservé. Je pense que c'était parce qu'il avait été froissé par lui à plusieurs reprises. Mais il le défendait du fait de son prestige intellectuel et parce que beaucoup considéraient que l'heure était venue pour lui de devenir président. D'un autre côté, Jacqueline Amati-Mehler avait été pendant quatre ans la secrétaire générale de Sandler. Il était donc très embarrassé entre nous trois. Kernberg était ambivalent aussi. Il m'était très favorable en apparence, mais je sentais combien il était admiratif de Green.

Lorsque je suis revenu de San Francisco, j'ai pris contact avec ce dernier en lui faisant part de ma candidature. Il m'a confirmé qu'il pensait se déclarer aussi. Les choses étaient donc claires. N'ayant pas du tout envie d'entrer en compétition avec lui, j'ai ajouté que s'il était candidat, je me retirerais, ce dont il m'a dissuadé. Il hésitait encore, m'apprit-il, il me tiendrait informé de sa décision.

Q : Ses travaux étaient traduits en anglais depuis longtemps. Vous, vous étiez connu de l'*establishment*. Mais dans les librairies étrangères, on voyait surtout Green, avec McDougall, Chasseguet-Smirgel. Vous très peu et à peine Lebovici.

DW : Il passait pour ce qu'il est : un psychanalyste de grand talent. Moi, je passais pour nul sur le plan théorique. Personne ne me connaissait. Et je n'avais aucun ouvrage traduit en anglais et très peu d'articles.

Q : Il était plus traduit que Lacan.

DW : Et surtout, il se présentait comme l'homme de la synthèse, celui qui allait parler au nom de la psychanalyse française. Il était tout le temps en conférence. On le considérait comme un vrai psychanalyste, alors qu'on me tenait pour un homme d'appareil, gentil, sympathique, un psychiatre intelligent, mais dont les travaux analytiques ne comptaient guère.

Quant à Jackie Amati-Mehler, elle avait pour elle d'avoir été secrétaire générale. Elle avait joué le rôle que j'avais occupé vingt ans plus tôt. Mais, dans les institutions, on m'avait oublié, ce n'était plus la même génération. Et puis, c'était une femme. Et on attendait une présidence féminine depuis des années. Quoique italienne, elle était très impliquée en Angleterre et au niveau international. Elle avait fait toute sa formation en Argentine. Sa fille vivait à New York. Je n'avais donc ni le prestige intellectuel de Green, ni les relations internationales de Jackie ! Voilà où nous en étions en 1995, à San Francisco, et peu après. En 1997, à Barcelone, j'ai commencé à faire campagne.

Entre-temps, en 1996, j'avais publié *Les Nouvelles Cartes de la psychanalyse*, qui n'est pas ce qu'on pourrait appeler un « ouvrage de pensée », mais dans lequel je me suis efforcé de dégager les grandes lignes de force de mon travail. Il constitue, je l'espère, une bonne introduction à ma réflexion et à mes autres écrits. Outre une critique du mythe biologique de la pulsion, il fait un peu le point sur ce que j'entends par copensée, thème sur lequel je voudrais revenir, en particulier pour dégager les étapes de ce concept au regard de mon parcours.

De fait, à ce propos, j'ai énormément évolué. Partons du transfert, essentiel en analyse. Dans la relation thérapeutique, porter trop d'attention à celui-ci aboutit à une vision très interpersonnelle de la cure. Qu'est-ce qu'il me veut ? Qu'est-ce que je lui veux ? Qu'est-ce qu'il me veut qui est inconscient en lui et qui se manifeste dans le transfert ? Qu'est-ce que je lui veux qui est inconscient et que je vais vivre dans le contre-transfert ? Voilà ce dont il semblait être question et ce que finit par se demander l'analyste, s'il en reste là. Bref, le jeu entre transfert et contre-transfert devient alors la seule et unique dynamique de ce qui se passe dans l'écoute analytique.

Or il me semble qu'elle ne consiste pas exclusivement à suivre ce mouvement. Il s'agit aussi d'entendre l'enchaînement des activités psychiques du sujet. L'enchaînement psychique de ce qui se pense, la contiguïté associative est l'élaboration psychique qu'entend l'analyste. Mais ce n'est pas tout. Elle induit sa propre coassociativité. C'est ce qui fait ce que j'appelle la copensée. C'est une façon de suivre la psyché du patient. Transfert et contre-transfert y figurent, mais pas seulement. Voilà ce qui est important.

Ce n'est pas tout. En 1962, dans son article sur l'empathie, Ralph Greenson racontait l'histoire d'une femme. « Écoutez, lui avait-elle dit, hier, j'étais à une soirée chez Untel. Vous n'y étiez pas. C'est dommage, vous avez bien perdu parce que c'était très bien. » La voilà qui commence à raconter la soirée. À ce moment-là, Greenson se dit qu'en effet il n'y est pas allé et songe aux personnes qui devaient s'y trouver. Tout d'un coup, il entend sa patiente pleurer. Et il se demande ce qui vient de se passer. Cette femme lui a raconté une histoire qui lui a fait penser à autre chose et il l'a perdue.

Petit à petit, il va retrouver ce qui a déclenché les larmes de sa patiente. Et c'est par ce biais qu'il va pouvoir travailler sur ce qui se passe dans la vie psychique de celle-ci. S'il ne s'était intéressé qu'au transfert, il se serait demandé simplement : pourquoi m'intéresse-t-elle à autre chose qu'elle-même puisqu'elle me renvoie à des gens que je connais chez qui elle est allée ? Et pourquoi, pendant ce temps, se met-elle à pleurer ? Qu'attend-elle de moi ? Le transfert est bien là, mais pas seulement. Cette femme a eu un enchaînement de pensée qui en a déclenché un autre. Cela me fait songer au *Double meurtre de la rue Morgue* d'Edgar Poe. « Une nuit, raconte le narrateur, nous flânions dans une longue rue sale, avoisinant le Palais-Royal. Nous étions plongés chacun dans nos propres pensées, en apparence du moins, et, depuis près d'un quart d'heure, nous n'avions pas soufflé une syllabe. Tout à coup Dupin lâcha ces paroles : "C'est un bien petit garçon, en vérité, et il serait mieux à sa place au théâtre des Variétés." "Cela ne fait pas l'ombre d'un doute", répliquai-je sans y penser et sans remarquer d'abord, tant j'étais absorbé, la singulière façon dont l'interlocuteur adaptait sa parole à ma propre rêverie. Une minute après, je revins à moi, et mon étonnement fut profond. "Dupin, dis-je très gravement, voilà qui passe mon intelligence. Je vous avoue, sans ambages, que j'en suis stupéfié et que j'en peux à peine croire mes sens. Comment a-t-il pu se faire que vous ayez deviné que je pensais à... ?" »

Parce que Dupin a reconstruit toutes les pensées qu'à dû avoir son compagnon. Voilà un modèle littéraire tout à fait extraordinaire de ce que j'appelle la copensée. L'enchaînement associatif du patient-narrateur est identifié par l'enchaînement interprétatif de Dupin, le détective-analyste.

Évidemment, il y a là un danger. Comme s'il fallait être Dupin et « tomber juste » sur la pensée de l'autre. Ce qui inciterait au culte de l'empathie. Or, ce qui est important – d'où mon invention du mot « négempathie » –, ce n'est pas de tomber juste sur la pensée de l'autre, c'est de voir où on va dans sa propre pensée avec celle de l'autre. On retrouve le transfert et le contre-transfert, mais pas seulement dans un jeu relationnel – « en me disant ceci, tu me veux cela ». Non, la question centrale devient : qu'est-ce qui se pense en toi et en moi ? La copensée est alors un travail d'association libre des deux côtés.

À la deuxième règle fondamentale, celle de l'écoute distraite, l'attention flottante, l'idée de copensée ajoute quelque chose : c'est l'effet d'induction de l'associativité du patient dans les associations de l'analyste. Cette attention flottante n'est pas libre, elle est elle-même induite par le patient et, bien entendu, par les pensées de l'analyste qui sont là-derrière et qui ont tendance à arriver dans le champ elles aussi. J'ai ainsi toujours pensé que c'était Marilyn Monroe qui avait raconté cette histoire à Greenson, mais les dates ne semblent pas coïncider. En tout cas, cela correspond assez à ce qui devait se passer entre eux.

Dans la copensée, le travail d'associativité de l'analyste devient l'objet de son écoute. Qu'est-ce qui se passe en lui ? Qu'est-ce qui est induit par ce qui se pense en l'autre. Et ce qui compte, ce ne sont pas les pensées elles-mêmes, c'est leur enchaînement. On peut reprendre ici la métaphore de Freud, celle de l'« ombilic du rêve » : il y aurait un mycélium d'enchevêtrements dont nous ne saisirions que quelques poussées. Avec nos patients, nous plongeons ainsi dans leur mycélium, avec nos pensées, mais pour les aider à penser. Il me semble aussi que la copensée est « perlaborante » pour le patient. Elle l'aide à perlaborer lui-même car elle nous fait perlaborer nous-mêmes, en quelque sorte.

Q : Ce serait proche de la rêverie de Bion ?

DW : Probablement. D'ailleurs, je trouve que mes modestes chemins me font aller assez facilement de son côté. Lui aussi estime que le « penser » se fait en termes de choses qui s'associent les unes aux autres, pas en termes de représentations voulant chacune dire ceci ou bien cela.

Q : Vous commémorez aussi des textes sur la télépathie qui sentent un peu le soufre chez Freud. On n'ose pas souvent en parler.

DW : C'est mon épouse Hélène, une analysante de Granoff, qui m'a fort justement rappelé les travaux que celui-ci avait réalisés à propos de cette question. Elle m'a fait lire le livre qu'il avait écrit avec Jean-Michel Rey sur cette question. Et j'ai pu découvrir qu'il avait très bien vu cet aspect de l'empathie chez Freud. Le magicien associe sur les éléments qu'il a pour penser l'autre : voilà ce qui intéressait Freud. Avec Ferenczi, mais il n'a pas osé aller plus loin. Le danger, c'est en effet la suggestion : ma pensée fait penser l'autre, et sa pensée me fait penser. Freud a alors éprouvé comme un mouvement d'effroi : si l'analyse consistait à se penser mutuellement, c'était de la suggestion absolue. La psychanalyse n'était alors qu'une énorme suggestion réciproque.

Q : Le terme coassociativité ne serait-il pas plus éclairant ?

DW : C'est vrai, et je l'emploie volontiers désormais. Mais « copensée » s'est imposé, je n'en suis plus le maître. Il s'agit bien de coassociativité, même si copensée n'est pas un contresens.

Q : On peut parler de travail de copensée ?

DW : Oui, c'est le travail psychique. C'est un processus.

Q : Un travail mutuel ?

DW : Absolument.

Q : Intersubjectif ?

DW : Pas au sens de deux personnes isolées, de deux sujets distincts. L'intersubjectivité comme rapport d'un individu à l'autre : c'est le contresens qu'on commet actuellement. Il s'agit plutôt d'une pensée en résonance avec une autre pensée. C'est Diderot qui employait ce mot, et il est superbe : comme des clavecins qui résonnent l'un avec l'autre.

Je ne pense pas que ce soit un simple effet d'optique qui me fait penser que, au cours de ces années, trois problèmes ont été soulevés avec plus d'acuité : la nécessaire évaluation des pratiques psychothérapeutiques, le statut du psychothérapeute et l'apport des neurosciences à la compréhension de ces pratiques. Je crois que de cette période date bien l'émergence plus forte de ces problèmes, dont on conviendra d'ailleurs que, depuis, ils n'ont pas cessé d'occuper les praticiens et les pouvoirs publics, tout en alimentant les interrogations de la société.

L'évaluation des soins est devenue une question permanente des pouvoirs publics et en particulier des pratiques psychothérapeutiques. Deux sources de pression me semblent aussi avoir joué un rôle en France dans ce dernier domaine : le poids important que représente le coût des pratiques psychothérapeutiques dans le budget de la santé et les institutions de soin en particulier, et d'autre part, la pression exercée par les praticiens d'autres formes de psychothérapie pour trouver leur place sur un terrain largement occupé par les psychanalystes.

C'est dans cet esprit qu'a été menée l'enquête de l'Inserm sur l'efficacité des psychothérapies, méta-analyse essentiellement centrée sur des études à court terme des effets attendus dans des pathologies aiguës. Or on sait que les psychothérapies analytiques sont utilisées de manière préférentielle dans des stratégies préventives et sur des pathologies à évolution à moyen et long terme. Il a fallu mener un travail d'information qui a pris du temps, puisque c'est seulement maintenant que sont prises en compte des recherches au long cours effectuées au cours de ces années, dans d'autres pays, il est vrai. Il ne faut pas oublier qu'un nombre important de cliniciens, en France plus qu'ailleurs, a marqué une très vive opposition qui dépassait la réflexion critique sur les méthodes utilisées et se fondait sur une objection de principe. Il a fallu lutter contre ces préjugés et proposer des méthodes mieux adaptées à nos pratiques, impliquant les praticiens à titre individuel et à travers des groupes de pairs. Dans les commissions spécialisées des institutions de recherche et des universités, des interventions dans les colloques et conférences, des articles et des chapitres d'ouvrages ont été nécessaires pour que les difficultés et les questions soulevées soient reconnues. Un élément positif du moins, la difficulté de la tâche et la prudence vis-à-vis des jugements trop hâtifs, fondés sur des critères sans valeur.

Autre question soulevée à l'époque et laissée encore aujourd'hui sans réponse définitive : le statut du psychothérapeute. À l'origine du débat, deux mobilisations qui ont très vite valu une décision parlementaire : l'une, à l'initiative du médecin généraliste et député UMP Bernard Accoyer, visant à confier la tâche aux cliniciens qualifiés, médecins et psychologues ; l'autre, soutenue par les écologistes, qui proposait d'ouvrir très largement les portes, ce qui, incidemment, viderait la qualification de psychothérapeute de toute référence « pathologique » et donc la dégagerait de la pratique du soin. D'un côté, on souhaitait protéger la qualification clinique des praticiens ; de l'autre, ouvrir la profession et la « démédicaliser ». Bien entendu, je me suis très vite impliqué dans le débat, pour défendre non pas la profession médicale, mais la qualification en psychopathologie propre aux psychologues et aux psychiatres. Les socialistes, à l'époque dans la majorité parlementaire de gauche, se trouvaient dans l'embarras. Ils étaient au fond d'accord avec la droite en faveur d'une qualification clinique, mais gênés de se détacher de leurs alliés écologistes. Mes rencontres avec les milieux parlementaires m'ont permis de renforcer cette position au sein de la gauche. Il était urgent de ne pas se presser, et le changement de majorité a dispensé de faire des choix difficiles.

Toutefois, le débat s'est déplacé du champ parlementaire au plan professionnel, à propos de la psychanalyse. Fallait-il ne pas mentionner cette dernière, laissant au soin des psychanalystes de se reconnaître ou non psychothérapeutes ? Ou bien fallait-il une clause particulière, conférant à la formation psychanalytique une compétence *de facto* de praticien psychothérapeute ? Les psychanalystes étaient divisés, les uns voyant dans une clause d'exception la reconnaissance officielle de la psychanalyse, tout en les dégageant de toute obligation universitaire ou lui conférant une place dans l'université, les autres espérant qu'on allait pouvoir définir ainsi la psychanalyse et qualifier les institutions existantes en les dispensant d'une partie des obligations de formation.

Pour ma part, ma position était très claire, la psychanalyse, dans l'usage qui en est fait pour soigner des patients, est une psychothérapie ; ceux qui l'exercent doivent se soumettre aux règles de formation. Mais le compromis qui en est résulté au niveau de la loi ne réglait rien. On dispensait les psychanalystes d'une partie de la formation, mais par ailleurs cette dernière était réduite à une formation clinique générale sans approfondissement technique d'une méthode et d'une autre, et que, bien sûr, on ne définissait pas le terme « psychanalyste », le vague juridique était total. Ici encore, débats en commissions parlementaires, rencontre dans les cabinets ministériels, conflits d'influence auprès de telle ou telle personnalité ont permis aux autorités ministérielles et parlementaires de différer au gré des influences et des pressions. Il était évident que la seule question véritable était esquivée ; elle l'est encore aux yeux de la loi, celle de la qualification des jeunes praticiens à exercer telle ou telle forme de pratique thérapeutique utile aux patients.

La confrontation de la clinique psychiatrique avec les neurosciences comportait moins d'implications psychanalytiques et de conflictualité professionnelle ; son développement a donc suivi un cours plus scientifique. Il est vrai qu'il n'était pas sans confrontations personnelles et celles-ci se poursuivent encore aujourd'hui. Je pense à mes débats avec Jean-Pierre Changeux. Mais je rencontre aussi, en particulier à la Salpêtrière, d'autres neurophysiologistes avec lesquels je noue un autre débat pour articuler une pratique d'écoute de la complexité (en l'occurrence psychanalytique) avec les connaissances que nous avons des structures neuronales et de leur fonctionnement, d'où l'intérêt pour les structures psychologiques élémentaires que les opérations étudiées par la psychologie cognitive. Celles-ci entrent dans la composition des opérations complexes de l'esprit, mais sont plus aisément saisissables au niveau des mécanismes neuronaux qui les exécutent. Pour avancer sur ce chemin interdisciplinaire, il a fallu des échanges nombreux que ma participation aux instances du CNRS m'a permis de favoriser. C'est ainsi que nous avons créé à la Salpêtrière le Cercle de neuropsychologie et de psychanalyse, qui fonctionne toujours. À ces échanges ont été associés des pratiques appliquées au traitement psychodynamique de patients neuro-lésés. Avec Catherine Fayada et Lisa Ouss, neurologues et psychiatres de formation analytique, ce cercle est devenu un lieu de recherche et de formation, aussi bien clinique que théorique. À l'époque, ces démarches, comme toutes les entreprises interdisciplinaires que j'ai menées, ne suscitaient guère d'enthousiasme chez nombre de collègues analystes. Ils considéraient, bien à tort, que la pratique et la recherche théorique psychanalytiques devaient se développer dans l'isolement intellectuel. Aujourd'hui, les résistances ont bien diminué. Ce dont j'ai pu me réjouir en observant l'évolution des esprits en même temps que je me trouvais engagé à nouveau au cœur de l'institution psychanalytique.

Quels étaient les liens entre mon engagement à l'IPA et celui à l'APF, dont j'ai été l'un des fondateurs et président deux fois ? Au cours des années 1960, quand mes amis lacaniens m'adressaient le reproche d'avoir « sacrifié » Lacan à l'IPA, je protestais vivement. Je ne connaissais rien de cette association avant 1964 et je n'en avais découvert l'existence que lorsque ses représentants étaient venus nous voir à la suite d'une requête adressée par notre association, la Société française, en partie sous l'impulsion de Lacan, fait que j'ignorais complètement à l'époque. On m'avait appris que, pour devenir psychanalyste, il convenait de reparcourir le chemin de la découverte en lisant Freud. C'était tout juste si on s'aventurait dans des textes d'auteurs de la première génération des élèves. Après ma rupture et après m'être engagé dans des analyses supervisées, j'ai découvert les travaux des analystes contemporains, et j'ai fait leur connaissance à titre personnel : Anna Freud, Donald Winnicott, Paula Heimann furent parmi les premiers à m'accueillir avec sympathie. J'ai senti combien ma pratique psychanalytique tirait profit de la lecture attentive de leurs travaux. Non seulement pour pratiquer comme eux, mais aussi pour comprendre en quoi et pourquoi la mienne différait. Ce principe de la nécessité du débat, je l'ai suivi tout au long de ma carrière. En témoignent les quelques lignes que j'ai placées beaucoup plus récemment en exergue de *Psychanalyse internationale*, revue qui publie en français des textes parus en anglais dans l'*International Journal of Psychoanalysis* : « Une des difficultés majeures auxquelles se heurte notre communauté internationale psychanalytique résulte de notre pluralisme de langues. Or rien n'est plus utile au progrès de la psychanalyse, qui tient aux confrontations entre nos pratiques et nos modèles. Certes, nous avons besoin de nous retrouver dans une communauté où nous partageons des vues identiques qui fondent notre recherche clinique et théorique. Mais les différences nous instruisent. Elles nous apportent des éléments nouveaux qui peuvent répondre à certaines de nos interrogations ou faire surgir des questionnements bénéfiques sur nos certitudes et nos habitudes. Le débat clinique et théorique entre psychanalystes est l'instrument majeur de la recherche dans notre discipline. C'est pourquoi il est nécessaire de sortir de notre environnement linguistique, qui est aussi presque toujours un environnement culturel, pour mettre au travail ces différences et ces incertitudes. »

Si je parcours le chemin que j'ai suivi depuis quarante ans, je suis saisi par le travail bénéfique de stimulation réciproque qui s'est accompli pour moi entre la vie dans les institutions internationales, mes travaux de lecture et d'écriture, et l'évolution de ma pratique. Ce qui me saisit aussi, c'est à quel point ce cheminement a insuffisamment marqué ma participation à ma propre association. Certes, mes amis de l'APF ont toujours été très heureux et, au fond, un peu fiers de voir un des leurs occuper ces positions officielles, mais ils ont toujours, semble-t-il, considéré cela comme leur contribution à la vie internationale et ont peu tiré parti de la situation pour faire entrer dans l'APF assez du « souffle » venant de cette vie internationale. Sans doute m'y suis-je mal pris. Bien peu d'entre nous savaient lire l'anglais assez facilement pour suivre la littérature scientifique. Et surtout, trop peu savaient le parler et l'écrire pour participer aux débats de tous les congrès qui dépassaient notre francophonie. Ce qu'on a appelé l'exception française ne tient-elle pas un peu à cette fermeture, comme si nous étions plus soucieux d'exporter nos travaux que d'importer ceux des autres ? Les temps sont-ils en train de changer, je l'espère, et j'en vois des indices dans les efforts de certains d'entre nous et dans la curiosité des plus jeunes.

11

Une photo de famille au Lutetia

Novembre 2004. Nous tenons à Paris, à l'hôtel Lutetia, la dernière semaine de travail du conseil de l'IPA que j'ai présidé quatre ans durant. À mi-parcours, Alain Gibeault a cédé sa place de secrétaire général à Don Campbell et le conseil a été partiellement renouvelé, mais l'esprit est bien demeuré le même. Ce qui a changé toutefois, c'est sa structure. Au lieu de réunir seulement, outre le président, le secrétaire général, le trésorier, deux secrétaires associés et six vice-présidents, nous avons affaire désormais à une petite assemblée de vingt et un représentants. Le texte des statuts est éloquent. Auparavant, le président « gouvernait » avec l'aide d'un conseil de vice-présidents ; désormais, il « préside » une assemblée de vingt et un représentants (sept élus par région). Il a fallu des heures et des dépenses de voyages importantes pour arriver à élaborer cette réforme. J'ai toujours détesté le travail portant sur des statuts. Pourtant, à l'APF et à l'université, j'y ai passé des heures. La vie d'une institution dépend d'abord de la manière dont la gestion est assurée. Passent les constitutions, les femmes et les hommes qui en relèvent demeurent les mêmes ; et de même les forces de progrès, le souci d'innover, intriqués avec les égoïsmes partisans et les ambitions personnelles.

Au long de ces quatre années, outre donc la refonte des statuts, nous avons consacré beaucoup de temps et d'énergie dans trois domaines : le développement de la recherche, l'extension de l'association et, last but not least, *la politique de formation.*

Dans le domaine de la recherche, je me suis efforcé de maintenir le cap tenu par mes prédécesseurs et de consacrer une part importante du budget aux programmes établis. Pour conforter le projet dans son ensemble, nous avons, avec Marianne Leuzinger-Bohleber, de Francfort, développé un programme de recherche conceptuelle à côté de celui des études dites empiriques, plus centré sur les méthodes expérimentales. Par ailleurs, sous l'impulsion de Don Campbell, nous avons créé un programme thématique, s'adressant aux sociétés composantes elles-mêmes, sur les questions de démographie liées au nombre de patients et de candidats.

Dans le domaine de l'extension de la psychanalyse, nous avons dû faire face à un formidable mouvement d'expansion en Europe de l'Est. De nombreux groupes se sont créés en Europe centrale, et j'ai été heureux de prolonger ainsi le travail que j'y avais accompli précédemment. Plus complexe a été le problème posé par les nations et les groupes développés sur le territoire de l'ex-Union soviétique. De nombreux collègues de nos « vieilles » sociétés ont consacré beaucoup d'efforts pour répondre à des demandes multiples, à l'enthousiasme soulevé par la pratique de l'analyse, aux conflits inévitables entre différents groupes rivaux, voire à la « concurrence » de groupes extérieurs à l'IPA. C'est pour coordonner ces tâches qu'a été créé l'Institut Groen-Prakken.

Il a fallu également faire face à des situations sporadiques où la demande et l'intérêt étaient très forts, alors que la composition en termes de formation ne permettait pas d'envisager la constitution d'un groupe d'études dans un délai rapproché. L'IPA avait déjà essayé de monter des dispositifs pour encourager les cliniciens et les chercheurs qui se trouvaient dans de telles situations. On avait, par le passé, créé des pre-study groups, *des* guest groups *; j'ai quant à moi lancé des* allied centers, *en étudiant de plus près la manière dont nous pouvions répondre à ces demandes. Ces centres associés semblent avoir pris vie en Amérique latine et en Extrême-Orient. Je continue d'ailleurs de travailler très activement avec celui de Taïwan, en collaboration avec des collègues français, britanniques et américains.*

En somme, dans ces deux domaines, le conseil pouvait être satisfait de l'action entreprise et le président assez fier d'y avoir contribué activement. Beaucoup plus délicate était la question des règles de formation.

En 1910, quand a été créée l'Association internationale, il s'agissait de protéger l'originalité de l'œuvre freudienne et sa transmission scientifique et clinique. La formation du psychanalyste n'était pas prise en compte. C'est après la Première Guerre mondiale, au cours des années 1920 et 1930, que la question a été de plus en plus mise en avant. L'invasion nazie, les régimes communistes, les cloisonnements politiques et géographiques liés à la Seconde Guerre mondiale ont rendu d'autant plus nécessaire d'établir des règles communes. Les textes qui les concernaient étaient à la fois très stricts sur certains points et très ouverts sur d'autres. La définition de la spécificité de la cure psychanalytique sur la base du nombre hebdomadaire de séances (quatre ou cinq) n'avait d'ailleurs été explicitée que tardivement. Une motion proposée par les sociétés composantes d'Amérique latine venait de mettre le feu aux poudres. Elle proposait que pour les analyses pratiquées sous supervision par les candidats, des cures au rythme de trois séances soient tenues pour validantes. Les « orthodoxes » américains du Nord et européens ont alors crié au scandale. Quant à moi, je savais que ces pratiques étaient de fait officiellement pratiquées en France et « officieusement » dans de nombreuses autres sociétés composantes. Jusqu'alors, les pratiques françaises, connues de tous, étaient superbement « ignorées », beau modèle de déni. Il était évident qu'un grand nombre de psychanalystes dans le monde et dans les sociétés les plus conservatrices admettait qu'il fallait plus de souplesse. Mon prédécesseur Otto Kernberg avait très officiellement pris position pour une plus grande ouverture.

Le débat s'est fixé sur la fréquence des séances (analyse personnelle des candidats et analyse sous supervision) et sur les attributions d'une fonction formatrice aux titulaires (analyste didacticien, enseignant, évaluateur). Il fallait montrer, à l'avantage de la méthode « française », qu'une sélection pratiquée seulement après l'analyse personnelle modifiait singulièrement les données. La tendance majoritaire était à l'ouverture, mais les conservateurs entendaient bien user de la procédure pour arrêter ou limiter ce laxisme, d'autant plus que dans les pays où l'analyse était remboursée au rythme de quatre séances, l'exemple pouvait inciter à moins de générosité les pouvoirs publics, les caisses d'assurance-maladie.

La réunion au Lutetia était sur ce point décisive, car celle qui devait se tenir avant le congrès de Rio, au mois de juillet suivant, avait plutôt une fonction symbolique, quelques jours avant le relais par une nouvelle administration. Mon successeur élu Claudio Eizerik avait été un soutien chaleureux tout au long de cette dernière année, mais il fallait craindre, avec un nouveau conseil, de nouvelles relances et une guerre d'usure. D'où le grand plaisir qu'a représenté le fait d'obtenir à Paris un vote décisif et de pouvoir nous réunir pour la photo de famille en présentant les visages rayonnants d'un groupe qui avait bien accompli son travail.

Content, je l'étais donc, mais non sans quelque inquiétude pour l'avenir. Tout n'était pas résolu en matière de formation, en effet. L'ouverture supposait que les sociétés, libérées de l'hypocrisie régnante, acceptent d'exposer clairement leur manière de faire et les soumettent à l'opinion de toute l'Association. Plus inquiétante encore me semblait une tendance que j'avais vue se développer au cours de mon mandat et qui consistait en une régionalisation de l'Association. Dans l'esprit de certains, cette démocratisation de l'organisation devait être une décentralisation, mais de fait une recentralisation, région par région, Amérique du Nord, Amérique latine et Europe. (On aurait laissé le reste du monde à la charge de missions néocolonisatrices si besoin était !) Rien d'étonnant à ce que ce mouvement soit venu d'Europe et ait visé en réalité à rétablir un esprit autoritaire, région par région. Pourquoi ne pas réduire l'Association internationale à un bureau fédéral chargé de collecter les fonds et de les « rendre » aux régions qui en auraient fait l'usage qu'elles voulaient ?

C'est peut-être le moment de dire pourquoi, revenant activement au sein de mon association composante, l'APF, je suis demeuré un participant actif et convaincu de l'Association internationale. Ce qui fait la vie de la psychanalyse, son avenir, c'est notre participation à un mouvement toujours en cours d'innovation, composé de courants théoriques et cliniques variés que réunit un fonds commun. L'ouverture, pour les sociétés, se fait à la fois vers le monde social et scientifique qui nous entoure et vers le pluralisme que nourrit notre communauté internationale. Au sein de l'APF, à la demande d'André Beetschen, j'ai à nouveau assuré la présidence de notre association, en attendant de transmettre la charge à Laurence Kahn. C'est dans ces deux directions, celle de la culture et de la science contemporaine, et celle de notre mondialisme psychanalytique, que j'ai soutenu le mouvement que nous avons fondé il y a une cinquantaine d'années.

Mais revenons à fin juillet 2001. Je croyais tout connaître de Nice, cette délicieuse cité de notre petite Italie. J'avais été très heureux d'entendre Sandler en proposer le nom comme lieu européen du congrès quand la question avait été posée six ans plus tôt. À l'époque, je ne pensais pas encore que j'y serais élu le prochain président européen après lui, mais je savais tout le goût de mon ami pour le soleil des Alpes-Maritimes. Depuis de nombreuses années, il y résidait plusieurs semaines chaque année, dans la haute vallée du Loup. N'avait-il pas imaginé que nous organiserions tous les deux une *summer school* à Antibes, consacrée à une confrontation franco-britannique de nos pratiques cliniques ? Nous reprenions ici le vieux rêve qui nous avait conduits vingt ans plus tôt à organiser les colloques franco-britanniques à partir de la réunion du Touquet, colloques qui se poursuivent encore régulièrement aujourd'hui. À ma surprise, Nice a été retenue, et quand, au printemps 1999, Otto Kernberg m'a téléphoné pour m'annoncer mon élection, j'ai pensé aussitôt à cette ville où allait débuter mon mandat, au cœur de cette Riviera à qui l'on ne peut que rester fidèle malgré la pollution touristique. Une surprise m'attendait cependant. Je connaissais tout de la cité et de son proche voisinage. Sans avoir mon mot à dire, je mesurais les efforts déployés par mes amis français, autour de Guy Darcourt, pour organiser un chaleureux accueil, sous le contrôle vigilant et autoritaire de l'administration de l'IPA à Londres. Ce que je ne connaissais pas encore, c'était ce que représente le fait de consacrer une dizaine de jours au va-et-vient entre l'hôtel cinq étoiles de la promenade des Anglais et Acropolis, où se tenait le congrès. J'avais pourtant déjà l'habitude de ces séjours, dans de brillantes et séduisantes métropoles où, entre deux avions, je partageais mon temps entre une chambre dans un hôtel international de luxe et un site de congrès, quand l'un ne coïncidait pas avec l'autre.

Sauf les heures agréables passées dans des soirées amicales avec les amis du congrès, j'ai donc passé mon temps entre les salles de réunion d'Acropolis et la suite qui m'avait été dévolue pour y recevoir les multiples interlocuteurs.

Du congrès lui-même, je n'ai retenu que la séance d'ouverture avec l'émouvante conférence introductive de Jorge Semprun et la réunion finale, où j'ai dû prononcer l'allocution de conclusion. Le choix du conférencier initial était toujours délicat. Il fallait éviter des compromissions politiques déplaisantes, quelque chef d'État ou maire de la grande ville de mauvaise réputation. Nous n'avions pas toujours un maire comme ceux de Jérusalem ou de Hambourg. Cette fois, c'est Semprun, parent de nos amis Sechaud, qui a été choisi par Kernberg. Quant à mes conclusions finales, je n'en ai gardé aucune trace !

Mais il a surtout fallu se mettre au travail. Le nouveau conseil s'est réuni comme il convenait. C'était le dernier qui, à la manière traditionnelle, réunissait une demi-douzaine de vice-présidents autour du bureau exécutif, composé d'un président, d'un secrétaire général et du trésorier, assistés de trois secrétaires associés, choisis par le président. Nous allions devoir « gouverner » avec une chambre de délégués bien décidée à tout contrôler… sans bien savoir quoi ! Et déjà s'annonçait le temps suivant qui, du bicamérisme, allait nous conduire à l'assemblée unique, soigneusement contrôlée par des *leaders* régionaux résolus à exercer leur double autorité sur un pouvoir central réduit à une action de concertation (une sorte de secrétariat général de l'ONU) et des sociétés locales. J'avais pourtant rédigé, sous la présidence de Kernberg, un rapport sur la place des structures régionales. Il convenait, selon moi, de donner aux sociétés plus de représentativité, car la participation des membres restait très formelle et se réduisait à des votes lors d'élections destinées à choisir les autorités internationales et à une assemblée générale tous les deux ans. C'est d'ailleurs pour développer des structures de concertation intermédiaires que Serge Lebovici avait créé une réunion des présidents lors des congrès. Jusqu'alors, les sociétés composantes n'avaient aucune forme d'expression « officielle » dans la vie de l'IPA !

D'un excès, nous risquions de passer à l'autre. Il est vrai que l'Association américaine de psychanalyse s'était vue proclamée seule société régionale, tant les responsables de l'IPA depuis Freud désiraient rester en contact direct avec les membres. Dans mon rapport, je plaidais donc pour un double mouvement, démocratique pour la définition des objectifs et centralisateur pour leur réalisation. En d'autres termes, il fallait écouter les présidents des sociétés et les régions pour les décisions à prendre, mais laisser au pouvoir central les mains libres pour les exécuter. Mais c'était sans compter avec les forces hostiles à l'internationalisme. À l'exception des minoritaires, les autorités américaines entendaient garder le maximum d'indépendance et s'en tenir à une politique strictement isolationniste. Les Latino-Américains, eux, voulaient se protéger contre l'influence nord-américaine qu'ils redoutaient à travers celle de l'IPA. Quant aux Européens, ils se montraient très partagés. La Fédération européenne avait été créée, on s'en souvient, à la condition de ne dépendre en rien de l'IPA et de n'avoir qu'une pure vocation « scientifique ». De la présidence de Solms en 1971 à celle de Gibeault qui se terminait, tous les présidents avaient suivi scrupuleusement la même voie. Nous en attendions autant de Betty Denzler candidate, quand, à la surprise de bien des Européens du Sud, par une voix de majorité, a été élu notre collègue David Tuckett, de Londres. Il avait su se montrer, les années précédentes, un excellent rédacteur en chef de l'*International Journal* et j'avais même pris son parti quand, une fois de plus, il avait été question de créer un vrai journal international rival de l'*International Journal*, très *british*.

Ce fut aussitôt un président de la Fédération européenne novateur et très actif. Il m'inquiéta davantage quand, au cours d'entretiens privés à Londres et à Paris, il me fit part de sa volonté très affirmée de donner aux régions une part majeure dans l'administration de notre communauté internationale, en réduisant l'IPA à n'être qu'une structure fédérative, collectant des fonds et laissant aux organisations régionales l'autorité et l'initiative de les gérer. En réalité, il semblait fort désireux de négocier à part égale avec la « régionale » américaine et tenait en piètre estime la psychanalyse latino-américaine. Quant à l'européenne, il la voyait solidement encadrée par les organisations sous la houlette, bien sûr, de la société britannique ! En toute cordialité, je lui fis part de mon absolu désaccord, sans rien changer à ses intentions et sans altérer notre cordiale relation. Sur tous les « fronts », j'allais avoir à lutter contre une volonté de régionalisation et de démantèlement de l'IPA. Le rapport que j'avais rédigé ne retint guère l'attention. Lancer un débat sur la question n'était guère dans les pratiques de l'Association. Durant quatre ans, c'est chaque fois que l'occasion était offerte que l'on retrouvait le même conflit. Il est encore aujourd'hui en cours. Chaque fois qu'il se trouve ouvertement posé, on n'ose mettre ouvertement en cause le principe d'une communauté internationale, mais, sur une question pratique, une manière de travailler les uns avec les autres, un pion pouvait être avancé qui renforçait le poids de la régionalisation au désavantage de l'esprit international. On explique ensuite qu'il s'agit bien de l'esprit du temps, d'une logique de l'histoire, faute d'avoir soumis la question à un véritable débat ou plutôt grâce au refus de s'y exposer. C'est peut-être la mort de l'Association psychanalytique internationale qui se trouve ainsi attendue, ou du moins sa réduction au statut de bureau fédéral.

Laissons cette triste histoire, qui est loin d'être terminée. En me portant candidat à la présidence, je n'avais aucune idée de ce qui couvait. Je savais toutefois qu'il existait un conflit politique et idéologique à propos de la recherche en psychanalyse. Ceux d'entre nous qui nous préoccupions de la place de la psychanalyse dans le cadre des hôpitaux et des universités étaient de plus en plus sensibles aux efforts qu'il allait falloir accomplir pour maintenir la légitimité de la pratique et du savoir psychanalytique dans un monde scientifique voué à l'approche naturaliste et quantifiable. Nombreux étaient d'ailleurs nos collègues, en France en particulier, qui étaient résolus à se situer en dehors du champ des sciences positives et au service de la pure subjectivité individuelle. Joe Sandler s'était intéressé jadis à une étude critique des concepts analytiques et avait tenté, à la Hampstead Clinic, de lancer une recherche conceptuelle systématique. Sans y prendre, semble-t-il, un intérêt très personnel, il avait par la suite soutenu des recherches empiriques quantitatives, en particulier celles de Peter Fonagy, psychologue à l'University College et psychanalyste, travaillant en particulier à la Hampstead. Fonagy avait réalisé un très bon travail sur le cas d'une fillette diabétique suivie en psychanalyse. Parallèlement à sa pratique psychanalytique, il était convaincu de la nécessité de développer les recherches empiriques qu'il avait appris à connaître comme psychologue expérimentaliste avant sa réorientation clinique et son enseignement à l'University College, où il succédait à Sandler.

Ce dernier décida donc d'organiser un colloque annuel à Londres, dans le cadre de l'University College sur la recherche en psychanalyse et m'invita aussitôt à y participer. Il savait qu'à la Salpêtrière j'avais lancé des recherches empiriques qui prenaient en compte une perspective psychopathologique et l'action des antidépresseurs, et qui reprenaient d'ailleurs certaines hypothèses reprises par lui-même avec Joffe à partir de travaux de Bibring et de Engels sur le concept d'inhibition dépressive de base. Ces journées connurent aussitôt un grand succès auprès de psychanalystes dans les universités américaines et européennes. Je pense ici à Blatt, à Sandell de Stockholm, à Marianne Leuzinger-Bohleber, au groupe de Zurich et à celui de Francfort.

La part du budget de l'IPA consacrée à financer ces recherches et à organiser à Londres une *summer school* qui s'adressait à des cliniciens souhaitant se former à leurs méthodes était importante. Il fallait l'habileté de Fonagy, alors trésorier de l'Association, pour montrer qu'elle n'amputait en rien les autres postes budgétaires et qu'elle était un choix politique et scientifique dont on pouvait débattre, mais pas du point de vue financier. Je ne doute pas que Fonagy ait été très strict dans sa gestion même s'il devait m'expliquer plus tard que l'art d'un trésorier, par les temps qui courent, est de disposer d'une imagerie colorée et raffinée qui donne plaisir à déguster la polygraphie des schémas dont le contenu manifeste laisserait une impression d'ennui. Kernberg put ainsi, lors de son conseil, parcourir les grandes lignes du chemin qu'il s'était employé à dessiner.

Durant ce temps, je demeurais un partenaire actif du mouvement, gestionnaire au comité pour la recherche, expert pour juger des dossiers au conseil d'évaluation. Pour des raisons que j'ignore, Fonagy ne m'admit pas comme enseignant à la *summer school*. En m'invitant à succéder à Kernberg, Wallerstein, en tout cas, escomptait bien de ma part une action en continu de cette politique scientifique, ce que je fis en disposant de quelques fonds dans les limites budgétaires et en prévenant critiques et questions rusées quant au programme général. Je crus cependant devoir souligner que la recherche ne devait pas se limiter à l'approche objective et quantitative, mais qu'il fallait laisser sa place à une recherche conceptuelle critique dans la perspective de Sandler. Dans le cadre général de la recherche (et de son budget !), je proposai ainsi de créer deux comités distincts, l'un consacré aux travaux empiriques et quantitatifs demeurant sous l'autorité de P. Fonagy et dans l'esprit du livre blanc qu'il venait de publier, l'autre aux réflexions critiques et aux travaux réflexifs et historiques, placés sous l'autorité de

Marianne Leuzinger-Bohleber. Cette dernière, depuis ce temps et jusqu'à ce jour, a consacré un très grand nombre de colloques à cette réflexion historique et conceptuelle. Ajoutons à ces programmes ceux dévolus à l'étude des demandes pour la formation et le traitement psychanalytique mis en route par mon second secrétaire, Don Campbell.

Mais tous ces grands débats ne prenaient vie que lors des réunions internationales, à l'heure des décisions générales. Dans le cours hebdomadaire du travail avec le secrétaire général et un secrétariat réparti entre Paris et Londres, il s'agissait de traiter d'affaires courantes avec la soixantaine de sociétés composantes et leurs trois mille membres !

Ce travail je le fis donc, dans un premier temps, avec Alain Gibeault et au cours des deux années suivantes avec un collègue anglais : Don Campbell. Tout naturellement, j'avais souhaité au départ nommer un secrétaire qui soit également français, mais membre de l'« autre société ». André Green me conseilla Gibeault, que je connaissais de longue date du fait de mes rapports avec le Centre de santé mentale du XIIIe arrondissement. J'avais apprécié la manière dont il avait assuré à titre d'associé le secrétariat de l'IPA et sa présidence de la Fédération européenne. Cordial et bienveillant de nature, j'imaginais renouveler avec lui le tandem que j'avais formé jadis avec Serge Lebovici. Cependant, il se montrait réticent et, jusqu'au dernier moment, tarda à répondre. Je compris par la suite que sa réticence tenait à la charge de travail qui était la sienne et dont il n'entendait rien supprimer pour faire face à ces nouvelles tâches. À mi-mandat, je lui proposai donc d'arrêter, ce qu'il accepta avec beaucoup de compréhension et de générosité. Le choix de Don Campbell fut inspiré pour de tout autres raisons. De délicates missions, sur lesquelles je vais revenir, m'incitaient à chercher un secrétaire ne venant pas du milieu français. Il me fallait bien connaître les sensibilités de la très influente Société britannique et travailler de pair avec elle pour achever correctement la fin de mon mandat. Des amis anglais sollicitèrent Don Campbell, que je ne connaissais pas ; et très vite, notre travail en commun parut facile. Il est vrai que, sur des thèmes importants, nous avons négocié. Don Campbell souhaitait donner un tour plus clinique à la politique de recherche et lancer un projet de recherche appliquée sur les causes et les effets de la diminution du nombre de candidats et de cas, en vue de l'analyse supervisée pour les candidats. Il s'agissait d'inviter les sociétés à procéder à des enquêtes locales sur ces questions démographiques importantes. Je souscrivis à ce projet et lui laissai toute liberté pour le mener au mieux, ce qu'il réalisa avec succès et ce qui fut repris par l'administration qui nous fit suite. En revanche, j'avais besoin de sa neutralité dans le débat autour des règles de formation et de la reconnaissance d'une certaine flexibilité en ce domaine, attitude qui heurtait les convictions très orthodoxes de ce Britannique bon teint.

Revenons au quotidien. Il s'agissait de se tenir au courant de toutes les activités scientifiques de par le monde et d'y participer dans la mesure du possible. Il ne se passait guère de mois sans un voyage hors de France. Il s'agissait aussi de préparer et d'animer les activités propres à l'Association internationale et en particulier les congrès bisannuels. Celui de 2003 était prévu à Toronto pour respecter l'ordre des trois continents. Avec Gibeault, je voulais lui donner un tour clinique et faire parler le plus possible de nos collègues sur leur pratique, sur la diversité de leurs méthodes. Je fis appel à Ricardo Bernardi, de Montevideo, pour organiser le programme de celui-ci, qui préparait une thèse sur l'histoire des débats entre écoles psychanalytiques en s'appuyant en particulier sur ceux qui avaient rassemblé kleiniens et lacaniens au Rio de la Plata dans les années 1960. Au moment même où, à Paris, notre groupe abandonnait Lacan, les élèves qui lui étaient demeurés fidèles s'étaient lancés dans des opérations de diffusion, en particulier en Amérique latine. Avec Ricardo, nous avons donc décidé de consacrer un congrès à un débat pluraliste centré sur un matériel clinique unique. Nos amis d'Ulm Thomaë et Kächele ont accepté de soumettre à la discussion quelques fragments d'un cas clinique qu'ils venaient de publier. Mais la grippe est survenue, non la porcine, mais l'aviaire, avec son cortège d'alarmes médiatiques. N'allait-on pas assister à une catastrophe épidémique virale dont on gardait le souvenir avec celui de la grippe espagnole de 1918 ? Allait-on revivre le chaos sanitaire et social de la guerre et de ses suites ? L'époque n'était plus la même, mais la panique entretenue par la presse tentait de le faire croire. Le Canada était-il indemne ? Voilà que l'on recensait deux cas à l'aéroport de Toronto !

La panique s'est installée. J'ai reçu des lettres, des plaintes et des menaces, en particulier des États-Unis et d'Europe, pays mieux préparés aux informations médiatiques. Il fallait annuler le congrès de Toronto, prévu dans un pays gravement contaminé. Nous allions au fiasco. Nous avions engagé d'importants frais, mais qu'était-ce comparé avec la mort de centaines d'analystes ? Je tardais à répondre, d'autant que ma faible compétence médicale me laissait penser que le soleil d'avril et de mai, fût-ce celui du Canada, allait réduire le virus au silence. C'est en effet ce qui s'est passé, mais malheureusement, il fallait décider. Mes conseillers juridiques américains m'expliquèrent alors que, dans le cas d'une épidémie parmi les psychanalystes, ceux-ci (ou du moins les survivants !) pouvaient me faire un procès (à titre personnel !) pour mes négligences. L'argument était décisif. Je renonçai donc. Ce fut le premier cas d'annulation depuis 1912 !

Réservations multiples, avances, frais déjà engagés : il fallait maintenant payer. Sur les fonds de l'IPA. Et pour « mon » congrès ! Car celui qui se tient à mi-parcours d'une présidence est vraiment celui du président. Le précédent est organisé par l'administration antérieure et le dernier « offert » à l'administration suivante. Quand fallait-il le tenir ? Et où ? Il me semblait qu'il fallait demeurer en Amérique du Nord et dans un délai de quelques mois. Pourquoi pas plus au sud ? Nous avons alors pensé à La Nouvelle-Orléans, un lieu de transition, l'été dans l'hiver, un rien européen ! Seulement, les psychanalystes américains n'aimaient guère le Sud, je l'ai découvert à cet instant. La Nouvelle-Orléans n'était pas faite pour eux. Heureusement, la cité attirait les psychanalystes du Sud et, en mars de l'année suivante, le congrès a pu se tenir et être un succès, même si le nombre n'y était pas. Pourquoi ? Parce que les frais généraux d'un congrès (traduction simultanée, réservation des chambres) étaient excessifs. Or il fallait un grand nombre de participants pour amortir les frais. Dans les conditions exceptionnelles d'alors, il était sûr que le congrès de La Nouvelle-Orléans serait déficitaire. En revanche, la dimension scientifique a été respectée et les débats très riches. Nous avons même eu l'occasion de débattre avec des amis lacaniens, Patrick Guyomard et Alain Vannier, de Paris, première rencontre dans le cadre de l'API. Cela n'aurait sans doute pas été possible avec d'autres analystes de pensée lacanienne. Malheureusement, le temps nous a fait défaut pour pouvoir mener une réflexion sur les conditions rendant possibles de tels échanges. Le plus intéressant aurait été d'étudier les conditions négatives qui ne permettent pas le débat et de se demander comment débattre précisément avec ceux avec qui l'on ne peut débattre !

Une autre innovation a consisté à inviter comme conférencier un neurobiologiste, Antonio Damasio, l'auteur de *L'Erreur de Descartes*. Je redoutais beaucoup que sa conférence ne mobilise qu'une faible audience, considérant le peu d'intérêt des psychanalystes pour les neurosciences. Son exposé était prévu pour un matin à 8 heures. Je l'ai donc prévenu le soir précédent que l'heure proposée risquait d'expliquer le petit nombre d'auditeurs. Mais non, la salle était pleine, les questions ont fusé et il a fallu hâter la fin de la discussion. Bref, les « loups » n'ont pas manqué dans la bergerie, et nos collègues habituels les accueillaient avec beaucoup d'intérêt.

Vint enfin le troisième congrès, qui se tint à Rio de Janeiro, en juillet 2005. C'est là que se terminait mon mandat et la succession assurée par Claude Eizirik fut des plus aisées. Je fus d'ailleurs beaucoup moins impliqué dans l'organisation du congrès, le président du comité scientifique, dont le nom m'avait été suggéré par mon prédécesseur Otto Kernberg, ayant évité de me laisser jouer un rôle, soulignant d'ailleurs que la présidence de l'IPA ne laissait aucun titre à la vie scientifique de l'Association. À la réflexion, je n'adhère pas à ce point de vue. Toute responsabilité prise dans la gestion d'une institution psychanalytique implique, me semble-t-il, une part scientifique. Il n'y a de politique que scientifique en psychanalyse. C'est la vie scientifique de l'institution qui fonde sa politique.

Heureusement, cette vérité m'a semblé largement attestée dans la gestion la plus politique de l'IPA, qui concerne la vie même des groupes qui la constituent. C'est la référence à la pratique commune, fondement de ce que nous appelons notre activité scientifique, qui créé le ciment de nos institutions. En apparence, il n'en est rien quand on considère les raisons apparentes qui agitent les conflits, les rivalités, les injustices au sein des associations. On a l'impression que les rivalités de personnes et le souci d'exercer l'autorité sur la formation des candidats psychanalystes les alimentent. Que ce soient les querelles individuelles ou les débats entre groupes, c'est presque toujours cette dimension de rivalité et de pouvoir qui les animent. Mais j'ai acquis, au cours de mon expérience, la conviction que la seule manière de les neutraliser, au-delà des compromis et des mesures d'apaisement ponctuels, est de les soumettre aux exigences de la pratique commune et à l'écoute de l'inconscient d'autrui. De mon expérience, je retiendrai d'abord ce qui relevait en apparence de la police individuelle et que nous nommons de manière plus élégante les problèmes éthiques. Dans le cadre de l'Association psychanalytique internationale et pratiquement au sein de chaque société composante, les questions de nature éthique sont traitées par un comité de sages sous l'autorité ultime du président. Tout au long de mes années de présidence, j'ai ainsi été en liaison constante avec les deux présidents du comité d'éthique qui se sont succédé : Jérôme Winer et Jorge Canestri. Il serait erroné de voir dans ces comités des tribunaux chargés de surveiller avant tout les écarts éthiques de pratique et d'y mettre fin par des sanctions. Les cas sont heureusement rares et sont avant tout saisis à partir de plaintes de victimes. C'est au nom des plaignants que l'institution intervient et non du règlement. Son rôle est évidemment de mettre fin à la nuisance et d'assurer réparation. Négocier la réparation est une tâche bien plus humainement acceptable que d'exercer une sanction. Cette dernière, à l'extrême, ne peut être que le retrait du praticien fautif hors de notre communauté, point de rupture au-delà duquel la responsabilité se dirige alors devant la loi générale, seule accréditée à la sanction. Réparer au sein de l'institution, c'est donc reprendre correctement sa pratique. En quoi l'exigence éthique se soumet à l'exigence scientifique. C'est ce dont j'ai pu m'assurer quand il s'agissait de faire respecter les règles dans les relations entre patients et psychanalystes et entre psychanalystes, dans le domaine de la sexualité comme dans celui de la confidentialité ou du respect des intérêts de chacun.

Le véritable progrès de la psychanalyse comme pratique scientifique, se constate dans l'extension du nombre de ses praticiens. Il était de trois mille il y a vingt ans, il est de près de douze mille aujourd'hui au sein de l'IPA. La part la plus stimulante peut-être de mon activité de président a ainsi sans doute été de contribuer au développement de nombreux groupes de psychanalystes, en particulier en Europe et en Asie. Aux États-Unis, des groupes anciens qui se situaient hors de l'IPA sont venus nous rejoindre et, en Amérique latine, surtout par des opérations de scission, nous avons accueilli de nombreux groupes issus des instituts déjà existants. Dans ces cas comme dans d'autres identiques en Europe, mieux valait une séparation qu'un état de lutte incessant. Ici encore, il fallait veiller à la qualité de la pratique (et donc au bénéfice des patients) et donner le pas aux exigences de nature scientifique. Autre forme d'extension de nos sociétés composantes, celle due au retour dans l'IPA de sociétés qui s'en étaient séparées trente ou quarante ans auparavant, en général dans l'immédiat après-guerre. J'ai retrouvé à la présidence de l'IPA ce que j'avais connu en 1963 quand l'APF avait rejoint l'Association internationale. Ces séparations de jadis tenaient à des causes diverses, dues au nazisme en Allemagne et en Autriche, mais ailleurs à de simples rivalités de personnes depuis longtemps oubliées, comme aux Pays-Bas ou en Suède.

Au cours de ces années, le développement de la psychanalyse au sein de l'ex-Union soviétique et de ses satellites a peut-être été l'événement le plus considérable. J'avais, depuis de nombreuses années, des contacts étroits avec les sociétés d'Europe centrale. En ex-URSS, la situation était moins claire. J'avais été approché par un psychiatre russe de Saint-Pétersbourg, Rechetnikov. Depuis plusieurs années, il avait développé un important mouvement de cliniciens, psychiatres et psychologues, se réclamant de la psychanalyse.

Ce mouvement était totalement séparé de toute institution psychanalytique existante. L'idée-force était que la lecture attentive des œuvres de Freud et de ses élèves autorise des cliniciens à pratiquer la psychanalyse. Deux *a priori* quelque peu contradictoires semblaient légitimer le mouvement. Le premier consistait à considérer que l'« âme russe » était particulièrement ouverte à la psychanalyse, qu'elle pouvait l'assimiler tout naturellement sans passer par une psychanalyse avec un tiers. Le second, quelque peu en contradiction avec le premier, voulait que ce mouvement vise à la pratique de la psychothérapie inspirée de la psychanalyse, mais ne prétende pas à celle de la cure psychanalytique proprement dite. En réalité, l'idée forte était de répondre à la demande des cliniciens dégagés de l'orthodoxie marxiste, en contournant l'obstacle de l'analyse personnelle, dont la pratique était d'accès difficile pour les Russes. D'ailleurs, Rechetnikov lui-même avait des contacts personnels avec mon ami Wladimir Granoff, chez qui je l'ai rencontré. Mais, en guise de première rencontre, j'ai été invité ainsi qu'Alain Gibeault à participer à un important congrès à Saint-Pétersbourg avec d'autres Français réputés proches de Granoff et d'origine russe, comme ma femme Hélène et la regrettée Nathalie Zaltzman.

Le président et le secrétaire général de l'IPA devaient-ils se rendre à pareille invitation ? Ce n'était pas la première fois que des psychiatres et psychologues russes « interrogeaient » la psychanalyse et donc les psychanalystes. Il y avait déjà eu, en 1981 je crois, un congrès à Tbilissi où des instances officielles de la psychiatrie et de la psychologie soviétiques avaient invité de nombreux psychanalystes d'Europe de l'Ouest à venir débattre avec eux de l'inconscient. J'avais refusé de m'y rendre de par mes fonctions de président de la Fédération européenne, mais j'avais rédigé une communication qui a été publiée. Rechetnikov s'inscrivait pour sa part dans une stricte adhésion à la pensée freudienne ; il a d'ailleurs organisé sur place une très remarquable exposition sur l'histoire de Freud. La difficulté tenait qu'à la même époque des petits groupes de psychologues et de psychiatres avaient fait l'effort de se rendre dans des conditions difficiles auprès de collègues psychanalystes « occidentaux » pour acquérir une expérience personnelle et préparer le terrain afin de constituer des groupes d'étude, en particulier à Moscou et à Saint-Pétersbourg. Ces groupes ne pouvaient voir qu'avec un certain ressentiment notre visite, politiquement instrumentalisée, chez Rechetnikov à Saint-Pétersbourg. Aussi, Gibeault et moi sommes allés rendre visite à ces collègues qui, depuis des années, se rendaient chaque semaine de l'autre côté de la frontière pour poursuivre une analyse personnelle à Helsinki. L'un d'entre eux, un Estonien, était venu spécialement de Tallinn le matin même pour nous rencontrer ! Quant aux Moscovites, ils nous avaient fait clairement connaître leur opposition à cette invitation. Nous avons fait notre possible pour expliquer à notre hôte combien nous restions solidaires de ces collègues tout en respectant la qualité du travail de diffusion des idées et du développement des pratiques de soin accompli par ses soins et qui s'étendaient déjà et continuent de le faire dans de nombreuses cités russes.

Il faut dire aussi qu'à Moscou la situation n'était pas plus simple. Certains des « nôtres » étaient venus se former à Paris dans le cadre de la SPP ; d'autres étaient allés en Allemagne. D'un pays à l'autre, les règles du cadre n'étaient pas tout à fait les mêmes, ni les conditions de sélection ni bien entendu le climat théorique des enseignements donnés. Aussi, d'inévitables rivalités se faisaient jour, tournant à un détestable affrontement entre une psychanalyse « à la française » et une autre plus proche du climat anglo-saxon ! En dépit de tous nos efforts pour faciliter une coopération respectueuse d'un pluralisme institutionnel, il a fallu reconnaître l'existence de deux groupes rivaux dans un contexte encore difficile. Pour faciliter un soutien homogène à tous ces groupes russes, j'ai cependant décidé de créer une fédération rassemblant tous les mouvements psychanalytiques naissants (ou renaissants), dans les pays issus de l'ex-Union soviétique et de quelques pays satellites qui n'avaient pas encore de groupes bien constitués. Cet institut baptisé plus tard Groen-Prakken (du nom d'une collègue d'Amsterdam qui a joué un rôle très actif auprès des candidats d'Europe orientale) existe toujours. Fidèle à l'esprit de l'IPA, il devait assumer des fonctions de formation et d'animation scientifiques. Les difficultés ont commencé quand le président de la Fédération européenne (celle-ci jouait un rôle actif dans l'animation scientifique auprès de ces groupes) a voulu gérer l'institut, y compris dans ses fonctions de formation. C'était une manœuvre destinée à confier à la Fédération un rôle dans la formation des candidats et à retirer à l'IPA cette responsabilité dans une partie de l'Europe, avant de l'obtenir pour l'Europe entière, pour définitivement refaire de l'IPA une fédération de structures régionales. J'ai dû maintenir avec la plus grande fermeté le principe d'une double structure, laissant la vie scientifique à la Fédération, et en confiant à l'IPA le soin de la formation. C'était conforme aux principes statutaires. Les transgresser aurait au contraire ouvert la voie à une régionalisation de la psychanalyse européenne, dans sa partie orientale du moins, mais sans doute pour un premier temps.

Je tenais à la mondialisation de la psychanalyse. À quel titre nos amis américains, du Nord comme du Sud, devaient-ils être exclus du développement de la psychanalyse en Europe et en Asie ? À quel titre nos amis d'Europe du Nord et du Centre devaient-ils trouver là un territoire d'influence protégé ?

Au Proche-Orient, la situation était tout aussi complexe mais pour des raisons très différentes. En Turquie, une compétition se dessinait entre des cliniciens d'Izmir qui recevaient un enseignement de membres de l'Association américaine de psychanalyse et des psychanalystes d'Istanbul formés par la SPP à Paris. Les seconds, du moins certains d'entre eux, revendiquaient leur qualité de membre d'une association officielle et contestaient une américanisation, qui plus est par les soins d'un universitaire turc. Eux-mêmes, toutefois, ont dû se scinder, bien que de même origine quant à leur formation et malgré mes efforts. Le comité de formation que j'avais créé a dû se diviser en deux pour patronner deux groupes rivaux.

À Beyrouth, la structure était presque à l'opposé. Un seul groupe, la Société libanaise de psychanalyse, rassemblait des cliniciens de formations diverses, la plupart proches de l'Université catholique Saint-Joseph. Ils se divisaient toutefois en freudiens orthodoxes formés à la SPP et en « lacaniens » d'obédiences diverses. Parmi ces derniers, certains, d'origine musulmane, souhaitaient diffuser dans les pays musulmans du voisinage (Syrie, Jordanie et Égypte) une psychanalyse très liée à la pensée lacanienne. D'autres désiraient surtout demeurer indépendants des sociétés existantes, en particulier françaises. D'autres enfin demandaient mon aide pour créer un groupe clairement lié à l'IPA. Au départ, tous souhaitaient maintenir leur unité. Devant des objectifs aussi contraires, fallait-il favoriser le compromis ou bien aider à de claires et positives séparations ? C'est cette dernière solution qui a prévalu. Toutes ces questions locales, et bien d'autres, nécessitaient beaucoup de temps et de voyages. J'ai dû composer au mieux avec les vœux et les possibilités de chacun, sans compter qu'il fallait avoir un regard sur ce qui allait diffuser autour de ces situations locales, aussi bien en Asie centrale, dans le Caucase qu'autour de la Méditerranée ! Questions pour demain, mais auxquelles il fallait déjà penser. En dépit des contacts déjà établis, je regrette de n'avoir pu aider davantage ce qui se dessinait à Alma-Ata ou à Erevan.

S'ouvrit enfin la question de l'Extrême-Orient. Entre une société japonaise et une société indienne, toutes deux fort anciennes mais peu actives, la psychanalyse ne semblait guère prendre place en Asie. Un petit groupe s'était néanmoins créé en Corée du Sud, avec le soutien des psychanalystes américains de la côte Ouest. Un petit scandale éclata quand une de leurs compatriotes résidant en Europe voulut assurer des analyses de formation par téléphone ! Elle dut y renoncer, non sans grincements de dents, sous la pression du conseil de l'IPA. Une question se trouvait néanmoins posée : quelle part les outils de communication à distance (téléphone, télévision, etc.) allaient-ils pouvoir jouer dans l'extension des pratiques analytiques ? Soigner un patient en difficulté ? Oui, mais fallait-il donner à un candidat les moyens de pratiquer lui-même des traitements ? Il fallait en tout cas en débattre et initier des démarches prudentes, mal vues au départ pour la plupart et qui semblent aujourd'hui plus favorablement accueillies, à partir des « expériences » qui ont été progressivement tentées.

J'ai ainsi été approché par des cliniciens de Taipei, capitale de Taïwan. Certains avaient une expérience personnelle de la psychanalyse, acquise à Paris, à Londres et sur la côte Ouest des États-Unis. Or, si les statuts de l'IPA définissent clairement les conditions qui permettent à un groupe de se constituer en son sein comme groupe d'étude, rien n'est stipulé sur la manière de remplir ces conditions. Faut-il qu'un psychanalyste chevronné vienne psychanalyser tout un groupe (ce qui a été le cas avant la guerre, en particulier en Europe centrale, malgré les censures totalitaires) ou bien qu'un groupe de jeunes sympathisants trouve le moyen d'émigrer dans d'autres pays durant plusieurs années (ce qui s'est vu après la guerre) ? Durant ce temps, que devait-il se passer localement ? Une automultiplication sur place ? Et, dans le premier cas, sans aucun soutien de l'IPA ? Plusieurs projets avaient déjà été lancés pour pallier ce vide. J'ai proposé le statut de « centre associé à l'IPA », ouvert à des groupes intéressés par la psychanalyse, incluant ou non des psychanalystes, destinés ou non à évoluer comme des groupes d'étude. Le cas de Taïwan correspondait à cette dernière possibilité et, avec ma femme et quelques collègues de l'APF, nous nous sommes associés à des collègues d'autres pays pour répondre à cette demande. J'ai pour ma part beaucoup insisté pour que le Centre de psychanalyse de Taïwan conserve des liens étroits avec différents milieux psychanalytiques et son ouverture internationale.

La Chine continentale offrait une situation fort différente. Taïwan disposait d'une économie à l'occidentale, les Taïwanais étaient « riches », il n'y avait pas d'idéologie dominante. Universités et hôpitaux bénéficiaient de l'indépendance qu'on leur connaissait en Europe. Au contraire, quand je me suis trouvé en présence de la situation de la psychanalyse en Chine continentale, j'ignorais tout d'une situation qui, très vite, m'est apparue extraordinairement confuse. La psychanalyse s'y trouvait alors partout et nulle part. De nombreux hôpitaux et centres universitaires paraissaient avoir des contacts avec de nombreux analystes de toutes obédiences et venus de nombreux pays, de l'Argentine à la Suède. On ne comprenait guère pourquoi, du nord au sud de la Chine, tel établissement faisait appel aux uns ou aux autres. Tout dépendait bien entendu de la générosité des missionnaires car, hormis l'hébergement, les Chinois ne disposaient d'aucun moyen. Et puis, la surveillance idéologique du Parti demeurait vigilante sans que l'on sache bien ce qu'elle encourageait ou tolérait. Mon interlocutrice première a été Theresa Yuan, une psychanalyste argentine dont les parents avaient émigré jadis. Elle s'était passionnée pour la Chine, dont elle avait appris la langue. Elle avait parcouru le pays et pris des contacts avec de nombreux centres. Ce n'était cependant pas la seule. Parmi nos collègues de l'IPA, Sverre Varvin, d'Oslo, bénéficiait du soutien culturel d'organisations norvégiennes et Alfred Gerlach, de Saarbruck, avait des attaches personnelles, en particulier à Pékin. Non sans difficultés, je me suis efforcé de mettre en rapport ces différents groupes, de tempérer l'enthousiasme de Theresa, qui se présentait comme leur *missa dominici*, et nous avons fini par créer un comité chargé de planifier nos actions. Ce groupe s'est structuré avec le temps et a mieux coordonné son action, comme en témoigne la situation aujourd'hui. Désormais, l'IPA possède un véritable centre de formation psychanalytique qui essaime depuis Pékin et Shanghai.

Il est certain que le développement de la psychanalyse de l'Europe orientale à l'Extrême-Orient aura été un des événements marquants de mon mandat et, outre la richesse des relations humaines que j'ai connues, je dois dire que les problèmes culturels soulevés m'ont passionné. Ils ont ouvert une voie nouvelle pour la psychanalyse. Nulle langue, nulle philosophie ne peuvent être tenues en dehors de notre exploration des expressions de la réalité psychique inconsciente qu'anime l'imaginaire humain.

Il reste à dire quelques mots de ce qui fut peut-être le pas le plus important de l'action de mon administration. Au cours de la présidence précédente, nous avions reçu une demande venue des sociétés latino-américaines qui souhaitaient que l'on autorise les supervisions de cure dans le cadre de la formation, au rythme de trois au lieu de quatre séances par semaine. Le moment était-il venu de clairement remettre en cause l'unicité apparente des règles de formation ? La décision que j'ai inspirée ne répondait pas au souci de modifier les règles écrites, mais de reconnaître qu'il existait une certaine « hypocrisie » au sein de l'Association et que, en reconnaissant une certaine variabilité des règles, on admettait un état de fait et donc la possibilité d'en débattre au lieu de le dissimuler. Il fallait en parler et créer à ce sujet une véritable parole dans l'institution. Otto Kernberg avait ouvert le débat à propos des fonctions « didactiques », montrant combien était discutable la manière de lier ces fonctions dans un statut unique de didacticien. La question de la fréquence des séances était plus délicate et touchait au cœur même de notre pratique. En France, une autre pratique avait été mise en usage, d'abord à l'APF, puis à la SPP, qui laissait l'analyse personnelle de tout candidat éventuel se dérouler en dehors de l'institution. Il appartenait à celle-ci de s'assurer que cette expérience personnelle avait suffisamment porté ses fruits quel que fût l'analyste du candidat. Celui-ci était admis sur ses qualités propres et l'institution assurait alors un enseignement et la supervision de ses premiers traitements. L'analyse didactique ne se distinguait en rien d'une analyse « ordinaire ». Le terme même n'avait plus de sens, pas plus que celui de didacticien. Presque tout analyste était en mesure d'assurer la qualité de l'analyse personnelle avant toute reconnaissance par l'institution. Derrière ce débat se profilait évidemment la question de la fréquence des séances. J'ai déjà rappelé que celles-ci se pratiquaient généralement en France au rythme de trois par semaine, ce qui ne pouvait s'appliquer également au futur candidat. Certes, il était évident que, dans d'autres pays, des analyses au rythme de trois séances étaient appliquées à des candidats en cours de cursus sans que ce soit officiellement reconnu comme valable. Ce qui choquait, pour la France, c'est que la validation après coup de l'analyse personnelle du candidat facilitait cette « flexibilité » de rythme. Ceux qui s'y opposaient redoutaient surtout que cette pratique s'étende au désavantage de la qualité de l'analyse et ne prêtaient guère attention au principe de validation après coup. J'ai donc rédigé un court mémoire que je voulais soumettre aux instances de l'Association pour que chacun puisse et doive s'exprimer. D'autre part, j'ai entamé des consultations privées avec de nombreux membres de l'Association pour tâter le terrain. Ce qui était frappant, c'était l'écart entre la gêne silencieuse des groupes interrogés et l'attitude beaucoup plus ouverte des collègues vus individuellement. Tel d'entre eux, réputé très sensible au maintien des règles du cadre, convenait en privé de la nécessité d'une plus grande ouverture. C'était particulièrement évident quand je parlais avec des amis britanniques et américains du Nord, membres d'institutions réputées très « orthodoxes ». Il fallait décider que l'on en parle, puis que l'on se consulte collectivement.

Je me suis heurté alors à une résistance qui m'a fait sentir cette ambivalence. Car les opposants au changement ne cherchaient jamais à s'exposer à des votes, mais retardaient toute prise de décision et se retranchaient dans une lutte d'arrière-garde. Voilà qui a renforcé ma conviction qu'il fallait crever l'abcès et admettre, donc tolérer, une plus grande flexibilité des méthodes. Mais les opposants avaient surtout peur pour leurs propres conditions d'exercice ; ils craignaient que l'on ne rembourse pas leurs traitements à quatre séances hebdomadaires ou que les candidats s'adressent à une société rivale. Ils cherchaient donc plus à reculer l'échéance qu'à marquer un refus vis-à-vis de mesures qui ne les touchaient pas directement. Progressivement, l'opinion s'est rangée ou du moins résignée à l'ouverture. Mes amis américains me faisaient confiance à titre individuel, d'autant plus que j'avais, à titre personnel, défendu le principe de quatre séances hebdomadaires. Finalement, le principe a été admis sous réserve que l'on débatte précisément des choix des uns et des autres.

La réunion de novembre du Lutetia ne marquait pas la fin de mon mandat. Six mois encore devaient s'écouler avant que, à Rio, je serre la main à Claudio Eizirik, un compagnon en qui j'avais toute confiance pour qu'il aide au mieux à ce qui devait se poursuivre de notre action. On me fit alors cadeau d'un t-shirt sur le dos duquel figurait la mention « IPA mena ». Je le revêts encore chaque été.

Avant de boucler ce parcours rétrospectif, je voudrais en quelques lignes répondre à trois questions qui manquent rarement de m'être posées : *quid* de Lacan pour moi ? Quel regard ai-je sur l'évolution des pratiques analytiques ? Et quel avenir peut-on envisager ? Sur ces interrogations, voici ce que j'ai envie d'appeler trois brefs « panoramas ».

1. En 2009, lors du congrès international de psychanalyse qui s'est tenu à Chicago, un certain nombre de psychanalystes qui n'appartenaient pas à notre Association internationale, mais parmi lesquels je comptais depuis longtemps des amis, m'invitèrent à une soirée privée. L'accueil fut très aimable et, quand après les verres d'usage, nous nous retrouvâmes autour d'une grande table, un silence se fit et la question fusa : « Parlez-nous de vos relations avec Lacan. » Une fois de plus, il me fallut retracer l'histoire de ces relations, de mon analyse, des raisons de la rupture, de l'influence qu'il exerça sur moi par la suite, etc., etc. Je me pliai de bonne grâce à cette demande, non sans me demander les raisons de cette curiosité, que n'expliquait sans doute pas seulement ma situation d'ancien président de l'institution internationale à laquelle ni Lacan ni eux n'appartenaient.

En réalité, c'est tout au long de mon existence que cette question m'a été posée, par des collègues étrangers, par des journalistes ou par de plus jeunes analystes. C'est ainsi que je me suis finalement mis à me l'adresser avec plus d'insistance à moi-même. Qu'avais-je « fait » de Lacan tout au long de ces années ? Si cette question semblait intéresser les uns ou les autres (bien peu de lacaniens), c'était sans doute qu'elle méritait d'être explicitée davantage. Sur mon analyse, il y avait ces nombreux rêves qui m'ont occupé des années durant, où je revenais, discutant, reprendre des séances d'analyse avec lui ! Mais passons.

Il faut sans cesse revenir sur les raisons de la rupture, rappeler que celle-ci était survenue après la fin de l'analyse et qu'elle concernait l'emprise que le psychanalyste Lacan entendait maintenir comme maître à penser sur ceux qui étaient venus à lui pour une analyse. C'était sa manipulation de l'institution qui était intolérable.

Mais il était évident – ce qui me parut clair lors de la rupture – que sa pratique elle-même suscitait quelques doutes et déceptions. Sans doute était-il moins aisé d'en rendre compte, car les arguments qui nous étaient alors opposés étaient du type : « Si vous vous prétendez psychanalyste, c'est bien que vous devez cela à sa pratique », ou encore : « Plaignez-vous donc du mauvais usage que vous avez fait de sa pratique avant de la critiquer. » Ce qui m'a dégagé de ce climat malsain quant à mon analyse personnelle, c'est le travail de supervision que j'ai entrepris avec d'autres analystes et, incidemment, l'évaluation de fait qu'ils effectuaient en me reconnaissant comme analyste.

Demeurait la question plus complexe de la théorie psychanalytique. Je n'ai jamais cherché à débattre directement de la théorie lacanienne. Est-ce d'ailleurs possible face à une œuvre qui s'est construite par un travail constant d'improvisation et de réélaboration ? On peut d'ailleurs en dire tout autant de celle de Freud. On peut suivre ou récuser celui-ci dans tel ou tel de ses développements ou sur tel ou tel modèle explicatif, sans pour autant nier le bien-fondé de la démarche dans laquelle il a jugé bon, à un moment donné, d'inscrire ce modèle. Je pense que la suite de mes travaux a surtout cherché à répondre à des interrogations ou à dépasser certaines impasses repérées dans l'œuvre de Freud à partir de ma thèse de psychologie sur le problème du changement dans la cure. Rappelons-en les principales étapes : le contre-transfert, l'empathie, la représentation de chose en tant que représentation d'action, la pulsion étayée sur l'attachement, etc. Si, à certains moments, Lacan a pu saisir les failles des démonstrations freudiennes, les réponses que j'ai tenté d'apporter à certaines de ces questions ne sont guère allées dans son sens. Tous mes travaux ont au contraire marqué une distance croissante avec la théorie de l'inconscient structuré comme un langage (le fantasme inconscient comme mise en acte), la théorie du signifiant et la substitution de l'imaginaire au symbolique (l'imaginaire comme accomplissement de l'action et non comme figuration de l'image), etc. Éric Laurent ne s'y est pas trompé, lui qui a consacré tout un enseignement à montrer comment, à partir de positions initiales où l'on pouvait avoir une inspiration lacanienne, mes travaux s'exposaient à une critique elle-même lacanienne.

Quelles ont été et quelles sont désormais mes relations personnelles avec ce qu'il est convenu d'appeler, bien hâtivement, les lacaniens ? Au départ, comme y invitait Lacan lui-même, toute relation a été coupée avec ceux qui demeuraient fidèles au maître. Il en a été ainsi durant plus de vingt ans, jusqu'à ce que quelques-uns d'entre eux (après la mort de Lacan ?) décident de me revoir. Il est vrai que c'était en dehors de toute polémique institutionnelle. C'est surtout par l'entremise de Pierre Fédida et dans le cadre de la *Revue internationale de psychopathologie* que des contacts ont repris avec des représentants des différentes institutions lacaniennes qui, entre-temps, avaient suivi le processus de scission et de morcellement du mouvement. Des collègues qui n'avaient pas vécu les « drames » des années 1960 ont eu envie de nous connaître et de débattre avec nous de nos écarts.

Les échanges se déroulent toutefois de manière très différente selon les interlocuteurs. Certains que je dénommerai lacaniens radicaux considèrent que la pratique que leur a léguée Lacan a marqué un saut radical par rapport aux autres techniques qui se réclament de la pratique freudienne traditionnelle. La durée des séances, le principe de la scansion, le recours limité à l'interprétation, bref, ce qui fait la méthode que l'on tient pour typiquement lacanienne ne laisse que peu de place pour une confrontation avec ma pratique. Je n'y retrouve ni ma manière d'écouter l'activité associative de la pensée d'autrui, qui me permet de penser en écho du patient, ni la découverte progressive de la conflictualité intrapsychique qui occupe l'esprit d'autrui, ni la place laissée à l'analyse du transfert et du contre-transfert. Bref, je ne retrouve ni mon mode d'écoute d'autrui ni ce que je cherche à penser avec lui. Puisque nous ne disposons pas d'une expérience commune, le débat est impossible et nous ne pouvons que constater courtoisement la distance qui nous sépare.

D'autres collègues, appartenant en général à des institutions différentes des précédentes et que je nommerai freudo-lacaniens, ont souci de rester fidèles à une lecture de l'œuvre de Freud et à une pratique elle-même fidèle, dans laquelle je me retrouve. Dans tel cas particulier, sans doute trouverons-nous quelques différences, mais elles ne vont pas à l'encontre du sentiment que nous avons de pratiques voisines et de références cliniques dans lesquelles nous nous retrouvons. La question est celle de l'habillage théorique. Pourquoi tiennent-ils à leurs références à Lacan ? Parce qu'ils ont été éduqués, formés dans ce langage ? S'agit-il d'une fidélité à la dimension théorique de leur institution ? Et comment prennent-ils alors les différences que j'exprime et les vues divergentes dont je me sers ? Le débat est alors possible et nous aide peut-être à faciliter les échanges.

Avançons, pour conclure, deux remarques : quel avenir pour l'héritage lacanien ? Peut-on parler d'un développement qui serait issu de l'enseignement du maître ? En d'autres termes, le lacanisme ouvre-t-il des voies nouvelles, fécondes pour la pratique et la théorie psychanalytiques ? Sans doute les radicaux peuvent se prévaloir d'une telle ouverture. Mais s'inscrit-elle dans la pratique clinique et, disons-le, dans la perspective de la qualité du soin ? Que vient guérir la psychanalyse ainsi religieusement réduite à un message purement lacanien et transmis de cette manière ? Quant aux freudo-lacaniens, où va les mener l'évolution de leurs pratiques et de leurs références théoriques ? L'avenir me semble difficile à prévoir. Mais n'est-ce pas le cas pour toute pratique de la psychanalyse ? Voilà une autre question à laquelle nous ne pouvons échapper.

2. Comment rendre compte de l'évolution des pratiques et des théories psychanalytiques au cours de ces cinquante dernières années ? Comment un psychanalyste (français) parmi d'autres, à sa manière, peut-il témoigner en rendant compte de ses travaux ?

Tout a commencé (tout a recommencé ?) après la fin de la guerre, dans le cours des années 1950, quand une nouvelle génération, principalement de jeunes psychiatres, s'est engagée dans la psychanalyse. Les analysants de Lacan, après la scission de 1953, ont été formés dans le cadre du séminaire, au sein duquel s'élaboraient la doctrine du maître et la lecture des textes de Freud et de ses élèves, en cours de publication ; lecture que je faisais à partir des traductions (mauvaises) en français et des versions originales ou traduites de l'allemand en langue anglaise. De par ma formation et aussi du fait de ma profession hospitalière et universitaire, mes travaux ont pris d'emblée un tour que j'appellerai didactique, répondant parfois à des sollicitations extérieures, mais aussi par suite de mon goût de découvrir des avancées « nouvelles », pour les découvertes de toute une histoire passée et pour faire part de tout l'intérêt que je leur portais. En matière d'écriture, j'ai toujours mis plus l'accent sur mon travail d'enseignant que sur mes expériences cliniques et je me suis toujours senti plus à l'aise d'ailleurs dans les exposés oraux que dans les écrits, pour lesquels je devais me protéger de mes pesanteurs de style et au peu de temps dont je disposais pour la rédaction. Si *Le Psychodrame chez l'enfant* ou *L'Interprétation des dessins d'enfant* reflètent bien le souci d'appliquer certaines vues de Lacan, ma thèse de psychologie, *Freud et le problème du changement*, témoigne d'une lecture attentive et personnelle de l'œuvre du fondateur, d'un parcours de son histoire clinique et théorique qui m'affranchissait de ce dont je me séparais progressivement en quittant le séminaire.

Les lectures de Hartmann, Kris et Loewenstein, ainsi que celles d'Anna Freud et de Melanie Klein, ont aussi été à la source d'une mutation qui a exercé une grande influence sur ma pratique clinique, mais sans engagement intellectuel. Ce fut aussi le cas pour Margaret Mahler (aujourd'hui bien oubliée), pour Kohut et bien d'autres Anglais et Américains, dont je lisais avec soin les travaux dans les revues internationales. Mes travaux personnels durant les dix années suivantes se sont appliqués surtout à une tentative d'approfondissement des concepts freudiens, en me dégageant tant du lacanisme que des références très biologisantes dont faisaient usage nombre de nos collègues de l'« autre société ». Mais, pour dépasser ces modèles contradictoires, il m'a fallu, à partir des lectures d'un Politzer ou d'un Merleau-Ponty, faire usage des travaux de l'éthologie animale (suivant Hermann, Bowlby et Spitz) et des théories nouvelles sur l'action et la conscience. C'est ainsi qu'avec d'autres, j'ai pu contribuer à une remise en cause de la théorie biologique du pulsionnel (*La Pulsion, pour quoi faire ?*) et des théories paralinguistiques sur la représentation (*Métapsychologie du sens*).

Ce rajeunissement de la métapsychologie à partir des confrontations interdisciplinaires s'est développé par la suite grâce aux travaux portant sur l'intelligence artificielle et les neurosciences. D'où le souci, pour éviter toutes les confusions réductionnistes, de tenir compte, entre la complexité de la clinique de la conscience et de l'inconscient, et la biologie du neurone, des sciences cognitives, qui permettent de décomposer la complexité de l'intentionnalité avant de s'approcher des connexions neuronales.

Aujourd'hui, je note avec étonnement que mon évolution dans le champ de la théorie psychanalytique a été beaucoup plus profondément dépendante de ce travail mené pour déchiffrer tout ce qui peut nous aider en référence aux autres domaines de la vie de l'esprit qu'à des confrontations entre écoles de pensée psychanalytiques. Cette confrontation, j'ai toutefois continué d'en faire usage pour enrichir ma pratique analytique, ce dont témoignent mes travaux sur l'empathie et la copensée (*Les Nouvelles Cartes de la psychanalyse*).

Alors, que dire de l'avenir ? Je ne le vois ni dans la banalisation des concepts et des méthodes, effet d'un certain pluralisme dont je me suis toujours méfié, ni dans une doctrine hypothétiquement retenue comme une nouvelle orthodoxie. Du pluralisme en psychanalyse, j'attends enrichissement et flexibilité des pratiques. Ici s'ouvre la voie de l'exploration des méthodes d'évaluation et de validation des soins. Mais nous ne faisons que déplacer le problème. C'est toujours le retour à la pratique et à la réflexion critique qui doit nous laisser voir l'avenir – question qu'actualise celle des rapports entre la psychanalyse et la pratique psychothérapeutique qui en relève.

3. Et l'avenir ? Comment le voyez-vous ? La question, la dernière, est aussi posée de manière répétitive aux institutions psychanalytique et aux psychanalystes, à titre indivi-

duel. C'est en fait une question qui s'est toujours posée. Par Freud, dès 1918, à propos des voies que la psychanalyse devait emprunter pour répondre à ses fins thérapeutiques. Si la flexibilité était implicitement prise en compte, nulle différence sémantique n'était faite entre psychanalyse et psychothérapie. Toujours également la méthode et son inventeur ont été critiqués, voire attaqués de manière injurieuse. Mais pourquoi est-il si souvent question de polémiques et de débats ? Comment peut-on être contre la psychanalyse, prévoir ou souhaiter sa fin prochaine ? Il est vrai qu'à de nombreuses reprises, les psychanalystes ont prêté le flanc à de telles attaques. Ont compté aussi une certaine idéalisation de Freud peut-être, mais plus généralement une vue optimiste, idéalisée des effets attendus de l'usage de la méthode ou des avancées épistémiques ouvrant la voie à une révision de notre conception des sciences de l'esprit. Il est vrai aussi que, dès l'origine, la transmission de la pratique et du savoir psychanalytiques a été porteuse d'un paradoxe : être psychanalyste, c'est défendre la méthode proposée par Freud, retrouver les découvertes qu'il a pu faire et, grâce à leur usage fidèle, développer de nouveaux domaines d'investigation, puis accomplir de nouvelles découvertes. Anna Freud assumait au mieux cette attitude paradoxale : fidélité sans faille au père fondateur et esprit de recherche et de progrès. C'est aussi sans doute notre mission de continuer à l'assumer.

Pensant à l'avenir, nous devons soulever deux questions distinctes : quel usage fera-t-on de la méthode et quelle place occupera sa théorie dans le cadre de notre saisie générale du fonctionnement de l'esprit ? La première question appelle celle de la validité empirique de sa pratique ; la seconde celle de la validité épistémique de ce que Freud a appelé « métapsychologie », pour l'opposer non à « psychologie », mais à « métaphysique ». La question d'usage implique donc un problème de méthodologie pratique et un problème de validation. Leur faire face est une tâche qui s'est toujours posée, mais qui avec plus d'acuité aujourd'hui et probablement encore plus demain. Arrêtons-nous un instant sur la première, qui conditionne d'ailleurs la seconde. Doit-on distinguer de la psychanalyse proprement dite les psychothérapies qui s'en inspirent ? Je ne crois pas que l'on progressera dans une démarche classificatoire permettant de définir des variantes méthodologiques précises. On débattra toujours des critères utiles pour une telle démarche. On le sait depuis toujours, le choix des variantes techniques est une question de tact, et sa qualité dépend de la compétence et de l'expérience du clinicien. S'en tenir à une position uniciste, sur le mode : « Tout ce que pratique le psychanalyste en référence à la psychanalyse est une forme de psychanalyse », est à bien des égards une position dangereuse. Elle choque, disons-le, par son caractère sectaire, que semblent ne pas voir ceux qui s'en réclament. (« Ce que je pratique est psychanalytique, puisque je suis psychanalyste. ») Mais est-on sûr que le psychanalyste pratique toujours la psychanalyse ? Et en quoi peut-on se réclamer d'être psychanalyste si on en décide pour soi ou que l'on se réclame d'un label institutionnel ? En quoi ce que l'on fait est-il justifié par ce que l'on est ? Et qui décide de ce que l'on est ? Le danger est de se soumettre à des opérations de qualifications qui devaient être elles-mêmes évaluées ou réalisées par un simple acte de transmission. Valider les pratiques de soin risque fort de dériver vers un contrôle des formations professionnelles, ce qui n'est sans doute pas un avantage. L'autre risque est de dénaturer les exigences techniques de la pratique de la psychanalyse et de tout appeler « psychanalyse », faute d'avoir encore à pratiquer celle-ci.

C'est pourquoi un travail de réflexion technique et de formation des praticiens pourrait tirer bénéfice du fait de distinguer l'écoute psychanalytique pure et la manière dont nous l'utilisons au service d'interrogations mieux adaptées à la psychopathologie propre du patient. Cette double écoute, dont dispose tout clinicien ayant l'expérience personnelle de la psychanalyse, soulève à nouveau la question de la qualification et de la formation. Actuellement, les dispositions varient d'un pays à l'autre, en fonction des réglementations publiques et des pratiques des institutions psychanalytiques. En France, le vague demeure, du fait de la prudence des pouvoirs publics, qui ont bien créé un statut de psychothérapeute mentionnant la psychanalyse, mais aucune précision n'est donnée sur la formation des praticiens. Comment aider les jeunes cliniciens débutants ? Faut-il les laisser développer leur expérience à partir de leur formation et de leur qualité propres, sans supervision ? Ou bien faut-il attendre qu'ils soient « labellisés » psychanalystes ? Auquel cas, il y a fort à parier que des institutions nouvelles répondront à ce souci de labellisation. Les institutions psychanalytiques existantes qui sont soucieuses de la qualité du soin tireraient grand avantage à prendre la question au sérieux.

Quant à la valeur épistémique de la psychanalyse dans le domaine de la culture, elle dépendra bien entendu de l'évolution de celle-ci. Faut-il écrire un nouveau *Meilleur des mondes* à propos de la « science-fiction » de la théorie de l'esprit qui prévaudra demain ? Les psychanalystes ont le droit de rêver et leurs contempteurs celui de se répandre en diatribes. Les psychanalystes ne peuvent se contenter de pleurer sur les abominations du monde de demain et de dénoncer l'univers du spectacle, le règne du questionnaire et de la mesure statistique, le culte des médias, etc. Il leur faut trouver la juste mesure pour montrer comment l'exploration de l'inconscient contribue au progrès de la connaissance et de la liberté de l'esprit. C'est par une politique de présence et un esprit de débat que le sens commun peut s'enrichir d'une écoute de soi qui intègre les contempteurs sans qu'ils le reconnaissent ou le désirent.

Le goût pour la psychanalyse n'est pas seulement une marque de fidélité à Freud et d'ouverture, mais un témoignage qui justifie l'usage pragmatique de la méthode et une libre activité créatrice de l'esprit.

ÉPILOGUE

Petite scène milanaise

Cette dernière scène ne respecte pas la chronologie. Elle s'est déroulée il y a bien longtemps. Elle aurait cependant pu survenir avant ou après. Elle marque plutôt le temps d'une histoire qui m'a accompagné tout le long des années et qui continue d'ailleurs à le faire. Elle a eu lieu à Milan, pas très loin du Duomo. *Dernière scène de mon récit, mais pas* última cena, *notons-le bien.*

Un matin, j'ai découvert une brocante de livres d'occasion qui, j'ai pu m'en assurer depuis, se tient traditionnellement sur une piazetta *jouxtant la grand-place. Mes yeux se sont portés sur un livre d'art défraîchi qui était consacré aux œuvres de Giovanni Segantini. Son côté vieillot m'a fait penser au premier livre d'art que j'avais reçu durant la guerre et qui était consacré à Véronèse. C'est pourquoi l'œuvre du Vénitien est la première que j'ai connue en détail. Cela m'a valu une association de pensée qui m'a occupé durant mon analyse avec Lacan à propos du petit Hans. J'ai évoqué ce tableau où Vénus et Mars se trouvent surpris, non par Vulcain, mais par la tête étrange et énorme du cheval que le dieu boiteux doit sans doute chevaucher. Comme je l'ai raconté au début de ce livre, j'étais tout content de ce rapprochement, mais j'ai eu la surprise, au séminaire du mercredi suivant, d'entendre Lacan s'y référer, sans faire allusion à ma remarque, bien sûr, mais assuré de s'adresser à un public qui ne connaissait pas l'existence de cette œuvre !*

Le nom de Segantini évoquait une tout autre histoire, lui. Elle avait débuté quand Guy Rosolato et moi avions été sollicités pour écrire, dans le volume IV de La Psychanalyse, *une présentation de l'œuvre de Karl Abraham. C'était l'époque où on découvrait les travaux des élèves de Freud dont les textes n'étaient pas encore publiés en français. Nous nous sommes appliqués à lire en anglais les textes publiés chez Hogarth Press, complétés par les quelques notes biographiques que nous avons pu recueillir, en particulier dans la biographie de Freud par Jones. C'est ainsi que j'ai été amené à commenter le travail qu'Abraham avait consacré en 1911 au peintre italien Segantini, mort une dizaine d'années auparavant, artiste ignoré en France, mais fort connu dans les pays alpins.*

L'œuvre d'Abraham n'avait guère mobilisé notre enthousiasme, mais la personne m'avait plu. J'avais apprécié son esprit honnête et sérieux, son sens clinique, la simplicité de son style et la qualité de son attachement à Freud. De ce qu'il disait de Segantini, j'avais retenu l'intérêt psychopathologique que présentait l'histoire de cet orphelin de mère, abandonné par son entourage familial, éduqué en pensionnat, qui avait été à l'adolescence un jeune carencé psychopathe. Mais, grâce à son talent, c'était devenu un artiste aimé et admiré de tous, chantre de la nature, de l'amour et de la paix, illustrés par le spectacle, toujours renouvelé dans son œuvre, de paysages alpins.

Le texte d'Abraham, qui ne comportait que deux ou trois mauvaises illustrations photographiques, ne m'avait procuré qu'une connaissance abstraite de cette histoire. Et voilà que le livre m'en offrait la complète (ou presque) illustration. C'est ainsi que j'ai pu parcourir et reparcourir le monde d'images auquel le nom de Segantini allait être attaché pour moi. Aussitôt, j'ai fait une conférence à l'APF. Et mes amis ont ri gentiment de mon intérêt pour un peintre naturaliste, proche de

Millet, devenu pointilliste, toujours fidèle à une iconographie quelque peu naïve et désuète. Ensuite, en écho à mon hobby, ils m'ont souvent adressé des cartes postales figurant des vaches en train de paître dans les alpages.

Au fil de voyages et de visites de musées, de Milan à Munich, de Zurich à Vienne, j'ai découvert l'œuvre elle-même et écrit un article sur le travail d'Abraham pour Psychanalyse à l'université. *D'autres ont suivi à mesure que j'en apprenais davantage sur le peintre, grâce en particulier à mon ami et élève le docteur Ulysse Coco. C'est lui qui m'a fait connaître la spécialiste du peintre, Paule Quinsac, laquelle devait lui consacrer une remarquable monographie. J'ai aussi pu constater les lacunes et les erreurs d'Abraham, dues aux références incomplètes et fausses dont il disposait à l'époque. Mon attention s'est alors déplacée de la psychobiographie du peintre à l'intérêt que lui avait porté le psychanalyste. Au moment même où Freud préparait son étude sur Léonard, pourquoi et comment Abraham s'était-il penché sur Segantini ? (« Mon Léonard, votre Segantini », disait Freud.) Le texte d'Abraham révélait à quel point il avait pu s'identifier à la personne du peintre. En filigrane, quelle communauté de destin pouvait-on leur reconnaître !*

L'idée m'était venue, au terme de mon article pour Psychanalyse à l'université, *que si Abraham s'identifiait si clairement à Segantini, on pouvait penser qu'écrire sur Abraham, c'était quelque peu s'identifier à ce dernier. Un auteur sans génie, mais fidèle élève du maître, un témoin lucide du microcosme qui les entourait tous deux, un fondateur de l'IPA, etc. Je pensais en silence à tout ce que pouvait m'évoquer son image. L'idée m'avait traversé l'esprit, j'en conviens aujourd'hui, qu'en tout cas je ne serais pas président de l'IPA. Mais c'est le contraire qui s'est passé. Toutefois, à mesure que ma carrière me rapprochait de cette position, l'idée m'est toujours revenue sous la forme d'une dénégation consciente. Aujourd'hui, je songe aussi à une autre voie identificatoire, qui tient plus simplement au rapport à la peinture et à ce qu'a pu laisser de traces ma première rencontre avec Lacan.*

Si vous allez à Saint-Moritz, ne manquez pas de visiter le musée Segantini. Au sortir de sa rotonde, dirigez votre regard sur Maloja, où vous pourrez voir le grand chalet habité par le peintre. Dans la direction opposée, vous apercevrez le haut plateau qui surmonte la vallée où il mourut. En admirant le grand triptyque qui figure les trois âges de la vie, vous ne pourrez vous empêcher de penser que le troisième volet, celui de la mort, est resté inachevé. Au-delà de la scène, je vous invite à méditer sur le cadre dans lequel elle est posée, à vous laisser fasciner par le contraste entre la scène, noyée dans l'ombre, où le peintre vous incite à vous poser avec lui, et, de l'autre côté de la vallée, la brillance de la chaîne montagneuse encore noyée de soleil couchant. Ombre et lumière jouent là, chez Segantini comme chez tant d'autres artistes, pour illustrer ce qu'Abraham a bien décrit sous le terme d'ambivalence : non pas conflit entre deux tendances, mais opposition naturelle entre deux états de l'âme. Ce jeu contrasté entre l'éclat de la lumière et l'ombre grise qui l'entoure, n'est-ce pas ce que la psychanalyse nous offre de plus profond ? C'est en tout cas ce travail de l'inconscient qui ne cesse d'animer notre pratique et notre recherche, en nous-mêmes comme dans la confrontation avec l'autre. Le psychanalyste ne peut penser qu'avec un tiers, de l'analysant à la communauté internationale dans laquelle nous vivons.

« Un homme seul est toujours en mauvaise compagnie », écrivait Valéry.

On ne peut se dispenser de réfléchir sur son propre parcours. Sinon, pourquoi en faire le récit ? Il serait trop facile de s'en tenir aux « pressions amicales » des proches, des élèves... sans oublier les encouragements de l'éditeur. Mais que dire, après coup, de cette histoire ? S'agit-il d'amuser la curiosité des lecteurs après avoir tant fait pour satisfaire la sienne propre ? Plutôt de témoigner d'une certaine histoire, sans doute. Un psychanalyste ne peut éviter de s'interroger sur ce qui a été aussi une histoire personnelle, un destin oserait-on dire, et par ailleurs de se risquer à quelques vues d'avenir que ne manqueront pas de solliciter ses « questionneurs ».

Comment a pu naître à l'adolescence mon intérêt particulier pour la vie de l'esprit ? Il faut rappeler que l'enseignement que nous recevions à l'époque de ce que l'on appelait la littérature française reposait avant tout sur la « psychologie » des personnages. Une psychologie « réaliste ». Derrière les scènes décrites et jouées, il s'agissait de reconstruire ce qu'était l'âme du héros ou de l'héroïne. La psychologie des philosophes apportait les fondements et l'œuvre des écrivains la matière. C'est en tout cas la part que je tenais non sans audace dans l'académie que j'avais créée avec mes camarades de lycée en classe de seconde.

Si je recherche aujourd'hui le nom d'un homme célèbre de l'époque que je pouvais rêver d'imiter, c'est celui de Valéry qui me revient, un homme qui savait tout sur tout et qui écrivait des vers émouvants. La honte que je ressens encore à avouer un tel souvenir montre que le pulsionnel qu'agitait en moi cette rêverie n'est pas complètement éteint. Et d'ailleurs pourquoi, écrivant il y a un an déjà l'ouverture de ce dernier chapitre, ai-je cru devoir conclure par une citation de lui ? Et ce pulsionnel demeuré intact, c'est l'insatiable curiosité, « sublime », dirait un psychanalyste, qui a marqué les sauts continus que j'ai accomplis depuis la psychologie de l'enfant jusqu'à l'Association psychanalytique internationale. Ils ont d'ailleurs été facilités par deux dispositions propres : le goût de l'approfondissement et celui d'explorer les frontières de la connaissance. Le premier explique sans doute ma disposition à l'enseignement. Car je dois avouer, comme Freud, avoir toujours porté plus d'intérêt à la découverte « psychologique » qu'au soin, même si je ne pense pas avoir été un médecin moins dévoué ni moins compétent qu'un autre. Mais ma vie a été d'enseigner, non ce que je savais, mais ce que j'apprenais. À un collègue qui me faisait part de sa crainte de voir nos élèves devenir plus « savants » que lui, j'ai un jour confié mon plaisir constant à lire et à apprendre ce qu'ils n'avaient pas encore eu le temps de découvrir !

Une autre disposition devait faciliter les sauts successifs qu'ont connus mes occupations. J'ai toujours dirigé mon regard vers les limites, les frontières du savoir pour en faire le plus large usage. Lacan m'en a fait le reproche lorsqu'il m'a prédit que j'allais profiter du savoir acquis auprès de lui pour m'en prévaloir auprès des « autres ». Il n'avait pas complètement tort. « Lacanien » auprès des non-lacaniens, pharmacologue clinicien auprès des psychothérapeutes, universitaire auprès des politiques, etc. : j'ai toujours bénéficié de ce « pas de côté » qui répondait à la curiosité des autres en même temps qu'elle satisfaisait la mienne.

Inversons maintenant les rôles et remettons-nous en mémoire l'histoire d'un jeune clinicien entré au milieu du siècle dernier dans le domaine de la maladie mentale et du soin, et qui a pu, durant cinquante ans, devenir le témoin permanent de ce qui l'a bouleversé. La Seconde Guerre mondiale qui venait de s'achever avait rouvert à la psychanalyse le large champ des névroses de guerre. Ce qui s'était déjà produit en 1914-1918 dans les armées des empires centraux se renouvelait à une plus large échelle dans celle des États-Unis d'Amérique. De très nombreux jeunes psychiatres, de retour à la vie civile, développaient ainsi la pratique de la psychanalyse dans le domaine des névroses et des états « psychiques » aigus. À cela est venue s'ajouter une idéologie démocratique fondée sur les principes de liberté, d'autonomie du sujet et de respect d'autrui. Une société juste et ouverte à la raison ne pouvait qu'aider au développement normal du jeune humain et au dépassement des pathologies individuelles et sociales qui marquent trop souvent ce développent. Cette idéologie, inspirée de la Résistance, devait donner naissance à la réforme des asiles, à la création de la psychiatrie de secteur et à l'intérêt pour l'intégration du malade dans le champ social et la prévention. Tout cela a largement ouvert la voie à la psychanalyse, surtout dans le domaine de la psychiatrie de l'enfant et d'une psychopédagogie renouvelée. Dans celui de la pathologie de l'adulte, la découverte des psychotropes a soulevé un débat. Fallait-il tenir ces derniers pour une simple thérapeutique symptomatique ou pour un mode de correction des causes organiques du trouble mental lui-même ? La psychanalyse a exercé une influence dominante dans le champ de la psychiatrie des années 1960 et 1970. Dans ce contexte, les thérapies comportementales et cognitives ont au départ fait l'objet d'une indiscutable censure. Il a fallu batailler dur pour maintenir une perspective ouverte à ces développements nouveaux et compétitifs. Mais cela n'a pas empêché le mouvement de bascule qui a réduit progressivement l'influence de la psychanalyse. Une perspective classificatoire, se voulant purement descriptive, et une pratique centrée sur des codifications d'autant plus précises qu'il fallait les valider par des méthodes quantitatives propres à des contraintes d'évaluation ont contribué largement à ce discrédit.

Aujourd'hui encore, nombreux sont les cliniciens qui tiennent l'ère de la psychanalyse pour dépassée. Alors que, déjà, l'intérêt des jeunes cliniciens s'y porte à nouveau, non dans une adhésion sectaire, mais dans un esprit d'ouverture. Ces mouvements de va-et-vient annoncés par les médias à grand renfort de *scoops* continueront de se développer, selon des voies parallèles. On découvrira le rôle d'un nouveau gène, la fonction d'un réseau neuronal, ou nous acquerrons une vue plus précise de l'utilité de telle ou telle forme de psychothérapie dans une stratégie de prévention. Il se trouvera des idéologues et des journalistes pour annoncer que l'on a trouvé la clef du trouble mental, et les choses iront leur chemin. La compétition demeurera active pour l'obtention de crédits de recherche. Les biologistes penseront à leurs labos, les familles à leurs malades et les psychothérapeutes à leurs associations. Le risque majeur serait celui du clivage, soutenu par les pouvoirs publics car porteur d'intérêts économiques. Car le danger est toujours présent du dualisme, opposant le cerveau à l'esprit, le « biologique » au « psychique », et séparant le soin de l'aide psychologique.

Pour surmonter ce péril, biologistes et psychothérapeutes devront prendre la mesure des progrès qui se poursuivent dans l'étude des processus liés au traitement de l'information. L'opposition entre le cognitif et le psychodynamique est une absurdité. Quant à celle qui prévaut entre les thérapies cognitivo-comportementales et la psychanalyse, c'est une question de méthode. Depuis des dizaines d'années maintenant, les psychologues ont montré que les opérations mentales se situent à des niveaux distincts d'organisation fonctionnelle. Par la méthode de l'intelligence artificielle, on sait que telle ou telle opération complexe (une évidence phénoménologique ou un mécanisme de défense psychanalytique) repose sur une série de mécanismes élémentaires qu'une approche expérimentale nous permet de décomposer. La notion de stratégie cognitive ne s'applique pas seulement à la complexité de la conscience, ni même aux agents du travail du rêve. On saura de mieux en mieux quelles structures neuronales ou infraneuronales collaborent à leur réalisation.

Les psychanalystes français auraient pu en prendre connaissance beaucoup plus tôt et les clivages doctrinaux qui marquent les structures de nos formations enseignantes en psychologie ne seraient pas ce qu'elles sont si le développement de la psychanalyse en France n'avait été marqué par le préjugé « antipsychologique » dominant chez les psychiatres français. Des psychologues comme Lagache (qui s'était obligé à entreprendre des études médicales ultérieures) ou Benassy, en dépit de travaux méritoires sur les liens possibles entre la psychanalyse et la psychologie de l'époque, étaient considérés comme en dehors de l'axe principal, celui qui allait de la médecine à la psychanalyse, ou encore mieux de la philosophie à la psychanalyse. Lagache me racontait que, en dépit de l'intérêt que ses camarades Sartre et Aron portaient à la psychanalyse, la nécessité de passer par des études médicales les en avait vite écartés. Canguilhem, lui, a fait vite le détour, mais pas vers la psychanalyse. Pour les psychanalystes d'après-guerre, un Merleau-Ponty ou un Bachelard étaient plus fréquentables qu'un Piéron ou un Wallon (nonobstant le stade du miroir !). J'ai déjà dit que quand certains de mes amis ont appris qu'avant de me lancer dans des études médicales, j'avais désiré faire des études de psychologie si un tel cursus avait existé à l'Université, ils ont déclaré enfin comprendre la raison de certains de mes errements dans le domaine de ce que, pourtant, Freud n'hésitait pas à appeler la psychologie psychanalytique. Il pensait en effet que la psychanalyse permettait de comprendre les mécanismes psychologiques dans des domaines de l'esprit dont on cherchait jusqu'alors l'explication dans la religion ou la métaphysique. En opposition à ce dernier terme, il a donc inventé celui de métapsychologie, c'est-à-dire une psychologie permettant de répondre à des questions de métaphysique. Au contraire, les (nombreux) psychologues qui ont rejoint par la suite la psychanalyse étaient davantage tentés par l'accès à une médecine psychologique (une psychologie clinique) que par la confrontation du savoir psychologique avec la connaissance psychanalytique de l'inconscient. On ne saurait leur reprocher ce choix, mais constatons qu'il marque un frein dans la confrontation entre sciences de l'esprit et psychanalyse.

Ainsi peut-on prévoir que les cinquante dernières années marquées de tant de progrès dans notre connaissance de l'esprit ne font qu'annoncer bien des progrès à venir. Si ceux d'hier ont alimenté compétitions, concurrence et polémiques, rien ne permet de penser qu'il n'en sera pas de même à l'avenir. Ce sera l'épreuve du clinicien et aussi de l'enseignement que d'en accompagner les détours, de confronter les points de vue et de dégager une politique cohérente du soin. C'est à ce titre sans doute que l'expérience du passé nous permet de nous préparer à l'avenir, à condition d'être aujourd'hui respectueux de la pluridisciplinarité et même curieux d'en dégager les bienfaits.

Mais la psychanalyse, dans tout cela ? N'est-elle pas notre constante identité, entre notre histoire individuelle et celle de la psychopathologie ? N'est-elle pas le fil rouge de la marine anglaise, si cher à Freud (que Lacan a tenté de renouveler avec l'anneau de Moebius) ?

On a souvent noté que l'intérêt de certains d'entre nous pour l'œuvre de Freud, au point de « fétichiser » le texte, a-t-on pu dire, tenait à nos origines chez Lacan et au principe du retour à Freud. Au début des années 1950, peu de textes de ce dernier étaient accessibles en français. Il fallait les lire en allemand. On a cependant pu très vite constater que Lacan ne se privait pas d'interprétations personnelles et que l'on pouvait lire Freud autrement. La parution du *Vocabulaire de la psychanalyse* a résulté des thèses de Laplanche et de Pontalis, qu'avait dirigées Daniel Lagache. Ce dernier, à la même époque, m'a proposé de rédiger une thèse de troisième cycle de psychologie présentant une analyse « historico-critique » du concept de changement chez Freud. La lecture pas à pas de l'œuvre que j'ai dû mener m'a montré comment on pouvait dessiner le cheminement des idées dans son parcours. Et j'ai cru trouver dans les processus de résistance au changement thérapeutique la matière des révisions successives. Il m'a fallu des années pour découvrir qu'il était nécessaire d'aller au-delà pour saisir d'autres aspects de la démarche de Freud, la portée de son message en même temps que son souci d'unicité. Comment en effet comprendre le pluralisme théorique et technique qui a fait suite ? En se disant que ces contradictions étaient déjà présentes dans le parcours de l'œuvre freudienne.

Laplanche a su travailler l'œuvre dans cet esprit, mais en écartant le débat interne au pluralisme. Il a saisi l'œuvre moins comme un parcours que comme un corpus, à prendre comme un ensemble indépendant de la temporalité dans laquelle il s'est inscrit. Il a parlé d'« une œuvre de débats, de retour sur soi, de certitudes mais aussi de doutes ». On retrouve là un point de vue de traducteur et la nécessité où celui-ci se trouve de confronter sans cesse l'emploi des mots à celui des concepts et à se référer à la structure contextuelle.

Pour ma part, j'ai continué à voir dans l'œuvre de Freud le parcours d'un message, continu mais renouvelé, destiné à nous faire connaître et pratiquer une méthode d'investigation de l'inconscient, message dont on trouverait dès *L'Interprétation du rêve* la forme explicite : « Si vous pratiquez ainsi, voilà ce que vous découvrirez... » Cette dimension de message, tout au long de l'œuvre écrite, explique la rareté des autocritiques, plutôt compensées par des révisions et de nouvelles découvertes. Le transfert, la névrose de transfert, le moi et le ça, l'instinct de mort apparaissent comme des nouveautés permettant de réviser la pratique. Certains concepts, l'inconscient proprement dit ou la réalité psychique, sont largement utilisés et donc actés durant une période pour ne plus apparaître par la suite. Freud n'y renonce pas pour autant car, au détour d'un texte, il en reprend plus tard l'usage ; rien n'est vraiment oublié, mais tout est repris, intégré dans de nouveaux développements. Une partie de la diversité des argumentaires tient aussi à la variété des destinataires auxquels les messages s'adressent – ce qui rend d'autant plus intéressante une lecture « historico-critique » de l'œuvre (et ce qui ajoute à la valeur pédagogique de sa pratique). C'est ainsi que Freud, s'adressant à des auditoires divers, « fait passer » telle ou telle partie d'un message qui se veut unique. Tantôt il spécule, tantôt il résume, tantôt il enseigne, non par un hasard dû aux circonstances, mais pour faire avancer tel ou tel élément de sa découverte. Lire Freud, c'est donc prendre en compte cette variété rhétorique, où les mots n'ont pas toujours le même sens. Car leur cohérence conceptuelle change avec le temps. Le terme « réalité psychique » n'a ainsi pas le même sens dans l'« Esquisse » et dans *Totem et tabou*. À partir de 1912, il n'aura plus jamais le sens vague de subjectivité qu'il avait avant 1910. Incidemment, il n'apparaîtra dans *L'Interprétation du rêve* qu'à partir de l'édition de 1911. À l'inverse, à la manière du Pierre Ménard, « auteur du *Quichotte* » dans la nouvelle de Borges, telles lignes écrites par Freud à une certaine date n'auraient pas le même sens si elles l'étaient à une autre. Il y a ainsi déjà un certain pluralisme dans le texte freudien et il n'y a pas à s'étonner que celui qui a marqué l'histoire de la psychanalyse, surtout après sa mort, ait pu trouver son origine chez lui. À chacun son Freud, a-t-on dit. Pourquoi pas ?

Revenons sur ce que j'ai, un peu hâtivement, considéré comme le propre du message freudien : « Si vous pratiquez comme moi, vous verrez ce que je vous décris. » En réalité, cette invitation à pratiquer l'écoute du discours d'autrui à la manière de la psychanalyse ne doit pas être entendue comme l'application d'un code serré comportant des conséquences attendues. C'est plutôt une clef pour explorer un champ nouveau. J'ai souvent été tenté de voir là une démarche paradoxale nous invitant à faire comme Freud, à lui être fidèle, mais pour découvrir de l'inconnu. Venant participer à un groupe de réflexion concernant le surmoi, Anna Freud, si soucieuse de s'assurer que l'on restait fidèle à son père, a pu un jour, à ma grande surprise, dire ainsi à l'animateur qui lui demandait ce qu'elle pensait du débat : « Je vois bien, messieurs, tout ce que vous savez, mais j'aimerais vous entendre réfléchir à ce que vous ne savez pas. » Comment le psychanalyste concilie-t-il son écoute de l'inconscient et son exploration de ce qui s'exprime dans et par celui-ci ?

Le pluralisme des écoles psychanalytiques répond à ce paradoxe. Il se développe dans la faille entre la technique d'écoute et le champ d'investigation de la cure. Au cours de ma pratique, il m'a été donné évidemment de le « parcourir » et de m'aventurer d'une pratique à l'autre. Comme on l'a vu, j'ai côtoyé la pratique kleinienne, tout en prenant mes distances vis-à-vis du lacanisme et en reprenant pied dans le freudisme de l'école viennoise. J'ai rencontré Winnicott et, plus récemment, j'ai tenté de m'approcher de Bion. Ce trajet, nombreux sont ceux avec qui je l'ai partagé. D'autres se sont engagés activement avec Kohut. De nombreux Américains sont partis des méthodes de Sullivan. Sans parler de l'influence de Ferenczi, de l'école psychosomatique dite de Paris, voire de la neuropsychanalyse. Il est surtout intéressant de s'arrêter sur la manière dont la communauté des psychanalystes a fait face à ce pluralisme et propose aujourd'hui de le faire.

Durant de nombreuses années, disons les deux ou trois décennies de l'après-guerre, compétition scientifique et compromis politique étaient de règle. À Londres, on était freudien, kleinien ou indépendant ; à Paris, on était lacanien ou freudien, etc. Dans certains cas, la scission était inévitable ; dans d'autres, le terrain d'entente était suffisant pour vivre ensemble, comme c'est toujours le cas en Grande-Bretagne, depuis les accords qui ont suivi les controverses de 1943. Dans les réunions scientifiques internationales, si certains lacaniens étaient exclus en raison du trop grand écart de leur pratique, l'usage était d'accorder aux uns et aux autres une part équitable du temps de parole. (J'ai cependant eu souvent l'impression que les kleiniens étaient réduits à la portion congrue... Ce dont ils se consolaient en pratiquant un militantisme actif dans les pays où la psychanalyse était en voie de développement.) Je me souviens des choix difficiles posés aux comités de programme. Au congrès international d'Helsinki en 1983, Albert Solnik, classique *ego psychologist* américain, et Hanna Segal, de Londres, ont dialogué en vedettes. On a demandé à un *Frenchie*, en l'occurrence votre serviteur, d'animer et de contrôler le débat. Mais souvent, les débats véritables n'avaient pas lieu. Chacun exposait son point de vue sans s'aventurer à discuter celui de l'autre. Le résultat était que les tiers, comme on voyait les Français et les Britanniques du Middle Group, avaient la part belle dans les congrès. À l'échelle des sociétés locales et des situations nationales, la rivalité prenait toutefois rapidement le pas sur l'œcuménisme scientifique.

En 1982, j'ai déjà rappelé comment j'avais organisé un débat entre quatre auteurs contemporains qui avaient tout particulièrement travaillé sur le concept d'instinct de mort et dont je connaissais les opinions fort divergentes. Pentti Ikonen, André Green, Jean Laplanche et Hanna Segal ont ainsi été invités à animer un colloque à Marseille. Dirigeant les séances, je me suis efforcé de faire réagir chacun aux points de vue différents des siens. Sans succès. On a même fini par me reprocher de vouloir aviver une querelle qui n'avait pas lieu d'être !

Néanmoins, avec le temps et la multiplication des échanges internationaux, ce qui demeurait parfois, au plan local, source d'âpres rivalités paroissiales a pris un tour de plus en plus œcuménique. C'est le mérite de Robert Wallerstein, qui a présidé l'IPA entre 1985 et 1989, d'avoir lancé ouvertement le débat entre pluralisme et fonds commun. Doit-on laisser s'étendre une divergence entre différents courants de pensée ? Ne doit-on pas, pour arrêter ses effets, travailler sur le socle commun d'où émergent ces voies différentes ? Wallerstein était psychanalyste à San Francisco et occupait une place influente dans le milieu psychanalytique universitaire de la côte Ouest. Il avait développé des recherches empiriques dans le domaine de l'évaluation de la qualité des soins. Il était convaincu que, si les psychanalystes voulaient bien porter plus d'attention à leur pratique clinique, ils retrouveraient une vue plus unitaire. Pour lui, l'empirisme clinique devait renforcer le *common ground* des écoles de psychanalyse. On verrait alors plus nettement que les oppositions se situaient au plan de la théorie et des constructions psychopathologiques. Le débat était ouvert.

Au congrès de Rome, en 1989, un panel auquel j'ai participé a ouvertement débattu de la place du pluralisme. Était-ce un artefact théorique ou bien une démarche inévitable face à la complexité du champ ? C'est cette seconde perspective que j'ai défendue. Et Roy Shaffer a adopté la même position. Je vois encore Adam Limentani, un Britannique représentant les « indépendants », m'apostropher avant la séance. « Comment, Daniel, tu ne crois pas que nous devons retrouver une unité théorique et clinique ? » Le pouvait-on ? Telle était plutôt la question. Le pluralisme n'était pas nécessairement l'effet d'une coquetterie de théoriciens, mais bien une exigence méthodologique propre au champ de notre pratique. Joseph Sandler, qui a succédé à Wallerstein en 1989, était d'ailleurs d'un avis proche, quand il soulignait combien chaque psychanalyste avait en privé sa propre théorie. Le pluralisme des institutions reflétait donc quelque chose d'individuel.

Le congrès de Chicago de 2009 a été consacré aux convergences et aux divergences en psychanalyse. C'est donc, me semble-t-il, cette perspective pluraliste qui l'emporte actuellement. Je ne regrette pas cette évolution des idées, à condition de prendre en compte la nécessité épistémologique du débat et de la controverse non dans un souci de compromis unitaire, mais dans celui de clarifier les raisons des divergences et des convergences. Le débat est une démarche nécessaire au travail en commun des psychanalystes.

Si un certain pluralisme doit ainsi demeurer, deux questions se posent quant à la façon d'avancer. La première concerne le développement éventuel de nouvelles théories et de nouvelles pratiques cliniques. La seconde porte sur les conséquences du pluralisme sur la vie de l'institution psychanalytique. On remarquera que, au moment même où la prise en considération des divergences trouve sa place dans l'institution psychanalytique, les mouvements de divergence cessent de se développer. Après Bion, personne, depuis trente ans, ne s'est risqué à construire sa propre école de pensée. C'est sans doute du fait de la banalisation du constat des divergences et de la pluralité des modèles que la nécessité de faire école ou de suivre un nouveau maître décroît. S'il faut enseigner le pluralisme, on ne peut plus se réclamer d'une nouvelle école. Certains concepts, certaines pratiques deviennent à la mode, mais s'ajoutent à la diversité existante. Hormis les écoles lacaniennes radicales qui jouent une carte tout à fait contraire, est-ce à dire que le temps des écoles de psychanalyse a disparu ?

Je forme quant à moi l'hypothèse que ce qui leur fait suite s'inscrit dans la question des psychothérapies psychanalytiques. On peut continuer à dire que tout ce que pratique le psychanalyste est psychanalyse. Il n'en demeure pas moins que, hors de la cure type – dont il s'agirait d'ailleurs de redéfinir la spécificité –, le mélange à l'or de la psychanalyse du cuivre de la suggestion, dont parlait Freud, demeure une question ouverte. Or, face à cette interrogation, les réponses divergent ; elles autorisent de multiples pratiques dont il s'agirait de se demander si nous ne retrouvons pas là, dans le « psychothérapeutique » de la psychanalyse, le pluralisme d'hier. Nous serons ainsi de plus en plus placés devant la nécessité de préciser la manière dont notre écoute psychanalytique doit s'adapter à la psychopathologie des patients qui nous sont confiés. Comment penser psychanalytiquement (c'est-à-dire en psychanalyste) avec tel patient pour faire face à sa souffrance psychique particulière ? Voilà la question qui ouvre une nouvelle pluralité. D'ailleurs, on peut se demander si les écoles psychanalytiques d'hier n'étaient pas déjà l'effet de cette pluralité dans l'application que l'on peut faire de l'écoute psychanalytique face à telle ou telle souffrance psychique. On a dit que la pensée de Lacan résultait de sa pratique dans le champ de la psychose. Je ne le crois pas. C'est dans le champ de la didactique qu'il a trouvé son style et sa théorie propres. On pourrait en dire tout autant de Kohut ou de Winnicott. La question des psychothérapies psychanalytiques rejoint peut-être celle du pluralisme d'hier.

Reconnaissons en tout cas les vertus du pluralisme et la nécessité du débat pour les développements à venir de la psychanalyse. Ceux-ci seront à étudier dans le domaine des psychothérapies, c'est-à-dire dans l'emploi de l'écoute psychanalytique chez tel ou tel patient. La communauté psychanalytique gardera-t-elle son identité et ses convergences nécessaires ? À l'exception des dérives sectaires propres au lacanisme radical, on peut le penser. Il s'agira d'apprendre aux jeunes cliniciens cette diversité des modèles, cette souplesse nécessaire des pratiques. Et ce sera en définitive moins aisé que le dogmatisme d'avant-hier. Il conviendra aussi de diffuser dans les régions où des cliniciens réclament une formation psychanalytique cette prise en compte de la diversité des pratiques, tout en maintenant le *common ground* de la découverte freudienne que constitue l'écoute associative et interprétative des opérations mentales et de leurs déterminants inconscients. Affaire à suivre !

Il serait toutefois bien léger de ne penser l'avenir de la psychanalyse que dans la stricte perspective de sa place dans une politique globale du soin en santé mentale. Certes, cinquante ans de pratique m'ont confronté à la nécessité d'y répondre. Serais-je toutefois resté fidèle à cette pratique si je n'avais eu le goût de l'écoute psychanalytique, de l'attention portée à l'émergence des pensées subites et des idées non voulues, aux liens et aux forces attractives qui les régulent ? Peut-on cependant concevoir une psychanalyse qui ne soit pas thérapeutique ? On a beaucoup glosé sur l'idée, imputée à Lacan, selon laquelle la guérison en psychanalyse ne viendrait que par surcroît. C'est une simple remarque de bon sens si on entend par là que l'acte interprétatif en psychanalyse n'est pas directement dirigé vers un symptôme, qu'il n'a d'effet thérapeutique qu'indirect en libérant la pensée. La question est cependant autre. Peut-on imaginer, en psychanalyse, une démarche de pure exploration de soi-même, sans résistances à surmonter ? Sinon, l'accès à des pensées inconscientes serait aussi spontané que le souvenir du contenu manifeste du rêve. Force est d'admettre qu'il est dans la nature humaine de se protéger contre son propre imaginaire. Les puissances d'amour et de haine qui vivent et sommeillent en nous doivent être contenues et chacun à sa manière s'y emploie.

Par ailleurs, il y a peu de chances pour que les connaissances à venir nous fassent revenir à l'illusion nosologique de jadis et à la notion de maladie mentale dotée d'une étiologie, d'un mécanisme et d'un schéma thérapeutique, même si aujourd'hui la maladie maniaco-dépressive et le trouble obsessionnel compulsif peuvent faire illusion. Comme hier, la paralysie générale syphilitique et aujourd'hui la maladie d'Alzheimer resteront des exceptions. Autre illusion, plus dangereuse par ses conséquences pratiques, celle du dualisme qui opposerait les maladies du cerveau aux misères psychologiques. Pourquoi est-elle plus dangereuse ? Parce qu'elle induit un clivage entre une psychiatrie médicale, traitant matériellement le cerveau (aujourd'hui le médicament, demain l'électrostimulation), et une psychothérapie de l'esprit, « démédicalisée », ne relevant évidemment pas de la protection médicale sociale. Admettons au contraire que nous aurons à continuer de nous débattre entre les deux contraintes et que nos stratégies thérapeutiques devront, au moins en partie, demeurer mixtes. Face à la complexité des cas, différentes orientations demeureront possibles, privilégiant telle ou telle approche thérapeutique à un moment donné et prenant en compte les bénéfices associés, biologiques ou psychologiques, des opinions (des préjugés ?) du thérapeute et des dispositions d'esprit du patient.

Des conflits de valeurs sont inévitables. Comment s'en dégager ? Ce que mes années de pratique m'ont appris, c'est que le vrai dualisme auquel nous expose le soin psychiatrique n'est pas celui qui distingue l'esprit du cerveau, mais celui qui oppose au monde de la réalité celui de l'imaginaire. La psychanalyse est née de l'interprétation du rêve. Nous sommes occupés par un monde subjectif, celui d'une réalité psychique qui impose ou cherche à imposer sa force d'illusion à notre subjectivité. Le « cerveau magicien » dont parle Roland Jouvent est autant générateur de croyances que l'évidence adaptative du cerveau est tournée vers le réel. C'est l'usage que nous en faisons qui marque la spécificité de la psychanalyse et de son emploi thérapeutique. La neurophysiologie du rêve nous en apprendra sans doute plus bientôt sur cette contrainte psychique de l'imaginaire, mais la psychanalyse nous a appris, elle, à en jouer pour aider le patient à plus de liberté de pensée et de créativité.

Ce n'est donc sans doute pas un hasard si, très tôt dans l'histoire de la psychanalyse, Freud et Abraham se sont penchés sur l'œuvre de peintres pour y retrouver un terrain propice à l'interprétation de l'imaginaire. Il y a longtemps que les psychanalystes ont renoncé à expliquer la personnalité des peintres pour s'en tenir à suivre d'autres jeux de créativité que les leurs propres. Après la naissance et l'amour, la mort, chez Segantini, vient clôturer le triptyque inachevé. Ainsi vont la vie et la psychanalyse.

Table

DU MÊME AUTEUR
CHEZ ODILE JACOB

Les Nouvelles Cartes de la psychanalyse, 1996.
La Psychanalyse en dialogue (avec Nicole Delattre), 2003.
Choisir sa psychothérapie, 2006.
Les psychanalystes savent-ils débattre ? (dir.), 2008.
Vers une neuropsychanalyse ? (avec Lisa Ouss, Bernard Golse et Nicolas Georgieff), 2009.

Imprimé par Lightning Source France
1 avenue Gutenberg
78310 Maurepas

N° d'édition : 7381-1838-Y

www.ingramcontent.com/pod-product-compliance
Lightning Source LLC
LaVergne TN
LVHW050639051026
849532LV00002B/447